Flaubert, la femme, la ville

FLAUBERT, la femme, la ville

Journée d'études
organisée par l'Institut de Français
de l'Université de Paris X

PUBLIÉ AVEC LE CONCOURS
DU CENTRE NATIONAL DES LETTRES

PRESSES UNIVERSITAIRES DE FRANCE

ISBN 2 13 037571 5

Dépôt légal — 1re édition : 1983, février
© Presses Universitaires de France, 1982
108, boulevard Saint-Germain, 75006 Paris

Ce volume réunit les communications qui ont été présentées lors de la journée sur *Flaubert, la femme, la ville,* organisée au Grand-Palais, le 26 novembre 1980, par Marie-Claire Bancquart, pour l'Institut de Français de l'Université de Paris X. Cette journée entrait dans une série de manifestations sur Flaubert, patronnées par le Service des Célébrations nationales, à l'occasion du centenaire de la mort de Flaubert.

Armand Lanoux, de l'Académie Goncourt, présentait le colloque, et Jean Favier, professeur à la Sorbonne, directeur général des Archives de France, présidait la séance de l'après-midi.

Des extraits des discussions se trouvent dans ce volume. On a conservé à ces débats leur allure de conversation ; il est bien entendu, en particulier, que les citations faites par les participants ne sont que des allusions au texte, et non des citations littérales. Il comprend aussi des communications qui, faute de temps, n'avaient pu trouver place dans le colloque.

Sommaire

Présentation

ARMAND LANOUX

Ma position, comme président à un colloque aussi savant que celui-ci, me paraît un petit peu paradoxale. Les réflexions que je vais vous donner assez rapidement, à l'ouverture de ce colloque, sont en effet plutôt des réflexions d'écrivain, d'auteur, que de critique. Je suis enchanté de cette commémoration qui se déroule depuis le début de l'année. Elle doit nous permettre de situer Flaubert dans ce que j'appellerai, non sans humour, l'après-Sartre. En effet, les œuvres et les réflexions de Jean-Paul Sartre ont compliqué (et éclairé partiellement) la réflexion générale sur Flaubert. La disparition de Jean-Paul Sartre avec une œuvre inachevée, qui serait restée inachevée d'après ce qu'il avait dit, crée comme un palier, comme un temps d'arrêt. On peut réfléchir un moment à partir du titre qui, comme vous le savez, était plutôt irrévérencieux : L'idiot de la famille.

Une justification de ma présence ici, c'est le fait que j'appartienne à l'Académie Goncourt. Je crois que Flaubert est, par l'admiration d'Edmond de Goncourt, celui qui a inspiré cette Académie. Un certain style de vie de l'écrivain, se rapprochant beaucoup plus de quelque chose de monastique que du « byronien romantique » ; un style d'écriture aussi (un de ceux qui ont créé le réalisme français, même s'il peut être contesté en tant que terme) ; une vision du monde exclusivement littéraire : tout cela a conditionné cette société, que j'appellerai une société de célibataires de la littérature, qu'est l'Académie Goncourt.

Flaubert aurait pu figurer dans cette Académie, puisqu'il n'aurait eu que quatre-vingt-deux ans quand a eu lieu la première réunion officielle, celle de décembre 1903 ; j'ai vu beaucoup d'autres octogénaires à l'Académie Goncourt, parmi mes aînés.

Mais, si j'ai parlé d'académie de célibataires, c'est probablement pour commencer dès maintenant à éclairer le propos d'aujourd'hui. Il est très étonnant de remarquer que cette grande époque littéraire fut en effet une *époque de célibat, qu'il s'agisse de Flaubert, d'Edmond de Goncourt, ou qu'il s'agisse de la plupart de ceux qui les suivirent. Je me souviens encore du cher André Billy, bon historien de cette époque, s'étonnant du nombre d'enfants que pouvait avoir son cadet, Hervé Bazin, et disant : « Mais quelle folie ! quel danger ! Regardez quelle chance vous laissez au malheur ! » Il s'agit donc d'une vision de célibataires dans la deuxième moitié du dix-neuvième siècle, dans une société adamique, très franchement adamique, voire misogyne et, comme on le dirait aujourd'hui, phallocratique. C'est une société d'hommes qui vivent seuls, dans des clubs, ou dans des cloîtres, entièrement portés vers la littérature. Un homme comme Jules Renard, dont la malice était considérable et l'acuité du regard particulière, n'avait pas manqué de dire d'Edmond de Goncourt : « En somme, il ne lui aura manqué que d'avoir des enfants. »*

Je pense qu'il est impossible de dégager Flaubert de sa biographie. Plus que tout écrivain français, Flaubert est au confluent de deux systèmes d'analyse. L'ancien, que j'appellerai vertical, historique, biographique, est le récit au jour le jour de la vie de l'écrivain, dans l'intention plus ou moins respectée d'éclairer l'œuvre. Par la suite, cette méthode devait en engendrer une autre, beaucoup plus profonde : la psychanalyse littéraire, autant celle des personnages que celle de l'auteur lui-même.

Il est une autre manière de voir les problèmes, plus ascétique, plus janséniste, que j'appellerai horizontale — thématique ou structurale. Elle étudie les idées dans les œuvres, plus que celui qui a mis les idées dans les œuvres, et jette en quelque sorte l'homme en dehors de son œuvre. Si cette dernière technique l'emporte depuis un quart de siècle, je crois que c'est dans la somme des deux disciplines que se trouvent l'homme et son œuvre, l'écrivain et son monde.

Même chez un écrivain aussi résolument objectif que Flaubert, on verra que l'inspiration la plus efficace vient du vécu. Le vu ou le lu, qu'il pratiquait beaucoup, particulièrement le lu, ne suffisent pas. Il est clair que, parmi les pages de Flaubert, celles qui atteignent au plus haut sont celles qui correspondent directement ou indirectement au vécu.

Que l'on pense notamment à sa correspondance : on voit que l'œuvre masque l'homme qui fut l'adorateur d'Elisa dans la vie, l'amant de la volcanique Louise Colet, l'ami, probablement chaste, de la princesse Mathilde, et le père spirituel de Maupassant. Il y a comme une divergence fondamentale entre cet homme truculent, vif, absolument pas préoccupé de littérature, qui écrit ces lettres — heureusement très nombreuses — et l'auteur volontaire, maîtrisant tous ses moyens, des romans, quels qu'ils soient.

Même donc chez un écrivain qui se veut aussi volontairement objectif apparaît une subjectivité. Nous entrons maintenant de plain-pied dans le sujet de ce matin : que fut donc la femme pour Flaubert, à cette époque où la femme n'avait pas exactement les traits de celle de maintenant, c'est le moins qu'on puisse dire ?

Elle a commencé par être une déesse inaccessible : Elisa Schlesinger. Bientôt, la déesse, l'Idéal, l'image même de l'Imago de la femme pour les Romantiques, à cause des accidents de sa vie personnelle, devient une déesse mutilée. Il a quinze ans quand il la connaît. Il a dix-neuf ans quand il sait qu'elle a été plus ou moins achetée et vendue, et que la déesse n'a que l'apparence de la déesse, que le malheur est tombé sur elle. C'est alors la chute de l'Idéal, qui était à son point de départ hautement romantique, vers la terrible femme bas-bleu, Louise Colet (ce bas-bleu, d'ailleurs, est très généreux de ses charmes), et vers les pensionnaires des maisons closes, qui étaient un des fleurons de la société du temps. Palais de stuc, de colonnes et de dorures, qui correspondaient assez à l'idée que cette société de la bourgeoisie ascensionnelle du dix-neuvième siècle se faisait de la femme.

Ainsi, partir de l'admiration pour la déesse, de la Gradiva de Janssen, qu'interprétera si magistralement Freud, pour aller à la pensionnaire de Zoraïde Turc, devenir une espèce de client de la Maison Tellier ! On voit quel parcours a été suivi par cet homme dans l'amertume et le désenchantement, dispositions pour lesquelles il avait d'ailleurs une aptitude physiologique et morale.

Les jeux du langage se gagnent ou se perdent sur des virgules, nous le savons. Flaubert le savait mieux que personne. Une virgule déplacée ou abolie dans un titre peut en renverser l'éclairage. Par exemple, quand vous dites, comme les catalogues des bibliothèques : L'Education sentimentale, de Flaubert, vous ne dites pas du tout la même chose que si vous dites : l'éducation sentimentale de Flaubert. Or, les deux sont vrais ; ce jeu de virgules, plus subtil encore qu'un jeu de mots, est tout à fait révélateur.

Ce vécu de l'histoire, de son histoire à lui, que dit-il à l'écrivain qui réexprime sous toutes ses formes ses amertumes ? Amertume devant son siècle, amertume devant la classe dominante, amertume aussi devant le peuple qui pourrait la relayer ; amertume devant la dernière consolatrice possible, l'adorée : la femme. L'éducation sentimentale de Flaubert, ainsi projetée sur toute l'œuvre, a mené l'écrivain le plus désabusé du siècle à une œuvre entièrement vouée au pessimisme universel. C'est une grande sonate à Schopenhauer.

Comment ne pas penser au trop célèbre, ou au très célèbre : « Madame Bovary, c'est moi » ? Nous n'avons pas le droit de redouter les lieux communs et de les rejeter, parce que ce sont des lieux communs. Nous n'avons pas le droit de refuser les idées reçues, quand elles ont une valeur en soi.

Je sais bien que cela irrite tout critique, ou toute personne qui pense à

Flaubert, de songer à cette boutade. Mais elle demeure, et elle est vraie. Il y a eu tentative d'identification totale de Flaubert à la totalité de ses personnages, comme chez tout écrivain ; particulièrement tentative d'identification à la femme qui l'avait tant déçu et si peu satisfait. Cette phrase devait conditionner près de cent ans de littérature critique. Je pense qu'il faut pousser beaucoup plus loin dans les recherches d'ordre psychologique et psychanalytique pour voir dans quelle mesure il fallait prendre au mot Flaubert.

Des analyses comme celle-là réconcilient les deux approches de l'écrivain : la biographique et la structurale, au lieu de les laisser se déchirer. Est-ce une hérésie de rassembler ces deux méthodes, dont l'objectale semble évidemment si flaubertienne, et la psychanalytique si répugnante pour lui, par son indiscrétion ? Je ne crois pas, et j'essaie de vous en donner une preuve. En 1859, Flaubert écrit : « Je suis convaincu que les appétits matériels les plus furieux se forment inconsciemment par des élans d'idéalisme, de même que les extravagances les plus immondes sont engendrées par le désir pur de l'impossible, l'aspiration éthérée de la souveraine joie. » Cela, quarante ans avant Freud.

L'idée de la femme dans l'œuvre, comme dans la vie, rapproche étrangement l'objectivité, voulue par l'écrivain, de la libido cachée par l'écrivain. Flaubert ébauche l'avenir, non seulement de l'école du regard, mais aussi d'une psychanalyse littéraire.

Le corps d'Emma

BERNARD MASSON

En écrivant *Madame Bovary*, Flaubert ne pensait pas qu'il créait, à certains égards, le roman moderne. Plus modestement, il revendiquait une place honorable parmi les romanciers de son temps, quelque part, je présume, entre Balzac et Stendhal. En tout cas, parlant de *Madame Bovary*, c'est au roman psychologique qu'il le rattache et même au roman d'analyse : « Quant à l'amour, ç'a été le grand sujet de réflexion de toute ma vie. Ce que je n'ai pas donné à l'art pur, au métier en soi, a été là ; et le cœur que j'étudiais, c'était le mien — (...) *Bovary* (...) sera sous ce rapport la somme de ma science psychologique et n'aura une valeur originale que par ce côté » (lettre à Louise Colet, 27 juin 1852).

Il n'y a pas de raison, que je sache, de ne pas donner acte à Flaubert de cette revendication de savoir. Simplement il nous revient d'observer la manière et par où, par quelle voie directe ou oblique il exerce et manifeste cette « science psychologique ».

Un exemple, ou plutôt un terrain d'étude privilégié nous en est offert dans les premiers chapitres de *Madame Bovary*[1]. L'héroïne-titre de Flaubert n'aura en effet d'existence romanesque qu'autant qu'elle sera découverte par l'homme qui lui donnera son nom. C'est donc à la découverte de la personne d'Emma et d'abord de son corps que Flaubert nous convie au début de son roman. La naissance d'une curiosité, d'un désir, d'un amour est entièrement lisible à travers les modalités ou plutôt les modulations du regard de Charles. Charles porte ainsi l'entière responsabilité de l'acte de naissance d'Emma à l'existence romanesque. Lourde responsabilité pour un benêt dont la casquette de collégien avait symboliquement « des profondeurs d'expression comme le visage d'un imbécile ».

---

1. Toutes nos citations renvoient à l'édition GOTHOT-MERSCH (Garnier, 1971).

Heureusement pour nous, Flaubert, bardé de sa « science psychologique », vient lui prêter main-forte aux bons endroits. Et cela donne une série d'instantanés — ou, en un autre langage, *une série d'espaces-temps* — dont l'ordre et la progression sont à la mesure d'un grand amour muet, qui s'achèvera, un soir d'été, sur un banc, « dans la tonnelle », « une longue mèche de cheveux noirs » dans les mains.

Ces espaces-temps ne sont pas les fruits de l'habitude ni de la rhétorique des genres ; ils sont, chez Flaubert, le produit d'une exigence essentielle, inhérente au mode d'appréhension du réel. L'apparition d'un être dans le champ de vision du personnage qui le conduit à l'existence suppose généralement un *décor* qui l'enveloppe et le signifie ; et ce décor est fonction des lieux, des saisons et des intermittences du cœur. Chez Flaubert, on ne saisit pas un *être*, mais les instants successifs d'une existence en train de se faire et insaisissable en son entier. L'espace-temps est l'unité de mesure de cet être sans essence, en devenir ; l'imaginaire du créateur fait le reste : il *dit* par l'image, par l'objet, par l'éclairage, par l'atmosphère l'être qui passe, ici et maintenant ; l'existence et, dans le cas d'Emma Bovary, le destin romanesques sont constitués de la somme de ces instants privilégiés.

L'avènement d'Emma, en son corps romanesque, est constitué, à mon sens, de 7 étapes, donc de 7 espaces-temps exemplaires, ordonnés entre eux selon un enchaînement subtil et une progression constante :

Espace-temps 1 : dans la cuisine, aux « premières lueurs du soleil ».

Espace-temps 2 : dans la chambre, le même jour.

Espace-temps 3 : dans la salle, le même jour.

Espace-temps 4 : dans la salle, le même jour, au moment du départ.

Espace-temps 5 : sur le perron, durant les quarante-six jours de convalescence du père Rouault.

Espace-temps 6 : sur le perron, « par un temps de dégel ».

[A ce point, un événement romanesque assure la progression de l'action et en change les conditions : Charles est devenu veuf.]

Espace-temps 7 : « Un jour, vers trois heures », dans la cuisine (décor de l'espace-temps 1).

Espace-temps 1

Une jeune femme, en robe de mérinos bleu garnie de trois volants, vint sur le seuil de la maison pour recevoir M. Bovary, qu'elle fit entrer dans la cuisine, où flambait un grand feu. Le déjeuner des gens bouillonnait alentour, dans des petits pots de taille inégale. Des vêtements humides séchaient dans l'intérieur de la cheminée. La pelle, les pincettes et le bec du soufflet, tous de proportion colossale, brillaient comme de l'acier poli, tandis que le long des murs s'étendait une abondante batterie de cuisine, où miroitait inégalement la flamme claire du foyer, jointe aux premières lueurs du soleil arrivant par les carreaux (p. 15).

Au moment où s'ouvre cet espace-temps, Charles ne connaît d'Emma que ce que lui en a dit le jeune garçon qui lui a servi de guide : « [M. Rouault] n'avait avec lui que sa *demoiselle*, qui l'aidait à tenir la maison » (p. 14).

D'Emma elle-même, nous n'apercevrons que le tissu, la couleur et la façon de sa robe : « [Une] robe de mérions bleu garnie de trois volants » ; trois volants qui sentent la paysanne aisée et coquettement vêtue dès le grand matin (on notera, en passant, que Mme Arnoux porte une « robe de chambre en mérinos gros bleu » au début de la deuxième partie de *L'Education sentimentale*).

L'important est ailleurs : dans le décor. Milieu sec et chaud, aux surfaces dures, lisses, polies, sur lesquelles se réfléchissent, en une seule coulée textuelle, la flamme du foyer et la lumière du soleil. Ainsi, d'entrée de jeu, Emma est ce qu'elle ne cessera plus jamais d'être : une fille du feu, une héroïne solaire, dont, à l'autre extrémité de son existence romanesque, les yeux d'agonisante seront comparés à des « globes de lampe qui s'éteignent » et dont la stèle funéraire représentera « un génie tenant une torche éteinte ».

Espace-temps 2

La fracture était simple, sans complication d'aucune espèce. Charles n'eût osé en souhaiter de plus facile. Alors, se rappelant les allures de ses maîtres auprès du lit des blessés, il réconforta le patient avec toutes sortes de bons mots, caresses chirurgicales qui sont comme l'huile dont on graisse les bistouris. Afin d'avoir des attelles, on alla chercher, sous la charretterie, un paquet de lattes. Charles en choisit une, la coupa en morceaux et la polit avec un éclat de vitre, tandis que la servante déchirait des draps pour faire des bandes, et que Mademoiselle Emma tâchait à coudre des coussinets. Comme elle fut longtemps avant de trouver son étui, son père s'impatienta ; elle ne répondit rien ; mais, tout en cousant, elle se piquait les doigts, qu'elle portait ensuite à sa bouche pour les sucer.

Charles fut surpris de la blancheur de ses ongles. Ils étaient brillants, fins du bout, plus nettoyés que les ivoires de Dieppe,

et taillés en amande. Sa main pourtant n'était pas belle, point assez
pâle peut-être, et un peu sèche aux phalanges ; elle était trop longue
aussi, et sans molles inflexions de lignes sur les contours. Ce qu'elle
avait de beau, c'étaient les yeux ; quoiqu'ils fussent bruns, ils
semblaient noirs à cause des cils, et son regard arrivait franchement à
vous avec une hardiesse candide (p. 16).

Trois informations méritent ici de retenir l'attention :

1) La préparation d'atmosphère est constituée de surfaces dures et
lisses (bistouris, lattes, éclat de verre servant de polissoir), en continuité
avec les ustensiles de la cuisine.

2) L'extrême concentration du portrait sur les ongles, puis sur les
doigts, puis sur la main (ce qui est naturel, puisqu'elle coud) obéit à la
technique du « gros plan », normal quand il s'agit d'une description
strictement focalisée. Apparaît à nouveau la dureté des surfaces polies
(matière de l'ivoire, forme de l'amande).

3) Point neuf : le corps d'Emma commence à concerner Charles ;
il suscite une réaction ambiguë : un regret et un attrait tout ensemble.
Le regret, c'est celui d'une certaine mollesse féminine, d'une certaine
fluidité maternelle, quelque chose de doux et d'enveloppant à la fois
(en somme, les qualités qu'aura Mme Arnoux). L'attrait, c'est celui du
regard (non pas les yeux, mais le regard ; les yeux, c'est un objet qu'on
regarde ; le regard, c'est un objet qui vous concerne et dans lequel on
est impliqué) — qui est l'expression évidente d'un ébranlement profond
de la sensibilité ; voire de la sensualité : « son regard arrivait franchement
à vous avec une hardiesse candide ».

Quant au geste de succion des doigts, il connote, au passage, la
sensualité buccale d'Emma, désignant une zone érogène dont on verra
plus loin et plus d'une fois la récurrence.

Espace-temps 3

On parla d'abord du malade, puis du temps qu'il faisait, des
grands froids, des loups qui couraient les champs, la nuit. Mademoiselle Rouault ne s'amusait guère à la campagne, maintenant
surtout qu'elle était chargée presque à elle seule des soins de la ferme.
Comme la salle était fraîche, elle grelottait tout en mangeant,
ce qui découvrait un peu ses lèvres charnues, qu'elle avait coutume
de mordillonner à ses moments de silence.

Son cou sortait d'un col blanc, rabattu. Ses cheveux, dont les
deux bandeaux noirs semblaient chacun d'un seul morceau, tant ils
étaient lisses, étaient séparés sur le milieu de la tête par une raie
fine, qui s'enfonçait légèrement selon la courbe du crâne ; et, laissant
voir à peine le bout de l'oreille, ils allaient se confondre par derrière

> en un chignon abondant, avec un mouvement ondé vers les tempes,
> que le médecin de campagne remarqua là pour la première fois de sa
> vie. Ses pommettes étaient roses. Elle portait, comme un homme,
> passé entre deux boutons de son corsage, un lorgnon d'écaille (p. 17).

D'entrée de jeu, la bouche et ses mouvements de succion apparaissent
en gros plan, complétant la description précédente et renforçant
l'impression antérieure, dans le même sens.

Mais le regard de Charles se fait ici mobile, frôleur, presque indiscret.
Il suit, d'un mouvement continu, la géométrie d'une tête féminine un
peu inclinée en avant (elle mange). La description s'opère en deux temps
d'égale amplitude : on retrouve d'abord les surfaces polies, les lignes
nettes et droites auxquelles Charles est habitué (bandeaux d'un seul
tenant, raie médiane) ; puis, par un souple changement de géométrie
(on passe des « droites » aux « courbes »), le corps d'Emma offre ici,
enfin, ce que tout à l'heure il refusait : la *fluidité* féminine, la liquidité ;
par deux fois le texte fait apparaître dans la chair même des mots la
source cachée : chignon *abondant*, mouvement *ondé*.

D'où le choc émotionnel : quelque chose de neuf vient de surgir
dans la vie de Charles, qui va changer sa vie ; c'est vraiment ici l'équivalent de l' « apparition » d'Emma, un être unique jamais vu auparavant
(« que le médecin de campagne remarqua là pour la première fois de sa
vie ») ; une femme enfin conforme aux souhaits de son désir : non pas
une fille du feu, mais, comme dit Claudel, « l'abondant corps maternel ».

L'illusion est de courte durée : un petit détail vestimentaire remet les
choses en place, en les amplifiant même quelque peu (« elle portait
comme un homme, ... un lorgnon d'écaille »). Du moins, savons-nous
désormais la direction où tend le cœur de Charles amoureux.

Espace-temps 4

> Quand Charles, après être monté dire adieu au père Rouault,
> rentra dans la salle avant de partir, il la trouva debout, le front
> contre la fenêtre, et qui regardait dans le jardin, où les échalas des
> haricots avaient été renversés par le vent. Elle se retourna.
> — Cherchez-vous quelque chose ? demanda-t-elle.
> — Ma cravache, s'il vous plaît, répondit-il.
> Et il se mit à fureter sur le lit, derrière les portes, sous les chaises ;
> elle était tombée à terre, entre les sacs et la muraille. Mademoiselle
> Emma l'aperçut ; elle se pencha sur les sacs de blé. Charles, par galan-
> terie, se précipita et, comme il allongeait aussi son bras dans le
> même mouvement, il sentit sa poitrine effleurer le dos de la jeune
> fille, courbée sous lui. Elle se redressa toute rouge et le regarda
> par-dessus l'épaule, en lui tendant son nerf de bœuf (p. 17).

Il se produit ici quelque chose et qui est, cette fois, partagé : le contact de deux épidermes. Ce n'est plus seulement le corps d'Emma regardé, mais touché, même par mégarde. Ici, c'est le corps d'Emma qui réagit, comme tout à l'heure celui de Charles : on est passé de la blancheur des ongles et du col, au rose des pommettes, puis à la rougeur du visage. Du regard qu'elle lui jette par-dessus l'épaule, on sait de reste la hardiesse candide. Seule note discordante qui annonce ici les orages futurs : au plan de l'échange des propos et des sentiments, Emma ne paye pas en même monnaie que Charles ; il cherche une « cravache », c'est un « nerf de bœuf » qu'on lui tend. Ainsi commence, sans qu'on y prenne garde, la dépréciation d'un homme par le regard d'une femme insatisfaite qui en épiera toutes les faiblesses.

Espace-temps 5

> Il aimait la grange et les écuries ; il aimait le père Rouault, qui lui tapait dans la main en l'appelant son sauveur ; il aimait les petits sabots de Mademoiselle Emma sur les dalles lavées de la cuisine ; ses talons hauts la grandissaient un peu, et, quand elle marchait devant lui, les semelles de bois, se relevant vite, claquaient avec un bruit sec contre le cuir de la bottine.
>
> Elle le reconduisait toujours jusqu'à la première marche du perron. Lorsqu'on n'avait pas encore amené son cheval, elle restait là. On s'était dit adieu, on ne parlait plus ; le grand air l'entourait, levant pêle-mêle les petits cheveux follets de sa nuque, ou secouant sur sa hanche les cordons de son tablier, qui se tortillaient comme des banderoles (p. 18).

Dorénavant, c'est un regard amoureux que Charles jette sur Emma. Le verbe *aimer*, quatre fois répétés, suffit à tous les usages et sert de plan incliné vers Emma, désormais but unique de ses visites aux Bertaux. La cristallisation est complète et l'usage d'un verbe univoque en est la preuve évidente.

S'y ajoute le fétichisme des objets : ici les sabots, plus loin le tablier ; enfin l'ombrelle.

Avec le fétichisme, s'introduit le rituel, autre forme reconnue de la liturgie amoureuse. Rituel d'entrée, réduit au bruit des sabots contre le cuir de la bottine (fétichisme auditif). Rituel de sortie surtout plus douloureux, plus grave, plus solennel aussi : c'est l'ultime tête-à-tête avant la séparation ; on comprend le soin maniaque avec lequel Flaubert tâche à décrire de la personne aimée ce dont Charles emportera le souvenir ébloui : *un portrait de plein air*, où l'air précisément joue, pour la première fois, un rôle primordial. Ce n'est plus le personnage immobile, lisse et parfois dur, des scènes d'intérieur. C'est à une naissance nouvelle de la femme qu'il nous est donné d'assister : son corps est devenu comme soluble dans l'air ; il n'y a plus de personnage se détachant sur un fond, mais la fusion harmonieuse de l'être dans une nature faite pour lui et à son image.

Le fétichisme amoureux ne perd pas ses droits : les cordons du tablier, par le jeu grossissant de la comparaison, prend des proportions colossales ; les banderoles claquant au vent annoncent à leur tour la fête, c'est-à-dire l'image d'un monde heureux, rythmique, réconcilié.

Espace-temps 6

> Une fois, par un temps de dégel, l'écorce des arbres suintait dans la cour, la neige sur les couvertures des bâtiments se fondait. Elle était sur le seuil ; elle alla chercher son ombrelle, elle l'ouvrit. L'ombrelle, de soie gorge-de-pigeon, que traversait le soleil, éclairait de reflets mobiles la peau blanche de sa figure. Elle souriait là-dessous à la chaleur tiède ; et on entendait les gouttes d'eau, une à une, tomber sur la moire tendue (p. 19).

Après le rituel qui se répète chaque fois, voici l'instant d'exception et d'élection où se concentrent toutes les virtualités du bonheur. Le cheminement de l'amour est inscrit dans ce parcours qui va de 1 à 6, et qui a précisément pour décor le même lieu familier : « sur le seuil ». A la place de la jeune femme en robe de mérinos bleu qui reçoit M. Bovary il y a désormais ce modèle digne du pinceau d'Auguste Renoir : la femme à l'ombrelle, qui prend la pose sous le regard ébloui de Charles.

Le décor ou tout au moins l'atmosphère ambiante semble tout d'abord détruire volontairement le caractère dur et sec des premiers instants. *L'eau* y est, dans l'ordre de préséance, l'élément primordial, et tandis qu'elle se bornait naguère à une présence en creux, à travers des mots qui la désignent tout en la retenant prisonnière, elle est cette fois physiquement et largement présente. L'univers tout entier se liquéfie : la glace, toute dureté, la neige, toute froideur, deviennent ici liquidité et tiédeur.

L'ombrelle, objet féminin par excellence — elle est posée contre le banc où « apparaît » Mme Arnoux —, remplace désormais le lorgnon d'écaille, qui sied à l'homme et le désigne sans équivoque. Le corps d'Emma a retrouvé son signe féminin, tel du moins qu'on le reconnaît à l'époque : à la main « point assez pâle » d'Emma se substitue « la peau blanche de sa figure ». Et surtout nous sommes dans le monde fragile et merveilleux de l'instant : poreux, instable, en échange et en mutation.

L'ombrelle est ici d'usage ambigu : à la fois parasol, transparent au soleil, et parapluie, opaque à l'eau. La moire « gorge-de-pigeon », en diffractant la lumière, rend l'image féminine mobile, insaisissable. Le sourire d'Emma est l'ambiguïté même : à qui ? à quoi sourit-elle ? « elle souriait là-dessous *à* la chaleur tiède ». Quant aux gouttes d'eau — mais au fait qui les entend ? —, quant aux gouttes d'eau — présentes également dans *Salammbô* « sous la tente » au moment de la scène d'amour —, elles sont l'expression métaphorique de la vie en sa profusion mesurée, en sa douceur eurythmique, en son amollissement et sa tiédeur intimes.

On comprend que cette Emma d'un jour, rendue à sa féminité essentielle, puisse charmer, au sens fort, le cœur de Charles, en ce qu'elle répond ici pleinement à ses désirs profonds. On conçoit aussi qu'elle soit pour la veuve Dubuc une redoutable rivale. Emma devra attendre le veuvage de Charles pour faire au chapitre suivant l'apparition décisive qui scellera son destin.

Espace-temps 7

Il arriva un jour vers trois heures ; tout le monde était aux champs ; il entra dans la cuisine, mais n'aperçut point d'abord Emma ; les auvents étaient fermés. Par les fentes du bois, le soleil allongeait sur les pavés de grandes raies minces, qui se brisaient à l'angle des meubles et tremblaient au plafond. Des mouches, sur la table, montaient le long des verres qui avaient servi, et bourdonnaient en se noyant au fond, dans le cidre resté. Le jour qui descendait par la cheminée, veloutant la suie de la plaque, bleuissait un peu les cendres froides. Entre la fenêtre et le foyer, Emma cousait ; elle n'avait point de fichu, on voyait sur ses épaules nues de petites gouttes de sueur.

Selon la mode de la campagne, elle lui proposa de boire quelque chose. Il refusa, elle insista, et enfin lui offrit, en riant, de prendre un verre de liqueur avec elle. Elle alla donc chercher dans l'armoire une bouteille de curaçao, atteignit deux petits verres, emplit l'un jusqu'au bord, versa à peine dans l'autre, et, après avoir trinqué, le porta à sa bouche. Comme il était presque vide, elle se renversait pour boire ; et, la tête en arrière, les lèvres avancées, le cou tendu, elle riait de ne rien sentir, tandis que le bout de sa langue, passant entre ses dents fines, léchait à petits coups le fond du verre.

Elle se rassit et elle reprit son ouvrage, qui était un bas de coton blanc où elle faisait des reprises ; elle travaillait le front baissé ; elle ne parlait pas, Charles non plus. L'air, passant pas le dessous de la porte, poussait un peu de poussière sur les dalles ; il la regardait se traîner, et il entendait seulement le battement intérieur de sa tête, avec le cri d'une poule, au loin, qui pondait dans les cours. Emma, de temps à autre, se rafraîchissait les joues en y appliquant la paume de ses mains, qu'elle refroidissait après cela sur la pomme de fer des grands chenets (p. 23).

Plantons d'abord le décor de la scène, car c'est une scène et dramatique, comme on verra : la cuisine de l'espace-temps 1, mais en une autre saison, un après-midi d'été, quand tout le monde est aux champs.

Dans ce décor, l'objet essentiel c'est, comme naguère, la cheminée. Elle revient même ici par deux fois. Entre ces deux occurrences, le destin frappe à la porte.

On note également le retour des trois éléments qui ont tour à tour présidé aux premiers émois de Charles : le feu, puis l'eau, puis l'air ; retour également d'attitudes ou d'occupations antérieures chez Emma : Emma à table, Emma à son ouvrage. La synthèse est très complète.

L'action peut commencer : trois actes enchaînés ou plutôt deux tableaux symétriques, séparés par un interlude apparemment sans importance, mais qui porte en fait le poids et le sens.

Le premier tableau est un intérieur *sans* Emma : tout y est morne et sans finalité. Le regard suit l'itinéraire de la lumière qui se perd inutilement au plafond. Les objets sur la table connotent un univers du déchet et de la mort. La cheminée éveille à peu près les mêmes échos : on y sent le froid de la vie absente.

Soudain Emma apparaît : le corps d'Emma offert, entre la fenêtre et le foyer, dans la nudité et la tiédeur de sa chair : « on voyait sur ses épaules nues de petites gouttes de sueur ». Tout se réchauffe alors, tout s'anime. La petite comédie à laquelle elle se livre, sous des apparences anecdotiques et purement réalistes, cache en fait un secret : c'est un philtre d'amour qu'en réalité Emma fait boire à Charles ; c'est à une scène de séduction qu'elle se livre en riant ; et cette curieuse manière de boire, pleine de sensualité féline, serait peut-être seulement pittoresque ou amusante, si l'on n'avait présent à l'esprit un autre cou tendu pour apaiser une autre soif : « alors elle allongea le cou comme quelqu'un qui a soif, et, collant ses lèvres sur le corps de l'Homme-Dieu, elle y déposa de toute sa force expirante le plus grand baiser d'amour qu'elle eût jamais donné » (331). Le prélude à l'amour est, ici, obscurément, prélude à la mort.

Pour Charles, en tout cas, tout est changé désormais. Emma a repris sa pose antérieure et son ouvrage, mais rien n'est tout y fait comme avant. Le silence a changé de nature : c'est désormais le recueillement des instants solennels. Le regard rase le sol, mais rien n'est plus immobile, tout est redevenu vivant : l'air, qui est au rendez-vous comme élément embrayeur et spirituel à la fois, se met en mouvement ;

l'émoi intérieur est physiologiquement sensible à Charles dans sa propre chair sous la forme d'un battement ; le cri de la poule est un cri *de vie* (elle pond), opposé au bourdonnement des mouches agonisantes.

L'ultime geste d'Emma recrée tout simplement le monde des finalités perdues. L'amour donne un sens au monde et à la vie : la pomme de fer des grands chenets, inactive en été, semble faite pour la main d'Emma et le rafraîchissement de ses joues.

Ainsi le décor tout entier conspire à la beauté et au bonheur d'Emma. Du moins est-ce ainsi que le regard ébloui de Charles capte le message de l'univers qui s'offre à lui. Le destin de Charles peut à son tour commencer. On n'aura garde toutefois d'oublier qu'au moment où il entrait pour la première fois aux Bertaux, « son cheval eut peur et fit un grand écart » (p. 15).

Le roman de Flaubert, en tous les sens du terme, n'est peut-être après tout que l'histoire de ce grand écart.

Le corps féminin dans
L'Education sentimentale

MICHEL RAIMOND

Les femmes, dans *L'Education sentimentale*, sont vues la plupart du temps à travers le regard de Frédéric Moreau. Bien sûr, en dernier ressort, c'est Flaubert qui les décrit, mais il s'attache à rendre ce qu'a de particulier la perception de son héros à tel ou tel moment. Le plus souvent, c'est l'ensemble de la personne qui est évoqué : le visage, la robe, la nature et la couleur du tissu. Voyez Mme Arnoux dès la première vision que Frédéric a d'elle : large chapeau de paille, bandeaux noirs qui pressent l'ovale de la figure, robe de mousseline claire — le tout sur fond de ciel bleu. A Nogent, Louise Roque, dans le jardin d'en face, a les cheveux rouges, des épaules nues, un corset de toile grise, un jupon blanc maculé de taches, et elle tient un arrosoir à la main. Parfois l'auteur met l'accent sur un aspect de la personne auquel Frédéric porte une attention particulière : Mme Dambreuse, au théâtre de la Porte-Saint-Martin, ne lui paraît « ni grande, ni petite, ni laide, ni jolie » — mais elle a des cheveux blonds tirebouchonnés à l'anglaise plus fins que des fils de soie. Plus tard, Frédéric observera tout à loisir ses yeux brillants, ses gestes délicats, ses longues mains étroites. A travers tout le roman, les femmes sont aperçues dans des attitudes différentes, vêtues de robes différentes, oisives ou occupées à des tâches variées. Au surplus, la description est souvent, si je peux dire, progressive : la première apparition de Mlle Vatnaz est celle d'une « grande femme mince » qui, entre « avec des gestes brusques ». Un peu plus tard, à l'Alhambra, Frédéric la voit qui fait la moue « en avançant ses grosses lèvres presque sanguinolentes à force d'être rouges » ; et il est frappé alors par ses admirables yeux, « fauves avec des points d'or dans les prunelles » ; et ils éclairent une figure maigre au teint jaune. Enfin, le jour où elle

rend visite à Frédéric, elle lui prend un instant le menton, et il tressaille
« au contact de ces longues mains tout à la fois maigres et douces » ;
ce jour-là, les yeux de la jeune femme brillent sous un chapeau qui lui
cache le front, la lumière, qui l'éclaire d'en bas, fait saillir sa mâchoire,
et cette femme laide, qui, nous dit Flaubert, avait dans la taille « des
ondulations de panthère » provoque chez le jeune homme une énorme
convoitise et un désir de volupté bestiale. J'insisterais volontiers sur la
cohérence de ces trois portraits ; mais dans chacun d'eux l'auteur fait
un sort à des traits particuliers, et même chacun de ces traits est lié
à une certaine situation de la personne dans l'espace, voire à la dispo-
sition d'un éclairage. Il n'y a pas dans *L'Education* de portrait en pied
donné une fois pour toutes, le portrait est, sinon différent, du moins
renouvelé à chaque apparition.

Les variations du portrait sont assez rarement liées aux métamorphoses du modèle : je passe sur les cheveux blancs de Marie Arnoux
lors de la dernière visite qu'elle rend à Frédéric ; mais je rappelle que
celui-ci est sensible à l'épanouissement du corps comblé de Rosanette,
pendant leur liaison ; et en ce qui concerne Mme Dambreuse, Frédéric
observe que la « perte de son héritage l'avait considérablement changée »
et que son corsage, alors, « découvrait trop sa poitrine maigre ». Ce qui,
dans le corps de Rosanette, a d'abord été une force d'attirance et de
séduction en vient à provoquer chez lui, vers la fin du roman, un mouvement de répulsion : « ses paroles, nous dit Flaubert, sa voix, son sourire,
tout vint à lui déplaire ; ses regards surtout, cet œil de femme éternel-
lement limpide et simple ». La perception du corps féminin est, comme
on voit, liée aux humeurs et aux sentiments du protagoniste.

Elle est liée aussi à sa position dans l'espace et à ce qu'il faudrait
appeler son angle de prise de vue. J'ai tenté de montrer, ailleurs, que
Flaubert dans *L'Education* s'était attaché à respecter la limitation de
chaque point de vue. Il s'amuse parfois à présenter d'une femme une
vision tronquée, pour peu qu'un écran s'interpose entre elle et le regard
de l'observateur. Au théâtre du Palais-Royal, Frédéric aperçoit Arnoux
auprès d'une femme, mais il ne peut identifier cette femme, car « l'écran
de taffetas vert, tiré au bord de la loge, masquait son visage ». Notez
que le coup de foudre suffit, dès la première apparition de Mme Arnoux,
pour aveugler Frédéric : il la voit seule sur le banc, car « il ne distingua
personne dans l'éblouissement que lui envoyèrent ses yeux ». On sait
que Marie Arnoux est souvent dans l'ombre, et que, de cette ombre,
à tel ou tel moment, ne surgit que son visage. Tout ce que Frédéric
aperçoit d'elle, lors d'une visite qu'il rend à Arnoux, c'est, dans l'entre-
bâillement d'une porte, « le bas d'une robe » qui « disparaît ». La première fois qu'il se rend chez les Dambreuse, il croise, sous la porte
cochère, un coupé dans lequel se tient une femme, qui est Mme Dam-

breuse : mais comme elle est penchée hors du vasistas pour parler au concierge, Frédéric n'aperçoit que son dos. A Saint-Cloud, lors de la fête de Marie, Frédéric est d'abord en compagnie d'Arnoux dans le jardin. Par une des fenêtres de la maison s'échappent les vocalises de Mme Arnoux ; et quand celle-ci paraît, c'est « au haut du perron ». Commence-t-elle à descendre ? D'où il est, Frédéric, nous dit Flaubert, « n'aperçoit que son pied ». Ce n'est certes pas la première fois — ni la dernière — qu'il est tout particulièrement attentif à ce pied ; car dès qu'il a quitté le bateau où il l'a rencontrée, il est sensible, dans le souvenir qu'il a d'elle, à des « particularités plus intimes de son corps » et, en particulier, il se rappelle avec émotion que « sous le dernier volant de sa robe, son pied passait dans une mince bottine de soie ». Emotion liée ici au regard ; mais, dans d'autres cas, au contact, fût-ce furtif : par exemple, lors de la promenade qu'il fait, un soir d'automne, avec Marie, dans les rues de Paris, il sentait, nous dit Flaubert, « à travers la ouate du vêtement la forme de son bras ».

Même quand Flaubert entreprend de brosser un tableau constitué, par exemple, par un groupe de femmes, les éléments descriptifs — formes, attitudes, couleurs — sont orientés et, si je peux dire, dynamisés par le désir de Frédéric. Certes, il arrive que l'auteur s'en tienne à des notations purement pittoresques : ainsi au champ de courses, où les femmes, nous dit-il, « portaient des robes à taille longue » et « faisaient comme de grands massifs de fleurs tachés de noir çà et là par les sombres costumes des hommes ». Mais, au cours du bal chez Rosanette, le pittoresque des déguisements — soie, velours, couleurs fondues dans une sorte de « pulvérulence lumineuse » — n'est là que pour relancer le désir du héros, et ce désir trouve, dans le défilé kaléidoscopique des images, de quoi s'incarner en de multiples avatars. Il en va de même dans le tableau qu'offrent les femmes qui sont réunies dans le boudoir de Mme Dambreuse : c'est une sorte de serre chaude, ou d'écrin luxueux qui contient ces joyaux que sont les corps féminins : le boudoir, avec son plafond en coupole, a la forme d'une corbeille. L'auteur ménage des effets de contraste entre le luxe des vêtements et les corps presque dénudés. L'homme de désir qu'est Frédéric ne peut s'empêcher de songer à un intérieur de harem devant ce « rassemblement de femmes demi-nues ». Certaines d'entre elles affichent même, nous dit Flaubert, une « placidité presque bestiale », et cette bestialité tranche sur l'élégance et le luxe des choses ambiantes. A aucun moment, dans *L'Education*, n'est suggéré avec plus de force l'érotisme de la parure, car les corps sont, pour ainsi dire, saisis au moment même où ils se dégagent de la gangue des vêtements : « Les longues jupes » de ces femmes, nous

dit Flaubert (...) semblaient des flots d'où leur taille émergeait » et
« les seins s'offraient au regard dans l'échancrure des corsages ». Quelques
lignes plus loin, Flaubert indique qu'on croyait quelquefois, à certains
frissonnements, que « la robe allait tomber ». Moment entre tous précieux ; mais aussi les « blanches scintillations des diamants », « les
taches lumineuses des pierreries étalées sur les poitrines », « l'éclat doux
des perles accompagnant les visages » soulignent, à leur manière, cette
sorte de lumineuse apothéose des corps.

Il est fréquent d'ailleurs, dans *L'Education*, que le corps féminin
— et surtout celui de Marie Arnoux — soit présenté un peu comme un
bijou dans un coffret. J'ai indiqué déjà que, sous la porte cochère de son
hôtel, Mme Dambreuse, dans son coupé, ne montre à Frédéric que son
dos. Mais, à défaut d'apercevoir le visage de la jeune femme, Frédéric
est sensible au luxe de la voiture qui contient ce corps précieux : l'intérieur est tendu de reps bleu, avec des « passementeries et des effilés de
soie ». Même Louise Roque, petite sauvageonne, est d'abord aperçue
dans le cadre de son jardin, de l'autre côté d'une haie qui délimite l'espace
où est situé ce corps d'enfant déjà désirable. Vu du trottoir, l'appartement éclairé de Mme Arnoux — ou celui qui est supposé le sien —
prend la valeur d'une sorte de lieu sacré, protégé, inaccessible, devenu
d'ailleurs pour Frédéric comme le centre du monde. C'est un archétype
romanesque que cette chambre illuminée perçue par un héros relégué
dans les ténèbres extérieures. On ose à peine citer ces textes merveilleux : « Trois fenêtres éclairées chaque soir (...). Des ombres circulaient
derrière : une surtout ; c'était la sienne, et il se dérangeait de très loin
pour regarder ces fenêtres et contempler cette ombre. » Flaubert nous
dit encore que Frédéric restait ainsi « les yeux collés sur cette façade,
comme s'il avait cru, par cette contemplation, pouvoir fendre les
murs ». Quelle expression plus forte d'un espace préservé et d'une intimité inaccessible ? Celle-ci peut-être : un soir, Frédéric rend visite aux
Arnoux ; Marie est malade ; et, comme elle reconnaît sa voix, elle lui
souhaite le bonjour de l'autre côté de la cloison : « Et, continue Flaubert,
l'on entendait le bruit d'une cuiller contre un verre, et tout ce frémis-
sement de choses délicatement remuées qui se fait dans la chambre
d'un malade. » Le corps de Marie a-t-il jamais été plus intensément
présent qu'à travers cette cloison ? Il est frappant d'ailleurs que le
jour où Frédéric a accès à la chambre de Marie Arnoux — où elle se
trouve entourée de ses enfants — il l'imagine, fugitivement, couchée au
fond de l'alcôve qu'il aperçoit, comme si cette *mise en abîme* redoublait
en quelque sorte ce schéma spatial de l'intimité inaccessible. On sait
qu'un jour, par hasard, à Creil, Frédéric fait irruption dans la chambre
où Marie est en train de se coiffer, les bras levés, la robe de chambre
entrouverte — devant une armoire à glace ; mais le corps précieux de la

femme aimée n'est aperçu que le temps d'un éclair, au centre de ce tabernacle.

Corps précieux parce que contenu comme un joyau dans un écrin. Dans d'autres cas, le corps est mis en valeur parce qu'il se détache sur un fond d'ombre ou de lumière. Marie est souvent enveloppée d'ombre. Chez elle, un jour, le crépuscule, nous dit l'auteur, amasse de l'ombre ; une autre fois, c'est l'abat-jour qui, posé au bord de la commode, assombrit l'appartement, ou bien c'est sur fond de lumière que se détache, dans une sorte d'apothéose, le corps de la femme aimée : sur le bateau, au début du roman, il apparaît sur fond de ciel bleu. Parfois il est inondé de lumière : un jour, chez elle, Marie est assise près de la fenêtre, et « un beau soleil passait par les carreaux, les angles des meubles reluisaient (...), et un grand rayon, frappant les accroche-cœur de sa nuque, pénétrait d'un fluide d'or sa peau ambrée ». La lumière ici n'est pas seulement le fond éclatant sur lequel se détache le corps ; elle pénètre ce corps qui devient lui-même lumineux et précieux. A Saint-Cloud, lors de la fête de Marie, Flaubert joue sur les deux registres des rayons et des ombres. D'abord, Marie, dehors, au coucher du soleil, est assise sur une grosse pierre, ayant cette lueur d'incendie derrière elle ; puis, à l'intérieur, Frédéric la rejoint dans l'embrasure de la fenêtre : « Ils étaient l'un près de l'autre, debout, dans l'embrasure de la croisée. La nuit, devant eux, s'étendait comme un immense voile sombre, piqué d'argent. »

L'espace dans *L'Education* ne contribue pas seulement à mettre en valeur le corps féminin ; il est ce qui en sépare à jamais. Dès la première rencontre de Frédéric et de Mme Arnoux, « plus il la contemplait, nous dit Flaubert, plus il sentait entre elle et lui se creuser des abîmes. Il songeait qu'il faudrait la quitter tout à l'heure ». A défaut de pouvoir vivre auprès de la femme aimée, occupé seulement à lui entourer la taille de ses mains et à boire la lumière de ses yeux, le héros n'a plus qu'à tourner en rond dans l'espace compartimenté de la ville, ou à procéder à des allées et venues d'une demeure à l'autre : tous les corps sont interchangeables, puisque le corps aimé est inaccessible. Au début, Marie est définie comme « le point lumineux où l'ensemble des choses convergeait ». A défaut de pouvoir atteindre ce point lumineux, Frédéric est à jamais relégué dans l'espace de la dispersion.

Chacune des femmes de *L'Education* — n'oublions pas qu'elles sont des êtres de langage — bénéficie, pour ainsi dire, d'un statut corporel différent. Je ne m'étendrai pas sur leurs vêtements : la question a été déjà amplement traitée. On sait que Mme Arnoux est, le plus souvent, vêtue d'un tissu sombre ; que Rosanette est généralement en

déshabillé transparent ; que Louise Roque porte une robe verte, et
que Mme Dambreuse a une prédilection pour la couleur violette.
Mais, pour chacune de ces femmes, le vêtement remplit sa fonction
— cacher et suggérer tout à la fois le corps — de façon particulière.
Flaubert nous indique que la robe de Louise Roque, au dîner des
Dambreuse, est mal ajustée, et que sa couleur verte jure avec les cheveux rouges. Mais, dans le jardin de Nogent, quand elle n'était encore
qu'une petite fille d'une douzaine d'années, elle était vêtue d'un corset
de toile grise, qui « laissait à découvert ses épaules un peu dorées par
le soleil » — image d'une petite sauvageonne qui, très près de la nature,
est en somme l'opposé même de Mme Dambreuse, « fleur de haute
culture », toujours vêtue de robes luxueuses, et Frédéric ne perçoit de
son corps que la face mate de son visage et son teint « d'une fraîcheur
sans éclat ». Si Rosanette reçoit ses amis en peignoir ou en déshabillé,
Mme Arnoux est toujours strictement vêtue. Le vêtement chez elle,
comme on l'a observé, cache le corps plutôt qu'il ne le suggère. Tout le
monde connaît ces lignes : « Il ne pouvait se la figurer autrement que
vêtue, tant sa pudeur semblait naturelle et reculait son sexe dans une
ombre mystérieuse. » Ou bien encore : « Cette robe, se confondant avec
les ténèbres, lui paraissait démesurée, infinie, insoulevable, et précisément à cause de cela, son désir redoublait. » Il y a bien, à un moment,
un châle qui moule ses épaules ; et il arrive que Frédéric sente le contour
de son bras à travers la ouate d'une capote de velours. Mais, curieusement, ce sont plutôt des vêtements qu'elle ne porte pas qui l'incitent à
rêver à son corps : tel le long châle à bandes violettes qu'il ramasse sur
le pont du bateau : « elle avait dû, bien des fois, (...) en envelopper sa
taille, s'en couvrir les pieds, dormir dedans ». Et, dans une promenade
qu'il fait avec elle, Frédéric aperçoit dans les devantures des vêtements
féminins — des cachemires, des dentelles, et il les imagine « drapés
autour de ses reins » et même, des pantoufles de satin lui font l'effet
d'attendre son pied.

Rêvant sur les vêtements, Frédéric caresse, par tissus interposés,
le corps de Marie Arnoux. Mais dès la première rencontre, le regard est
en lui-même une caresse. Il parcourt le visage et le corps, il en détaille
les particularités — la splendeur de la peau, un grain de beauté près
de la tempe, la forme de chacun des ongles, un pied dans une mince
bottine de soie. Mais aussi il se fixe soudain, il s'englue dans la chair
désirée. Flaubert nous dit merveilleusement que Frédéric « enfonçait
son âme dans la blancheur de cette chair féminine », et c'est à ces ins-
tants-là qu'il éprouve, au-delà du désir de la possession physique,
« une curiosité douloureuse qui n'avait plus de limites ».

Je voudrais proposer une distinction entre *expression* corporelle et
la *présence* corporelle — pour autant qu'on puisse parler de la présence

corporelle d'un être de langage, Valéry, comme on sait, ironisait à juste
titre sur la notion de personnage vivant, quand il s'agissait d'êtres
fictifs, et déclarait tout de go qu'autant valait parler du foie de la
Vénus de Milo. Il me semble toutefois qu'un texte romanesque peut,
ne fût-ce que fugitivement, donner au lecteur le sentiment d'une présence opaque et, si je peux dire, existentielle du corps. Je crois qu'on
peut en trouver quelques exemples dans *L'Education*. Certes, la plupart
du temps, l'auteur, comme il est normal dans une fiction, met l'accent
sur l'expression corporelle. Et chacun des corps féminins qui figure
dans le roman est d'abord l'expression d'un statut social, moral,
humain : il y a le corps de la lorette, celui de la grande dame, celui de la
sauvageonne. Voyez Mme Dambreuse : elle a une peau sans éclat,
comme une fleur séchée, mais elle a une exceptionnelle « aisance de
manières » ; et Frédéric, au théâtre de la Porte-Saint-Martin, est
frappé par « l'aménité spirituelle de son visage ». Qu'est-ce à dire sinon
que le visage ici, aux yeux même du héros, vaut surtout par ce qu'il
exprime ? Flaubert nous dit que Mme Dambreuse a « une bouche un
peu longue et des narines trop ouvertes ». Qu'à cela ne tienne : elle a
du charme, parce que « son front semblait contenir beaucoup de choses ».
En bref, le visage de Mme Dambreuse exprime, comme toute sa personne, la délicatesse de ses gestes, le raffinement des langueurs passion-
nées, les vastes pensées et les intrigues subtiles.

   Le cas de Rosanette est, à cet égard, un peu plus compliqué, car,
ce que les attitudes de son corps révèlent, ce qu'indique l'expression
de son visage, c'est précisément qu'elle est un corps, et toutes les
manœuvres de coquetterie auxquelles elle se livre n'ont pour but que
de la désigner à autrui comme corps. Frédéric est ébloui par le pétil-
lement de ses « jolis yeux tendres », et par le sourire de sa « bouche
humide ». On sait qu'elle le reçoit volontiers en déshabillé, et dans son
cabinet de toilette : vêtements qui laissent deviner le corps, endroit où
l'on s'occupe des soins du corps. On la voit procéder à sa toilette devant
Frédéric. Si elle se lave à grande eau le visage, c'est « en renversant la
taille », pour mieux montrer ses formes. On la voit les cheveux dénoués,
les pieds nus dans des babouches, et, à tel moment, ses « deux bras
ronds sortaient de sa chemise qui n'avait pas de manches ». Mieux encore :
« de temps à autre, il scrutait, à travers la batiste, les fermes contours
de son corps ». Et voyez-la sur un divan dans une posture provocante
qui révèle les formes de son corps : « un coussin sous l'aisselle, le corps
un peu tordu, un genou plié, l'autre jambe toute droite » ; se défaisant
bientôt de sa veste et, dès lors, « sans autre vêtement autour des reins
que sa chemise de soie ».

   Il arrive parfois, dans *L'Education*, que tout l'art du romancier soit
de suggérer par des mots une sorte de présence existentielle du corps

féminin, saisi dans ses brusques élans, dans son intimité, dans ce qu'a d'opaque et d'autonome la vie physique. Louise Roque, pour peu qu'elle soit, en présence de Frédéric, bouleversée par l'émotion, « elle le serre dans ses bras avec emportement ». Il y a mieux : à un moment, quand il la prend par la taille, « un cri suave comme un roucoulement jaillit de sa gorge ». Le corps ici, comme la grammaire l'indique, devient sujet ; il n'est plus le signe de la personne, il vit d'une vie propre. Même Rosanette, à certains instants, cesse de faire signe qu'elle est un corps désirable. La coquetterie s'estompe devant cet aveu qu'elle fait : devant Frédéric elle rêve au plaisir, elle dit l'importance qu'il a pour elle : « Elle murmurait. Oh oui ! c'est bon ! c'est si bon ! les paupières closes et à demi pâmée d'ivresse. » C'est d'ailleurs ce quelque chose « d'insolent, d'ivre et de noyé » qui donne à Frédéric ses désirs les plus fous. Une certaine nuance d'avidité sensuelle et d'extase charnelle fait que, fugitivement, Rosanette existe comme femme plus que comme lorette. Quant à la Vatnaz, elle trouble Frédéric quand il la saisit, si je peux dire, en flagrant désir : quand elle contemple le chanteur, elle regarde fixement, elle a les narines ouvertes, les cils rapprochés, elle est « comme perdue dans une joie sérieuse ».

La plupart du temps, Marie est saisie de son expression corporelle. C'est surtout son visage qui donne cette expression. Son sourire est un sourire de bonté : « Comme elle souriait, une fossette se creusait dans sa joue, ce qui donnait à son visage un air de bonté plus délicate. » La voici chez elle assise près de la fenêtre : « Ses beaux yeux noirs dont la clérotique brillait se mouvaient doucement sous leurs paupières un peu lourdes, et il y avait, dans la profondeur de ses prunelles, une bonté infinie ». Ailleurs, elle a un regard « aussi doux qu'un baiser ». Ailleurs encore : « Une suavité infinie s'épanchait de ses beaux yeux. » Le corps de Marie est ici, comme on voit, l'expression de son âme.

Dieu soit loué ! il arrive qu'il se mette à exister furtivement comme une sourde puissance autonome, et il cesse d'être signe de la suavité. Dans la scène de ménage à laquelle assiste Frédéric et qui a éclaté à propos du cachemire offert par Arnoux à Rosanette, Marie Arnoux est assise près du feu, « extrêmement pâle, l'œil fixe » ; elle mord ses lèvres en grelottant, elle pleure et, « un sanglot lui échappa (...). Une aspiration soulevait sa poitrine ». Subtil glissement, là encore, le corps est devenu sujet. Quand elle apprend par Deslauriers que Frédéric va épouser Louise Roque, et alors qu'elle s'est approchée de la fenêtre pour respirer, « un tremblement nerveux la saisit ». Sans doute est-ce dans ces états paroxystiques que le corps manifeste sa vie propre. Voyez-la chanter, lors du premier dîner auquel Frédéric a été convié. Pendant qu'elle chante, c'est son corps qui se met à exister : elle est debout, près du clavier, les bras tombant, le regard perdu. Sa belle tête, nous dit Flaubert, s'incline sur son épaule ; ses lèvres s'entrouvent ; sa poitrine se gonfle, ses bras s'écartent ; son cou se renverse, « mollement comme sous des baisers » ; et, à la fin, elle lance trois notes aiguës, elle redescend, elle en jette une plus haute encore, elle finit par un point d'orgue, c'est-à-dire qu'elle va jusqu'à l'épuisement de son souffle.

DÉBAT

Un auditeur. — Quand vous dites que les corps de femmes sont inter-changeables dans *L'Education sentimentale*, cela me paraît un peu discutable. Quand Frédéric considère les différentes femmes du roman, il n'a pas du tout la même attitude. On peut se demander s'il va de l'une à l'autre : avec Mme Dambreuse, il ne trouve aucun plaisir ; c'est le contraire avec Rosanette, qui toutefois n'est pas seulement objet de plaisir, sauf à la fin du roman ! Et Mme Arnoux est réduite, tout au long des nombreuses pages du roman, à l'état de phantasme, depuis la première apparition, d'après la manière dont elle est décrite, jusqu'à la fin où elle refuse de concrétiser les désirs de Frédéric. Cela me semble difficile de parler de l'interchangeabilité des corps.

M. Raimond. — Le mot est peut-être un peu excessif. J'emploie *inter-changeable* par rapport à un corps *inaccessible*. Ce qui me frappe — et ce que je voulais surtout exprimer — c'est l'espace de *L'Education sentimentale*, qui me paraît un des premiers grands romans de l'errance du héros dans une ville labyrinthique ; en particulier, on tourne autour de l'espace inaccessible, de l'espace sacré de la femme aimée.

J'ai dit que c'était un archétype romanesque, par rapport à cette espèce d'illumination initiale ; mais il y a des intermittences du cœur chez Frédéric. Il est bien évident qu'il ne trouve pas auprès de Mme Dambreuse ce qu'il trouve auprès de Rosanette, et que même la tentation de Louise Roque existe chez lui. Il y a une diversification des tentations, selon qu'il s'agit de Louise Roque, de Mme Dambreuse, de toutes les femmes qu'il peut rencontrer. Cela n'est pas douteux. Je parle seulement *par rapport à l'illumination amoureuse* de cette espèce d'abandon de Frédéric dans un espace, et des allées et venues, et des va-et-vient, de Nogent à Paris, de la maison de Mme Dambreuse à la maison de Rosanette.

L'auditeur. — D'autre part, vous parlez des métamorphoses du corps de Mme Dambreuse. Vous avez isolé la phrase d'une manière un peu arbitraire. Il n'est pas dit que c'est depuis la perte de l'héritage que Frédéric se rend compte des disgrâces de Mme Dambreuse.

M. Raimond. — Mais il se trouve que c'est à ce moment-là que Frédéric aperçoit sa poitrine. C'est à ce moment-là qu'il est sensible, disons à une poitrine excessivement maigre. Jusqu'alors elle était seulement à ses yeux comme une fleur séchée.

L'auditeur. — Vous avez parlé de la répulsion de Frédéric pour Rosa-nette à la fin du roman. C'est aussi à ce même moment que Flaubert cède à cette espèce du dualisme qui fait qu'il installe Rosanette uniquement comme objet de plaisir. Vous dites : « son sourire, ses yeux, son regard ». Frédéric se sentait donc attiré par elle.

M. RAIMOND. — Autant j'étais prêt à vous faire des concessions sur les points précédents, autant je n'en ferai pas ici : c'est une espèce de liaison très profonde. Cela dépasse considérablement le sujet du corps, que j'avais à traiter ; il s'agit du problème du désir. Le désir est lié à la répulsion, précisément à ce moment-là.

J.-L. DOUCHIN (professeur à l'Université de Nantes). — Vous avez parlé du fétichisme pour les vêtements ; cela me paraît être quelque chose de très profond chez Flaubert. D'abord, en ce qui concerne le symbolisme des objets en général, je me souviens en particulier de ce qu'il disait juste après la mort de sa sœur, lorsqu'il écrivait à Du Camp. Il disait qu'il n'éprouvait pratiquement pas d'émotion lorsqu'il allait dans un cimetière se recueillir sur une tombe et il écrivait : « la tombe est une idée reçue ». En revanche, s'il ouvrait l'armoire, et qu'il revoyait la robe de sa sœur, à ce moment-là il éprouvait une très violente émotion. Nous retrouvons cela effectivement dans *L'Education sentimentale* d'une façon très frappante.

M. RAIMOND. — J'a prononcé le mot de fétichisme au passage, et sans insister là-dessus, parce qu'il y a des développements sur ce thème du fétichisme dans l'article de Jean-Pierre Richard qui figure dans *Littérature et sensation* ; et je crois que Roger Kemp, dans *Le Corps romanesque*, dans l'article consacré à *Madame Bovary*, parle aussi du fétichisme (« Flaubert ou l'architecture du vide »). Ce sont des choses publiées, et bien connues des flaubertiens ; mais il y aurait beaucoup de développements à faire sur le problème du fétichisme et le vêtement dans *L'Education sentimentale*.

A. LANOUX. — J'ajouterai quelques mots, parce que, dans cette dualité du romancier et du critique, l'intérêt du romancier n'est pas toujours exactement celui du critique. Je suis très sensible en effet à ce fétichisme flaubertien, qui semble directement polarisé, comme le savent bien les sexologues et les psychiatres, sur le pied. Il est absolument certain que nous avons affaire en Flaubert à un fétichisme qui est bien marqué sur certains points, conformément à la sensualité de l'époque. On a remarqué tout à l'heure, avec juste raison, que certains de ses personnages semblaient des Renoir ; ils ressemblent aussi beaucoup aux personnages de la peinture bourgeoise de l'époque, quand elle s'attaquait à la femme. Si bien que le talent du peintre ne joue plus dans cette affaire, c'est l'objet qui est peint qui est important, et que l'on trouve dans toutes les peintures de l'époque, dans les salons comme dans les revues.

En réalité, Flaubert peint souvent comme Monet, comme Renoir, comme Manet. Il décrit comme eux ; mais il ne les collectionne pas chez lui. Il est un peu dans la même situation par rapport à la peinture que Maupassant, alors qu'il y en a une connaissance nettement supérieure chez un Zola.

R. RICATTE. — Il faudrait reprendre le texte dans son plus grand détail. Vous avez opposé l'état 1 à l'état 7, comme le régime des surfaces dures et lisses au régime des pénétrations douces, des infiltrations, etc. C'est vrai.

Mais, tout de même, il me semble que cet intérieur à la flamande, avec ses reflets tout à la fois de flammes et de soleil naissant sur les cuivres, c'est un lieu sec, c'est un lieu chaud, oui, mais ce n'est pas la même chose que ce que vous avez désigné dans l'état 2, à savoir les surfaces dures et lisses. Je crois bien que telles sont les expressions que vous avez employées quand il s'agit des soins, des préparations, de l'accueil, etc.

Il y a, dans cette espèce de luisance première, une sorte de fonction d'accueil et de rayonnement. L'opposition, non pas d'hostilité, mais tout au moins de renvoi opéré par les lumières, me paraît peut-être conciliable avec une fonction d'entourage chaleureux.

B. MASSON. — Il est difficile de répondre. Je comprends très bien votre objection. J'ai pensé également à cet aspect des choses, l'aspect chaleureux et flamand, dont vous parlez. Seulement, il y a quand même dans ce texte des choses qui m'ont fait rêver, notamment les objets qui sont les objets du feu, qui sont de proportion colossale, J'ai été tenté d'insister beaucoup plus sur le feu, sur la chaleur, sur les vêtements qui sèchent, sur l'humidité qui s'en va et la sécheresse qui intervient. C'est l'opposition du temps du dégel. J'ai été amené à insister là-dessus parce que cela répond à ma vision générale du destin d'Emma Bovary.

M.-C. BANCQUART. — Je voudrais faire une remarque, qui n'est peut-être pas une interrogation. Dans *Mont-Oriol* de Maupassant, l'homme dit à la femme : « Vous êtes la statue et je suis le sculpteur. » Dans *Le Lys Rouge* d'Anatole France : « Je suis le potier et vous êtes l'amphore » ; et tous les deux prétendent qu'il est bien préférable d'être l'amphore et d'être la statue, plutôt que d'être l'artiste qui les modèle. Mais cela équivaut à ce que la femme n'ait aucun sentiment de son propre corps, autrement qu'exhibitionniste. Est-ce qu'il en est de même chez Flaubert ?

B. MASSON. — Ayant réduit considérablement mon champ d'investigation, j'ai parlé d'Emma, non pas en elle-même, mais regardée par l'autre, et découverte par l'autre, et construite corporellement par l'autre. Il est bien sûr que dans la suite elle est au contraire, elle-même, regardée par d'autres quelquefois, mais regardée dans son miroir ; elle est elle-même dans son propre corps. C'est un autre exposé, que je n'ai pas fait.

M. RAIMOND. — J'ai insisté sur la subjectivité du regard qui perçoit les femmes qui figurent dans *L'Education sentimentale*. Je vois peu d'exemples où elles se considèrent elles-mêmes, où elles s'envisagent elles-mêmes, fût-ce dans un miroir — il y a bien le miroir de l'armoire à glace où Mme Arnoux est en train de se peigner, les bras levés, mais c'est une scène de voyeurisme. Ce n'est pas Mme Arnoux elle-même qui est le protagoniste, mais Frédéric, qui l'aperçoit, Elle pousse un cri, elle se sauve et elle revient strictement vêtue. Comme il est naturel, il s'agit plutôt de l'expression de la femme, de la provocation de la femme, par rapport à un regard masculin. Il y a, semble-t-il, quelques traits dans *L'Education sentimentale* d'une sorte de vie physique, d'autonomie du corps féminin qui se manifeste. Ce serait plutôt dans des états paroxystiques, et je ne suis pas sûr que la femme ait *conscience*. Elle cesse d'être *sujet* dans ces états. Je ne crois pas l'inventer, le texte indique qu'à ce moment-là la poitrine se soulève ou que le corps en quelque sorte manifeste une autonomie. Par conséquent, je crois que nous sommes dans une perspective où la femme n'existe guère que par rapport à un regard masculin.

A. LANOUX. — J'en suis personnellement bien d'accord. On se demande, dans l'œuvre de Flaubert, s'il est reconnu que la femme a une âme. On n'en est pas sûr encore dans cette société qu'il dépeint. Si l'on a parlé de voyeurisme, parce qu'il s'agit bien de cela, c'est un voyeurisme mâle sur un objet féminin, pratiquement tout le temps. Mais le regard de Flaubert n'est pas le plus misogyne ; par exemple, chez son disciple Maupassant, il sera nettement plus marqué. C'est toute une société qui a ce comportement, si bien que la femme ne peut se manifester qu'en attirant ce regard (avec toutes les ruses possibles, que les misogynes dénoncent), d'une façon exhibitionniste.

Tout un mouvement de société se définit ainsi, et il faudra attendre un certain temps (certaines femmes décrites par les symbolistes) pour que les opinions générales changent et que la femme soit considérée réellement comme un être humain, avec son indépendance. On est en arrière du romantisme : la femme du temps du romantisme est plus proche de nous, actuellement, que la femme de Flaubert.

M. RAIMOND. — En ce qui concerne les premiers textes dans lesquels on trouve un homme-objet, on en trouverait chez Colette ; peut-être même dans les *Claudine*, qui ont été arrangées par son mari. Peut-on d'ailleurs dire absolument que ce sont les premiers textes ? On en trouverait d'autres exemples : dans la très belle rencontre de Mme de Rénal et de Julien par exemple. Il y a un effet « cinématographique » dans cette rencontre : tout à coup, le regard de Mme de Rénal se porte sur Julien. Mais c'est avec Colette que véritablement s'opère ce renversement dans l'histoire des conceptions ; l'homme devient tout d'un coup un homme-objet.

A. LANOUX. — Je suis d'accord en ce qui concerne Colette. Comparons *Yvette* de Maupassant à un roman de Colette. La réponse de Colette est une réponse volontaire, de la femme à l'homme ; et (c'est une idée qui m'est chère, j'en ai parlé tout à l'heure), la biographie venant au secours de la critique et aidant à l'éclairage, c'est vrai dans la vie de Colette autant que dans l'œuvre. On voit bien sa volonté de ne jamais vivre qu'avec des hommes-objets, à partir du rejet qu'elle a fait de Willy. A partir de ce moment-là, elle a refusé, c'est l'insurrection.

N. DELATTRE (Université de Nice). — Tout à l'heure, Monsieur, vous disiez — et je crois à juste titre — que la femme n'avait d'autre réalité que le regard qui était porté sur elle, et que c'était au travers de ce regard qu'elle prenait et sa définition, et sa consistance. Je me demande si cette proposition ne pourrait pas, chez Flaubert, être infiniment plus étendue, et généralisée à l'ensemble de notre perception et de notre situation en face de la réalité. Je pense qu'à l'occasion de la femme et du corps féminin cela nous apparaît plus sensible. Mais c'est vrai ailleurs.

Par exemple, pour prendre *Madame Bovary*, que connaissons-nous du personnage principal, ou de n'importe quel autre personnage, que ce soit Charles, que ce soit M. Homais, sinon la personnalité qu'un certain nombre d'objets nous permettent de leur donner, depuis la casquette jusqu'à la tonnelle, pour Charles ? La cathédrale de Rouen nous apparaît-elle autrement qu'au travers du regard de M. Léon ? et a-t-elle une autre consistance que ce jeu de lignes obliques, qui traversent la cathédrale que nous voyons au travers du regard du personnage ? Est-ce que la campagne aux alentours de Yonville ne nous apparaît pas au travers de la perception qu'en a Emma, quelques instants après qu'elle se fut donnée à Rodolphe, et pendant qu'il est en train de raccommoder la bride de son cheval ?

Autrement dit, est-ce qu'il ne s'agit pas d'une condition générale de la perception ? La réalité n'a pas d'autre consistance que celle que nous pouvons lui donner, d'abord au travers de notre perception, et ensuite peut-être au travers d'une organisation plus poussée et plus précise, plus rigoureuse, celle que lui donne la phrase, celle que lui donne l'œuvre littéraire. Yonville a-t-il une autre réalité que celle qui lui est donnée par l'œuvre littéraire ?

A. Lanoux. — Je pourrais essayer de vous répondre de l'intérieur, par l'expérience du romancier quand il s'occupe de critique. Il voit les choses comme le critique ; généralement, pas aussi bien ; il est embarrassé par son propre métier. D'un autre côté, il dispose d'une dimension supplémentaire, qui est une espèce de pénétration chez l'autre auteur, d'effraction, en quelque sorte.

Vous avez, à mon avis, tout à fait raison : la vision de Flaubert sur la femme, qui est la vision de Maupassant, qui est la vision de son époque, s'intègre à la vision plus générale du monde et de la société. Il ne voit pas la Révolution de 1848, qui sert de toile de fond à *L'Education sentimentale*, autrement que les femmes de *L'Education sentimentale*. Il ne verra pas la Commune ou l'invasion allemande différemment non plus. Ce sera toujours lui, Flaubert, enfermé dans sa personnalité. Il n'atteindra pas l'universel. Cela est aggravé — le mot aggravé ayant un côté péjoratif —, cela est alourdi, peut-être, par la technique de Flaubert, qui est avant la lettre un behaviourisme, l'auteur regardant, décrivant ce que font les personnages, et se refusant, dans la presque totalité des cas, à entrer en eux, en opposition avec tout le reste du roman de l'époque.

N. Delattre. — Je suis tout à fait de votre avis, avec cette précision qu'il n'est peut-être pas sûr qu'il y ait quelque chose dans les personnages. Si je pense aux personnages de Zola — vous êtes familier de Zola et j'ai moi-même travaillé sur Zola —, il y a quelque chose qui émerge, qui surgit, et pour celui qui lit le roman, et à l'intérieur du roman lui-même, d'un personnage par rapport à un autre. Je pense par exemple à *La Bête humaine* : au moment où le juge se trouve en face de Jacques, il a brusquement l'impression qu'il y a quelque chose qui se passe et qu'il voudrait saisir. Le personnage se sent lui-même, dans certaines circonstances, comme possédé par des impulsions qui remontent beaucoup plus loin que sa conscience claire.

Il y a dans le personnage de Zola une puissance immémoriale, une espèce de fluide calorifique qui le porte. J'ai l'impression que derrière le personnage de Flaubert, comme derrière la réalité perçue par Flaubert, c'est une sorte de poussière qui essaie de prendre consistance. Qu'y a-t-il derrière Homais ? Y a-t-il quelque chose derrière Homais ?

A. Lanoux. — C'est l'opposition fondamentale de l'écrivain introverti devant l'extraverti. Le fond de la question est ici dans la création même.

Passion et politique dans
L'Education sentimentale

MICHEL CROUZET

Les textes flaubertiens sont sournois, indirects, constitués par une ironie d'autant plus inquiétante qu'elle demeure imperceptible. Ainsi cette juxtaposition qui se trouve dans les premières pages de *L'Education*[1] et qui semble définir Arnoux : « Il était républicain, il avait voyagé, il connaissait l'intérieur des théâtres, des restaurants, des journaux, et tous les artistes célèbres qu'il appelait familièrement de leurs prénoms. Frédéric lui confia bientôt ses projets, il les encouragea. » Que signifie cette énumération, cette juxtaposition plutôt ; la juxtaposition chez Flaubert est le procédé le plus intense, le plus intentionnel, et le plus innocent à la fois. Faut-il donc lire ce texte comme la simple mise bout à bout des propos naïvement fanfarons d'Arnoux, ou rechercher un rapport entre les termes hétéroclites qui définissent sa figure et sa stature d'homme à la mode, ou de « personnalité parisienne », et s'interroger sur l'incroyable tohu-bohu d'une tête où les idées politiques, l'expérience des voyages et celle de l'actualité parisienne semblent constituer une « culture », et contribuer à une compétence littéraire ? Homme des coulisses, d'une familiarité universelle, Arnoux semble tout savoir parce qu'il connaît tout le monde ; il a une sorte d'universalité au sens propre (il a voyagé, il fréquente « tous les artistes »), de souveraineté morale et intellectuelle, comme un « journaliste » exemplaire, homme de journal, homme du « jour », des gloires d'un jour. L'énumération semble donc organisée, et finalisée, elle présente Arnoux comme doué d'une ubiquité fascinante, d'un pouvoir de prolifération personnelle, de papillonnement intellectuel qui seraient le sens de son

---

1. P. 21 de l'édition « Folio » à laquelle nous renvoyons toujours dans cette étude.

personnage. Mais aussi bien le sens de l'énumération ne serait-il pas dans son aspect de nivellement, tout est *égal* à tout, les restaurants comme les théâtres, les rédacteurs des journaux comme les artistes, tout s'identifie et se mêle dans cette conscience-trottoir, qui reçoit également toutes les traces de la mode ? Alors sa qualité de *républicain* est-elle du même ordre : ses convictions politiques ont-elles quelque chose de commun avec ce mouvement de dispersion superficielle, de confusion générale, de familiarité vulgaire ? Et mieux, partisan de l'égalité politique, n'est-il pas déjà un promoteur de l'*égalisation* des âmes, des thèmes, des activités : la cuisine des journaux vaut celle des restaurants, et toutes les deux sont égales à l'art. Et ce n'est pas la seule phrase à même structure et à même intention, révélant la même pertur- bation confusionniste : à l'Alhambra s'élève une discussion « où l'on mêla Shakespeare, la censure, le Style, le Peuple, les recettes de la Porte-Saint-Martin, A. Dumas, V. Hugo, et Dumarsan »[2]. Et Pellerin qui, comme tant de personnages, a traversé des convictions aussi nombreuses qu'intransigeantes, nous savons à la fin qu'il a « donné dans le fouriérisme, les tables tournantes, l'art gothique, l'homéopathie, et la peinture humanitaire »[3] avant d'être photographe. Enumération enfin dont on retrouve l'équivalent dans la *Correspondance* de Flaubert à propos du mauvais ami et du mauvais artiste, M. Du Camp, « tout se confond dans sa tête, femmes, croix, art, bottes, tout cela tourbillonne, au même niveau, et pourvu que ça le pousse, c'est l'important ».

Le roman est riche de tels rapprochements qui suggèrent une unité entre les deux aspects qui semblent souvent si mal accordés, l'aspect « sentimental » et l'aspect politique. Ici même ce qui est suggéré de loin, c'est bien l'unité du personnage d'Arnoux. Encore l'est-elle allusivement, dans la mesure où la définition politique du personnage, d'une part, et, de l'autre, cette sorte de surmenage dans l'éphémère de la mode et de la « parisianité » semblent se correspondre, se répéter, ou désigner à distance une commune dimension. Arnoux existe en deux moitiés qui forment un tout, en deux sens qui n'en forment qu'un. Et de même le roman nous offre ces équivoques, « je me réforme », « la poire est mûre », indifféremment érotiques et politiques. Il s'agit donc d'étudier cette réversibilité que je suppose générale dans le roman et manifestée par les rencontres du texte : je me garderai bien de les « interpréter », de leur supposer un sens « en dessous », ou de succomber au vertige inter- prétatif qui ravage la critique littéraire. Si le texte nous propose des *convenances*, et des coïncidences, elles constituent non le sens caché du texte, mais son sens le plus large.

2. P. 92.
3. P. 452.

Mais c'est là le problème délicat du roman, pour lequel il faut utiliser, mais aussi expliquer, sinon solliciter la phrase célèbre des *Projets de Flaubert*[4] : « Montrer que le Sentimentalisme (*son développement depuis 1830 suit la Politique et en reproduit les phases. » Phrase ambiguë qui peut être lue en deux sens : soit elle ne désigne que le mouvement harmonisé et synchronisé des deux séries d'événements, sentimentaux et politiques, en suggérant qu'entre ces deux courbes, il n'y a qu'un rapport de simultanéité en quelque sorte dramatique, la Politique anticipe, et le « Sentimentalisme » emboîte le pas et s'installe à l'intérieur des mêmes « phases ». Mais le mot « reproduit » ajoute une nuance : il y a un rapport de concordance, de répétition, de similitude entre le Sentiment et la Politique qui sont liés plus intimement et plus intérieurement. Soit on met l'accent sur l'injonction flaubertienne, *Montrer*, qui renvoie à une pensée cachée du roman, non plus à un procédé d'organisation interne, au problème de l'*emboîtement* du « fond » et des premiers plans, mais en quelque sorte à la démonstration souterrainement insinuée d'un rapport entre les événements du cœur et ceux de la cité ; cette suggestion se renforce si l'on prend acte de la formulation de Flaubert : il dit « le Sentimentalisme » et l'évoque dans une dimension historique, « son développement depuis 1830 », ce qui suppose qu'il s'agisse non seulement du « sentiment », mais de sa mise en système ; *sentimental* d'ailleurs, comme P. Larthomas l'a établi[5], renvoie moins à « sentiment » qu'à « sentimentalité », et conserve une valeur péjorative et ironique ; ici donc la vie du cœur aurait une qualité historique, elle serait étudiée au travers d'une *catégorie* ou d'une détermination propre à un temps (« depuis 1830 », soit le deuxième mal du siècle), elle serait intrinsèquement liée à la dimension politique qui est sa contemporaine, sa semblable, qui la « reproduit » sous une autre forme.

Selon la lecture choisie[6], la courbe du cœur, et la courbe de la poli-

4. Cf. M.-J. DURRY, *Flaubert et ses projets inédits*, Nizet, 1950, p. 187.

* La parenthèse, ouverte ici, n'a pas été fermée par Flaubert.

5. Dans ses *Flaubertiana* parus dans les *Etudes de langue et de littérature française offertes à André Lanly*, Publications de l'Un. de Nancy II, 1980.

6. Voir comme exemple de cette lecture J.-P. DUQUETTE, *Flaubert ou l'architecture du vide, une lecture de « L'Education sentimentale »*, Presses Univ. de Montréal, 1972, p. 85 et suiv. où le parallélisme des événements politiques et des événements sentimentaux est présenté avec netteté. L'article de TÉTU, « Désir et Révolution dans *L'Education sentimentale* », *Littérature*, 1974, p. 91 en particulier, reprend le découpage schématique du livre de Duquette. A. RAITT, dans sa présentation de l'édition de l'Imprimerie Nationale, 1979, t. I, p. 44, montre excellemment comment les deux séries d'actions se répondent sans se confondre, et surtout sans avoir entre elles de rapports de causalité ; de même p. 333 sur l'idée essentielle qu'une « seule et même psychologie » est à l'œuvre dans le domaine politique et le domaine sentimental. On connaît le jugement d'A. FRANCE, « un roman sentimental sur lequel vient se greffer le roman historique ». Il est cité et réfuté (p. 64) par L. MARANINI, *Il « 48 » nella structura della*

tique auront des contacts, des tangences, des évolutions parallèles (espoirs, succès, déceptions), des résonances communes ou contrastées, bref des moments identiques ou assimilables. Ou bien l'on opte pour la recherche d'une unité fondamentale du projet flaubertien, dans lequel les deux « fils » tressés et entrelacés le sont d'autant mieux que passion et politique se répondent, et sont à un certain point de vue identiques. Michel Tournier[7] a remarqué justement que « le problème du roman historique, c'est d'intégrer une histoire d'amour à un contexte historique. La réussite se mesure à la qualité et à la quantité de cette intégration ». Il peut alors parler pour *L'Education* d'une « identité d'atmosphère » entre l'action politique et l'intrigue sentimentale. Je voudrais tenter d'aller plus loin, et proposer une identité de nature entre la passion et la politique, qui serait sanctionnée par ces « correspondances poétiques »[8] qui, comme on l'a dit très pertinemment, viennent associer en chaque point du roman le double mouvement des deux intrigues, et cela d'autant plus aisément que la politique est aussi « sentimentale » ; le romantisme d'une génération « déclarée en faillite avec le IIe Empire comme syndic »[9], comme l'a dit Thibaudet, contient un romantisme politique ; et il s'agit alors dans les perspectives de Flaubert d'une « maladie », selon la formule de M. Bardèche[10], commune à ceux qui « rêvent d'amour » et à ceux qui « rêvent le bonheur du peuple », à tous les « sentimentaux », qu'ils cultivent la « fleur fleue » de la tendresse ou celle de l'humanitarisme.

Toutes positions qui me semblent encouragées par Flaubert lui-même, qui a insinué une lecture de son roman en fonction d'un « mal du siècle » global, et méritant vraiment son nom, d'une affection de la société en tant que telle ; n'a-t-il pas uni dans une même diatribe[11] « les hommes de la poésie de Lamartine en littérature et du gouver-

« *Education sentimentale* », Pise, 1963. Voir aussi l'article de V. Brombert, « *L'Education sentimentale*, articulations et polyvalence » dans *La production du sens chez Flaubert*, 10/18, 1975, qui à propos du parallélisme des thèmes, et de l'*emboîtement* dans l'histoire, conclut à une séparation du public et du privé, et l'étude de Dolf Oehler, « L'échec de 1848 », dans *L'Arc*, nᵒ 79.

7. Dans le numéro spécial sur le roman historique de la nrf, nᵒ 238, oct. 1972, p. 125.

8. Formule de J. Proust dans son article « Structure et sens de *L'Education sentimentale* » dans *Rev. des Sciences humaines*, 1967, qui après avoir honnêtement reconnu l'impossibilité de lier par un déterminisme l'aspect passionnel à l'aspect politique aboutit à l'excellente formule citée ici qui suppose un agencement « poétique » du roman, et situe la recherche dans le domaine de l' « effet » rhétorique. Voir du même (p. 94) cette notation : « chaque événement est signifiant ou signifié selon qu'on le rapporte à la série dont il fait naturellement partie, ou à la série homologue ».

9. Dans *G. Flaubert*, Gallimard, p. 1935, p. 139.

10. Dans l'*Œuvre de Flaubert*, Les Sept Couleurs, 1974, p. 292. Voir aussi p. 310.

11. *Correspondance*, dans l'éd. du Club de l'Honnête Homme, t. XIII, p. 371, 2 juillet 1853.

nement provisoire en politique », soupçonnant une égale impuissance dans la poétique et la politique, « phraseurs, poseurs, avaleurs de clair de lune, aussi incapables de saisir l'action par les cornes que le sentiment par la plastique », et leur prêtant le même confusionnisme tourbillonnant et fébrile qu'à Arnoux. « Leur activité cérébrale sans but ni direction fixe (sans « ligne droite ») se porte avec un égal tempérament sur l'économie politique, les belles-lettres, l'agriculture, la loi sur les boissons, l'industrie linière, la philosophie, la Chine, l'Algérie... c'est de l'art aussi, disent-ils, et tout est art. » Le mot fameux dit à Du Camp sur les causes de la défaite de 70 et de la Commune[12] implique évidemment que *L'Education* contient un diagnostic d'ensemble sur toute la société française ; le « vague des passions » est inséparable du « vague des politiques ». Le siècle est un : son histoire galante, ou amoureuse, témoigne pour son histoire générale, et la contient symboliquement ou pratiquement. Si « tout était faux »[13] dans le IIe Empire, si le régime était condamné par sa *bêtise*, si cette « fausseté », ajoute Flaubert dans une lettre célèbre, était « une suite du romantisme », comme si la société tout entière s'était trouvée déréglée par un mal littéraire (la prédominance de la *passion* sur la forme, de l'inspiration sur la règle), ce trouble général qui paralysait les esprits et les cœurs, qui se répandait indifféremment dans le goût, les mœurs, et l'Etat, est symboliquement résumé par Flaubert dans les « fausses catins », ou ces actrices vantées pour leurs qualités de bonnes mères de famille. En somme ce serait à cause de Rosanette que l'on a perdu la guerre. Flaubert ne sépare rien dans son diagnostic : tout contribue à l'établir et le confirme. Tout signifie dans une époque et toute époque est une synthèse organique où tout se tient. L'enfant du siècle est tout le siècle. La *bêtise*, trait fondamental de 48 (« pour trouver un tel degré de stupidité il faut remonter jusqu'en 1848... Il y a eu des époques où la France a été prise de la danse de Saint-Guy »)[14], fait qu'individu et société se représentent et se répètent mutuellement. Au reste un historien comme Tocqueville[15] confirme le jugement de Flaubert, « il y a eu des révolutionnaires plus méchants que ceux de 1848, mais je ne pense pas qu'il y en ait jamais eu de plus sots, ils ne surent ni se servir du suffrage universel, ni s'en passer ». L'idée d'un mal du siècle élevé à la dimension sociale a été affirmée bien avant Flaubert, par Stendhal pour qui toute la jeunesse des années 1825 est à l'image de René, par un texte comme celui-ci, de la duchesse de Broglie[16], disant en 1831, « les classes supérieures sont tra-

---

12. Cf. *Souvenirs littéraires*, Hachette, 1906, II, 341-342.
13. *Corr.*, t. XIV, p. 594, 29 sept. 1870.
14. *Ibid.*, p. 343, 8 avril 1867.
15. Cf. *Souvenirs*, « Folio », 1978, p. 160.
16. Dans les *Souvenirs* du baron de Barante, 1895, t. IV, p. 115.

vaillées d'un mal sans nom, sans cause. La société est dans l'état de René, d'Adolphe, de M. Constant, critiquant tout, dégoûtée de tout et faisant du bon sens lui-même un élément dissolvant plus que constituant ».

On est donc en droit de rechercher s'il n'y a pas un principe unique à l'œuvre du côté de la passion comme du côté de la politique ; si finalement les deux versants n'en font pas un seul, non que l'on puisse trouver de l'un à l'autre une relation de cause à effet, mais parce que, à l'intérieur de l'un et de l'autre, il y a cet « enchaînement de la cause à l'effet » qui selon Flaubert a manqué dans la Première *Education*. « Je veux représenter un état psychologique », a dit Flaubert[17], mais aussi bien un état historique, dans la mesure où le mécanisme qui soutient le versant passionnel est aussi au travail du côté politique. En ce sens il me semble que le « Sentimentalisme » est relatif à l'individu comme à la collectivité, à la passion comme à la politique, et que c'est à partir de lui que l'on peut tenter d'établir le thème central et masqué du roman, l'unité du romantisme passionnel et du romantisme social. Thème central et masqué aussi pour une raison qu'il faut dire tout de suite, c'est que Flaubert est inégalement critique à l'égard du romantisme de l'individu et du romantisme social, ou du socialisme romantique. L'une des subtilités du livre est sans doute que le second « reproduit l'autre », mais en le trahissant et en le pervertissant. Ainsi Flaubert dans une lettre de 1868 peut affirmer un des thèmes du roman, la Révolution de 48 comme la grande embardée hors de la « grande route », et vers une conjonction insupportable d'un christianisme et du collectivisme, « ce que je trouve de christianisme dans les révolutionnaires est énorme », et situer sur un autre plan la responsabilité générale des romantiques, « il me semble que notre malheur vient *exclusivement* de notre bord », qu'il faut interpréter (la lettre est adressée à G. Sand), notre bord à nous autres « vieux troubadours », romantiques impénitents, éternels nostalgiques de l'impossible.

Il me faut encore tenter d'expliciter brièvement cette notion de « sentiment » ou mieux de « sentimentalisme », qui serait la « cause de tout ». Il semble que l'on puisse déterminer plusieurs zones de sens pour expliquer que « sentiment » ne soit pas synonyme de « passion », ou de « désir », mais à la fois beaucoup plus et beaucoup moins. D'abord il ne peut s'agir que de passion « inactive »[18], comme le précise immédiatement Flaubert, en faisant de cette passivité qui rejoint le sens profond de « patior », un trait d'histoire contemporaine. Alors le « sentiment »

17. *Corr.*, t. XIV, 328, 20 août 1866.
18. *Correspondance*, t. XIV, p. 227, 6 oct. 1864. Dès son *Histoire de la peinture en Italie* (chap. 140), STENDHAL distinguait la peinture des passions de la peinture des actions que la passion fait entreprendre, et n'admettait comme « romantique » que la première.

recouvre le « sentimental » de l'esthétique de Schiller, soit la passion parvenue à la conscience d'elle-même, détournée de l'acte et de la satisfaction, devenue un but en soi, et un moyen d'accès privilégié à la dimension de l'idéal. Non plus passion « de quelque chose », mais passion *pure*, se « réfléchissant » selon la formule profonde de Mme de Staël sur *Werther*, et se découvrant non comme désir de tel objet, mais comme désir infini, ou désir de l'infini. Alors la passion, état de l'âme qui « pâtit », repose sur une dépossession ou une insuffisance de l'objet qui permet de coïncider avec la direction infinie du *streben*. A la limite le désir est une capacité de désirs, comme en termes stendhaliens, l'énergie ; ainsi Flaubert écrit : « les appétits matériels les plus furieux se formulent insciemment par des élans d'idéalisme, de même que les extravagances charnelles les plus immondes sont engendrées par le désir pur de l'impossible, l'aspiration éthérée de la souveraine joie »[19].

D'un côté donc le « sentiment » relève d'une affectivité essentielle et de nature esthétique. D'un autre le sentiment c'est ce « cogito » romantique fondamental, qui associe à la sensation de l'univers, la découverte de soi par l'émotion, et l'abolition de soi par la découverte extatique du Tout et de l'Universel, saisis sans intermédiaires par l'intuition et la participation. Sentir, et le mot revient sans cesse dans les lettres de Flaubert pour désigner comme la matière première de toute entreprise esthétique, sentir, c'est à la fois exister, être pris dans l'être, et donc savoir, ou coïncider avec un savoir que l'on est et qui dépasse le moi ou le fonde. Ici les études sur le « fou » flaubertien, les remarques de J.-P. Richard[20] sur l'obsession de l'intervalle et l'inquiétude de l'immédiateté chez Flaubert, les analyses de Marthe Robert[21] sur le Narcisse cosmique qui sommeille en Flaubert, et qui rêve d'être l'Unité et la Totalité, le Moi absolu et suffisant, par-delà toute séparation et toute délimitation, se rencontrent avec les pages de Sartre[22] sur l'hébétude apathique et pathétique de l'enfant Flaubert, devenu une « passivité constituée », toujours agi, jamais agent, et coupé de la dimension de l'initiative comme de la pratique, pour nous indiquer que le *sentir* comprend une relation au monde et à l'idéal, mais non à l'action, une relation avec l'idée, sa toute-puissance, avec la rêverie souveraine, mais non avec l'objectivité limitée et cernée, avec la contemplation ou le souhait magique, non avec les moyens et l'acte. Le sentiment contient l'affectif, le désir, la rêverie, la vocation imaginaire et idéaliste, tout

19. *Corr.*, t. XIII, p. 661, 18 févr. 1859.

20. Cf. G. BOLLÊME, « L'écriture comme expérience limite chez Rousseau et Flaubert », dans *Essais sur Flaubert, Mélanges Demorest*, Nizet, 1979 ; *Littérature et sensation*, Seuil, 1954, p. 124-127, 148, 152-153.

21. Dans *Roman des origines, origines du roman*, Grasset, 1972, p. 328-330, et 357.

22. Dans *L'idiot de la famille*, Gallimard, 1971-1973, p. 46, 59, 138-139, 153, 665, 870.

ce que réunit une commune opposition avec le monde des moyens, des
fins, des médiations et des limites, ou du « faire ».

Le sentiment, comme Sartre l'avait vu, est de nature « quiétiste »,
et il en est de même de la pensée du sentiment. Par nature utopiste,
il peut se projeter dans l'avenir, s'y élancer, non le préparer ou travailler
à le construire. Il veut la fusion, sinon la confusion, sinon même l'informe.
Il ne peut « vouloir », ni agir, tout au plus, selon la formule appliquée
à Mme Bovary qui rejette « tout ce qui ne contribuait pas à la consommation immédiate de son cœur », il peut consommer des émotions, des
images, des idées, avec la même boulimie d'existences, et la même
frénésie d'immédiateté que le cochon de saint Antoine.

Mais aussi bien le sentiment est dans la culture romantique la valeur
suprême, celle qui sans doute conduit aux trois transcendentaux, ces
« trois faces de Dieu comme eût dit Pellerin », soit l'art, la science et
l'amour. Mais tout autant il est la clé de l'utopie sociale, ou mieux
comme l'a montré en des textes nombreux Paul Bénichou[23], la clé de
voûte des systèmes réformateurs, et des nouvelles Eglises, qui en appellent
au sentiment comme intuition de l'idéal, proposent une société refaite
selon les impératifs du sentiment, annoncent le règne du sentiment,
en particulier de la féminité. « La primauté du sentiment accrédite les
Beaux-Arts en même temps que la Religion ; sentiment, religion, beaux-
arts s'identifient et se mêlent dans un concept global. »

Le sentiment, c'est le meilleur et le pire : à la fois le cœur, l'aspiration à la tendresse absolue, la croyance en l'Eden de l'idéal et du vrai ;
et c'est aussi la « bêtise », l' « autolâtrie » de ses désirs, de ses souhaits,
de son « utilité », l'adhésion fanatique aux pseudo-« idées généreuses »,
au diktat arbitraire de ses préjugés ou de ses intérêts, la licence de tout
dire et de tout faire dès lors qu'on se sent absous par les bons sentiments
et les bonnes intentions[24]. Dans le sentiment ainsi passé à l'absolu, et
enveloppant un subjectivisme tout à la fois paresseux et tyrannique,
on trouvera un égocentrisme soit laxiste soit autoritaire ; le sentiment
permet tout, et il rêve d'ériger en norme ses préjugés et ses souhaits.
Il est ouvert à l'absolu de l'Idée, et se ferme sur le dogmatisme de
l'idéologie, et de la secte. Tout à la fois il me semble rendre compte de
l'illusion de Frédéric qu'un amour total tient lieu de tout, du « foli-
chonnons » d'Hussonnet, maître mot d'une société qui consomme
superficiellement les idées, les modes, les émotions, les femmes, ou les
hommes, avec une volubilité chatoyante et stérile, et de la manie puri-

23. Cf. *Le temps des prophètes*, Gallimard, 1977, en particulier p. 278-289, 312, 318,
376-377, 386, 398.
24. Homais serait sans doute le meilleur exemple de cette hypertrophie du Moi ;
sa vanité gigantesque est l'élément « intelligent » de sa bêtise, et la raison de sa réussite
universelle.

taine et législatrice de Sénécal. En tout cas jamais « rien de fort », comme dit Regimbart. Puissance d'adhésion ou même d'adhérence, le sentiment semble pour Flaubert un absolu, le lieu d'une révélation sensible, ou sensuelle et esthétique, mais aussi, par une propension à se prendre lui-même pour absolu, le principe d'une suffisance narcissique où chacun s'octroie le monopole du cœur et se fait le centre du Tout. Le principe cardinal de la « bêtise » moderne, c'est la pensée de l'*utile* : mon intérêt est élevé au niveau d'une finalité de l'Univers. Il n'y a plus de jeu alors entre le sens et la signification, entre la destination apparente et la destinée profonde. Le sentiment élargit, et rétrécit le désir ; principe d'amour, il se retourne en adoration de soi, c'est-à-dire en préjugé ou en bonne conscience. *L'Education sentimentale* explore alors toutes les figures du *sentiment* dans une société qui a tout misé sur lui, sur son pouvoir de synthèse subjective et prématurée, et qui aboutit exemplairement à la phrase incontestable, et impensable du père Roque[25] : « Mais c'est plus fort que moi ! Je suis trop sensible ! » Il a la tendresse facile, comme le coup de fusil. Dans les *Projets*, Arnoux qui devait tourner « à la bedolle » et s' « attendrir », alors que sa femme « blague le sentiment la mort dans le cœur », allait lui aussi « en progressant dans une vie sentimentale et presque idyllique »[26].

Qu'il faille éduquer le sentiment, le former, ou lui donner une forme, qu'il ne soit rien sans la *forme* (les « lamartiniens » et les quarante-huitards n'ont pas su saisir « le sentiment par la plastique ») qu'il contient, mais qui le contient, qui n'est rien sans lui mais qui seule le porte à l'universalité de l'Idée, et de la Vérité, c'est ce que disait la Première *Education* que la seconde me semble reprendre de très près à cet égard ; c'est aussi ce que signifie l'antonyme[27] fondamental de « sentimental » dans les textes de Flaubert. Le couple d'opposés le plus significatif pour nous est en effet « plastique/sentimental » : l' « émotion » est *plastique* sous conditions, car la forme qui est chez Flaubert le général, ou l'idée, est à la fois produite et productrice. En lui-même le sentiment est mutilé, et invalide, malade même, en tout cas impuissant. Il n'est pas actif, il n'est pas créateur. Quand Flaubert évoque le grand tournant de sa vie intellectuelle, le reniement de son « époque nerveuse », ou « sentimentale », il ajoute, « autrefois j'ai cru à la réalité de la poésie dans la vie, à la beauté plastique des passions », et par là sans doute nous indique la nature de l'illusion collective que *L'Education* doit dissiper. Que dans le domaine de la vie personnelle, dans celui de la

25. P. 366.
26. *Op. cit.*, p. 173.
27. Voir sur ce point très important les remarques de R. DEBRAY-GENETTE, dans *La Production du sens chez Flaubert*, p. 328-331.

politique, et en dernier recours, dans celui de l'art, le sentiment ait
en soi un pouvoir créateur, qu'il soit capable d'agir, de conquérir à lui
seul l'idéal, quel qu'il soit ; c'est le manque de forme, ou même la
confusion des genres qui va être le trait dominant de l'univers de *L'Education sentimentale*, où ne se produisent toujours et partout que des
« écoulements de sentiment »[28], et rien de plus. Ce qui préfigure Frédéric
et sa génération, c'est Henry de la Première *Education*, c'est aussi les
lettres véhémentes contre Musset[29], le poète du « sentiment », responsable
d'une sorte de « déviation » hystérique du sentiment, qui est bien à
l'origine une vocation indivise à l'idéal, mais qui sans la médiation
plastique, passe « dans la chair, où elle reste stérile et la chair périt, il
n'en résulte ni génie ni santé » ; Musset encore, symbole d'un temps,
par son manque de « religion », ou de foi, qui « flotte au jour le jour,
tiraillé par toutes les passions, et toutes les vanités de la rue », et que
sa confusion des *genres* (« prendre le sentiment pour la poésie ») a « mené
à tout comme morale et à rien comme produit artistique ». Les personnages de *L'Education* qui comme lui n'ont rien « de planté, de rassis,
de carré, de serein », sont les victimes d'un *attendrissement* volontiers
pris en haine par Flaubert, de ce qu'il appelle en 1854[30] un « relâchement »
dû à « l'élément humide, les larmes, le bavardage, le laitage », dont il
fait à nouveau un trait littéraire, et moral ou une langueur collective
qui frappe une culture féminisée, qui « perd ses forces en petites actions
divergentes et sans but » ; et cette fois encore la dimension politique
revient : « le succès de Badinguet s'explique par là. Il s'est résumé
celui-là ». Seul capable de vouloir, seul apte à rendre dense et dure
sa volonté, il a vaincu les attendris du cœur, les amollis de l'utopie,
les relâchés de la parole de 1848.

Bien entendu le problème va être de retrouver cette unité des deux
domaines, passion et politique, au niveau événementiel dans le roman,
au niveau de ces « correspondances poétiques », qui déterminent le
pouvoir de suggestion et de signification des simples rencontres de
faits. Le roman est fait de coïncidences : à chaque instant Frédéric est
sollicité par les occasions divergentes que le hasard lui propose, à chaque
pas l'histoire et l'amour connaissent un développement contemporain,
comme si Flaubert devait consolider une intrigue sans événements par
l'armature des dates de l'histoire politique. Faut-il aller plus loin et

28. *Corr.*, t. XIII, p. 390.
29. Cf. *Corr.*, t. XIII, p. 199, 30 mai 1852, p. 205, 19 juin 1852, 213-217, 26 juillet 1852 ; t. XIV, p. 14-15, nov. 1859.
30. *Ibid.*, t. XIII, p. 457, 15 janv. 1854.

comme on l'a fait à plusieurs reprises, faire de ces coïncidences, des rencontres significatives et analogiques ? Alors le roman nous offrirait tout un réseau de *convenances* subtiles à déchiffrer, comme celle qui associe la forêt de Fontainebleau et l'émeute de juin, le séisme géologique et le séisme urbain ou social. Ou celle qui oppose les vacances de l'idylle (Auteuil, Fontainebleau) aux combats de la politique. On a pu ainsi pour les deux premières parties établir la courbe[31] d'une montée parallèle de la passion et de la révolution, à partir de l'entrée en scène presque simultanée de Mme Arnoux et du « nouveau 89 » ; ou encore à partir de la relation entre la manifestation des étudiants, et la fréquentation familière du ménage Arnoux qui sont liées comme par un effet de choc. Je renvoie à cet égard aux pages suggestives de J.-P. Duquette qui insistent sur l'agencement et l'encadrement des faits amoureux et politiques, leur parallélisme, leur concomittance, leur identité parfois dans le succès ou l'échec, bref le découpage du roman par couples d'événements situés dans le même temps et offrant une réelle ou une apparente similitude. La difficulté d'une telle analyse c'est la conjonction de la Révolution de Février, ou des amours de Frédéric et Rosanette : le double succès de la république et du désir est interprété en général comme un double échec, annonçant d'emblée que la république est « vouée à la veulerie, à la trahison, à la défaite de ses idéaux ». La difficulté est en effet dans cette perspective de situer où est l'échec, où est le succès, ou de tenir compte d'une ambiguïté constamment maintenue par Flaubert où l'échec et le succès sont relativement indécidables.

A quoi s'ajoute que Flaubert a refusé que la composition du roman puisse être immédiatement interprétable. Il a fui les analogies trop claires, multiplié les éléments de dissymétrie et découragé les rapprochements. De même qu'il affirme que chez Deslauriers et Frédéric les principes d'un échec équivalent relèvent non d'une similitude de conduite, mais d'une opposition tranchée entre la ligne trop droite, et la ligne trop brisée, si bien que les personnages se retrouvent au même point après des errements inverses, de même il a commencé par dissocier les révolutionnaires, et en général tous les personnages masculins du « sentiment », au sens étroit du mot, pour les réunir peut-être plus profondément comme j'essaie de le montrer dans l'impuissance sentimentale aux personnages qui inversement ne sont qu'amour et

31. Voir DUQUETTE, *op. cit.*, p. 132 et sq. qui relève le mouvement de double montée des événements, l'agencement des faits passionnels dans le cadre des faits politiques, et les 8 couples d'événements romanesques qu'il lui semble possible de déterminer ; on se demandera si l'arrestation, puis la libération de Sénécal sont bien à mettre en rapport avec l'épisode de Creil et celui d'Auteuil : on ne perçoit guère à la lecture cette symétrie.

passion. On l'a remarqué fort habilement, les personnages se séparent
selon qu'ils idéalisent et adorent les femmes[32] ou selon qu'ils les méprisent,
les négligent, ou les traitent comme sans importance. Mais le cynisme
misogyne n'a pas d'autre résultat que la « philogynie » pathétique de
Frédéric voué à ne s'occuper que des femmes. *Trop* est égal à *pas assez*,
et les contraires commencent par s'opposer pour s'identifier. Il y a donc
les femmes qui comme Rosanette refusent d'avoir la politique comme
rivale, Frédéric qui laisse aux « autres » « la richesse, la célébrité, le
pouvoir »[33], pour suivre l'Unique, il y a aussi Deslauriers qui ne demande
pas qu'on l' « aime », mais qu'on « l'oblige »[34], qui refuse de donner aux
femmes son temps ou son argent, et qui s'écrie : « Est-ce que tu peux
causer avec une femme, toi ? », ou Sénécal, qui doctoralement prône
l'abstention, Pellerin dont le verdict esthétique est que la femme est
dégradée « comme idée » par ce qui la rend désirable[35], Arnoux enfin
dont l' « ingénuité de corruption » et le bagou de séducteur fascinent
Frédéric, Arnoux qui devait l'initier aux lorettes, et contribuer puis-
samment à son éducation[36] ; mais justement Arnoux déçoit Frédéric
en prétendant qu'on « ne devait pas traiter les femmes sérieusement »[37].
Entre ces deux côtés, la Vatnaz joue un rôle d'intermédiaire, puisque
en un premier temps, elle vend les femmes aux hommes, et en un
deuxième, entreprend de libérer les femmes des hommes. En tout cas
Flaubert a masqué par cette désunion l'unité du roman, et par exemple
encore en attribuant à Deslauriers[38], si totalement possédé par sa chimère
volontariste, une critique de l'idolâtrie amoureuse et romantique de
Frédéric.

Le rapport des événements politiques et amoureux se trouve peut-
être clarifié si l'on admet des analogies de fonction : ce qui apparente
Mme Arnoux à la République, c'est leur commune nature idéale, leur
fonction d'Idéal à poursuivre, et toutes les relations de distance, que
leur rôle analogue autorise. Si bien alors que le rythme du roman serait
dépendant de la tension maintenue ou non entre l'idéal et les personnages. Comme l'a bien dit P. Cogny, dans ce roman « il n'y aura ni pendant,

32. Cet aspect a été analysé par J. Proust, art. cité, qui a montré la répartition des
personnages selon qu'ils se vouent à la passion ou à l'ambition, ou servent un des
Idéaux essentiels du roman, l'Art, la Passion, la Cité.

33. Cf. p. 320 et 359 sur le refus de Rosanette d'être délaissée pour la Révolution ;
p. 293 le mot de Frédéric.

34. P. 201 ; de même p. 94.

35. P. 75-76.

36. Cf. p. 21 ; p. 66. Voir encore p. 77 Regimbart contre les pâtisseries, « cela
convenait aux fammes » ; autres débats sur la femme, p. 161.

37. P. 254-255.

38. P. 35, 74, 78, 112.

ni après, seulement un avant »[39] : c'est qu'il faut être toujours devant l'idéal, avant lui, et tenter l'impossible souhait de saint Antoine, avoir « ensemble la digestion et l'appétit ». A coup sûr l'idéalisme politique dans le roman n'en reste pas au même degré de tension que l'idéalisme amoureux ; le désir et son impossibilité sont infligés ensemble et définitivement à Frédéric, qui aime « sans arrière-pensée, sans espoir de retour, absolument »[40], et qui obéit à cette loi indiquée par Flaubert, « l'action pour certains hommes est d'autant plus impraticable que le désir est plus fort ». Plus il connaît Mme Arnoux, plus il l'aime, plus ils sont proches, et moins elle est accessible en une dialectique d'agonie du désir absolu qui ne peut relâcher la tension idéale. Telle est bien l'équivoque du sentiment : il tend à la facilité, à l' « amour joyeux et facile », comme il tend à la difficulté, à l'amour total et absolu, il tend à l'idéal comme à sa dégradation par la possession et la réalité. L'éducation du *sentiment* serait alors de lui enseigner la bonne distance, ou le bon usage de l'idéal. L'alternative n'est donc pas succès/échec, réalité ou irréalité de l'idéal, mais facilité/difficulté, tension/chute de tension. N'oublions pas le mot terrible de Flaubert : « Ah, à 17 ans si j'avais été aimé, quel crétin je ferais maintenant ! »[41]. La lâcheté devant l'idéal est peut-être moins grave que le relâchement de l'idéal. De même que l'éducation fait aller d'une tension subie à une tension réfléchie.

Mme Arnoux peut donc être assimilée à la Liberté par sa fonction, comme tout personnage se définit par sa position à l'égard « d'une grande idée ». Les *Projets*[42] étaient très clairs sur cette nature de Mme Arnoux, qui était « la possession de l'idéal », « la coïncidence de l'idéal et du réel ». Frédéric ne lui dit-il pas qu'elle « est tout ce qu'il y a de plus beau, de plus tendre, et de plus enchanteur, une sorte de paradis sous forme humaine »[43], un « idéal » ou une « vision » ; à quoi répond sur l'autre versant la République, dont l'allégorie féminine a été récemment mise en lumière par le livre de Maurice Agulhon[44], qui montre l'ample iconographie ou la thématique politique et artistique qui représentent en femme la Patrie, la Liberté, la République, ou même la « terrible Assemblée » évoquée par Deslauriers d'après les vers de Barthélemy. Mais le point fort de

39. Dans « *L'Education sentimentale* » *de Flaubert, le monde en creux*, Larousse, 1975, p. 170.

40. P. 103, 192.

41. *Correspondance*, XIII, 310, 25 mars 1853. Confirmé par cette autre formule, « c'est par là que nous valons quelque chose, par l'aspiration » (*ibid.*, p. 343, 21 mai 1853).

42. Cf. Mme DURRY, *op. cit.*, p. 109. Voir les formules identiques p. 151 et 163. Sur le sens du personnage de Dussardier, voir J. PROUST, art. cité, p. 86 et 90 ; A. RAITT, éd. citée, I, p. 47.

43. P. 292. Voir aussi p. 297.

44. Dans *Marianne au combat, l'imagerie et la symbolique républicaines de 1789 à 1880*, Flammarion, 1979, p. 7-8, 56, 64, 133 en particulier.

ce rapprochement dans la fonction d'Idéal, c'est le personnage de Dussardier, qui a avec la République les mêmes rapports que Frédéric avec Mme Arnoux, qui est lié à l'Idéal politique par les mêmes sentiments d'amour absolu, de dévouement total et fidèle que Frédéric avec l'Idéal de la Beauté. Davantage, bien que Frédéric et lui évoluent en fonction d'une Idée différente, et dans une tension identique qui les rend l'un et l'autre et eux seuls scrupuleux[45], et inquiets, ils sont capables de s'éprendre chacun de l'idéalisme de l'autre, Frédéric un instant partage son enthousiasme pour Sénécal et sa haine de l'Autorité, tandis que Dussardier, lui seul encore, reconnaît souhaiter le même amour unique, « aimer la même, toujours »[46].

Il va de soi dès lors que le mouvement des deux premières parties, qui correspondent au temps de l'attente, sinon de l'exil, fasse apparaître, malgré les pauses, les reculs (alors l'idéal s'éloigne et avec lui le sens), le rapprochement incessant de l'Idéal. D'une part s'exaspère l'impatience des républicains, s'accroît le volume de leurs griefs, se précise leur volonté de bouleversement, se gonfle le chœur des mécontents, en une irrésistible progression depuis l'annonciation du « nouveau 89 », contemporain de l'*apparition* de Mme Arnoux, jusqu'au « la poire est mûre », contemporain de sa chute possible, et prévue dans le rendez-vous de la rue Tronchet. D'un côté, devant l'obstacle et le retard, devant le refus de la réalité de faire sa place au rêve, l'impatience devenant « radicalisme absolu », programme livresque de refonte de la société, « tentative suprême pour établir la république », découragement morose et furieux, « coup infaillible pour faire péter toute la boutique »[47]. De l'autre côté, parallèlement, Mme Arnoux se rapproche, et Frédéric ne cesse de « voir un abandon d'elle-même qui commençait », qui ne cesse de commencer, justement, puis de recommencer, Mme Arnoux devenant toujours plus proche, plus familière, plus accessible en apparence, et cela malgré la « défaite » de Creil, qui est suivie par l'époque triomphante d'Auteuil. Alors « ça ne peut pas durer plus longtemps », dit Deslauriers, ça ne va pas durer plus longtemps. Le temps de l'attente semble tirer à son terme. Les deux courbes sont à leur apogée au même instant, et au même endroit.

Mais à ce moment elles semblent diverger : politique et passion répondent-elles encore à la même loi de la tension pendant la période

45. Alors que Dussardier est « torturé par cette idée qu'il pouvait avoir combattu la justice » (p. 364), Flaubert précise que Sénécal enfermé aux Tuileries « n'avait rien de ces angoisses ». Dussardier éveille à la passion la Vatnaz : « elle avait été saisie de respect, et bientôt d'amour » (p. 425). Il est précisé (p. 255-256) que Dussardier « chérissait » la République.

46. P. 76.

47. Cf. p. 33, 131-132, 156, 193, 200, 255, 284.

républicaine ? Les jeux sont brouillés, et l'alternative facile/difficile va
peut-être nous aider à rallier ce brouillage des thèmes au mouvement
du roman ; d'ordinaire l'on voit dans la profanation amoureuse qui
ouvre la période révolutionnaire et dans le mensonge de Frédéric pleu-
rant dans les bras d'une fille de joie, le symbole de la révolution ratée
et trahie, ou d'une dégradation immédiate de l'espérance sociale ; en
somme Rosanette substituée à Mme Arnoux dans le lit prévu pour elle,
signifierait que la Révolution n'est pas la vraie Révolution, mais une
révolution prostituée[48]. Rien n'est moins sûr, et l'association évidente
de la fille publique avec la République a sans doute une autre valeur :
elle montrerait que le régime républicain est en lui-même une menace
pour la tension idéaliste, qu'il est le règne de la facilité, donc des femmes
faciles[49]. Encore faut-il préciser que le jeu de Flaubert sur Rosanette
qui domine incontestablement la IIe République, en a fait une courtisane
inaccessible dans la période précédente, comme Mme Arnoux, donc une
fille facile-difficile, que sous la République ses rapports avec Frédéric
sont des rapports semblables à un mariage[50], qu'inversement la femme
vraiment facile, c'est la femme crue difficile, Mme Dambreuse, patri-
cienne vertueuse ; qu'enfin le rêve des femmes faciles, c'est le mariage ;
et en fait la IIe République ne correspond pas du tout à un échec sur
le versant amoureux[51] : c'est le moment du plaisir réel, du bonheur,
d'une liaison presque conjugale, où Frédéric « éprouvait la joie d'un
nouveau marié qui possède enfin une maison à lui, une femme à lui »[52],

48. Je pense ici aux interprétations de V. BROMBERT, reprises encore dans l'article
cité plus haut du colloque de Cérisy ; DUQUETTE (*op. cit.*, p. 52) reprend la même idée,
l'échec du rêve de liberté, l'idéal trahi, la destruction du rêve collectif. Il est remar-
quable que la critique s'interdise de comprendre ce que Flaubert dit explicitement :
la liberté est ratée parce que personne n'en veut, l' « idéal » des *démoc-socs* n'est pas la
liberté, mais la dictature ; et ils l'auront ! En ce sens ce qui trahit l'idéal, c'est l'idéal
lui-même, c'est la variante « idéaliste », ou la composante *idéelle* du républicanisme
qui interdit d'agir pour la réalisation de l'idéal, et le conçoit comme inaccessible,
sous la forme d'une refonte absolue de la société. Nous sommes là dans le thème du
« sentiment » que j'essaie d'analyser.

49. C'est ce que THIBAUDET avait vu (*op. cit.*, p. 146), « la République c'est la facilité, et le jour où éclate la Révolution, est aussi celui où l'aimable Rosanette devient la
maîtresse de Frédéric ». Voir aussi sur cet aspect, 48 étant la possession, le rapprochement de l'Idéal, l'article de J. PROUST, p. 81.

50. Ce qui serait pour le « manichéen » Flaubert la pire des prostitutions, assimilée
à la démocratie. Ne pas oublier que c'est Frédéric qui, en un sens, est le « prostitué » du
roman : Flaubert le dit dans les lettres.

51. Flaubert n'étant pas « démocrate », la Révolution de 48 est bien loin pour lui
d'être un sommet de l' Histoire. Ce moment d'une société instable, prise par la « démence »,
où l'on peut tout dire et tout croire possible, répond sur le plan amoureux, au souhait
général de stabilité, sinon de repos matrimonial. Ce qui, si l'on prend comme point
de vue le rapport à l'Idéal, est parfaitement cohérent.

52. P. 306-308.

où les amants passent ensemble ces matinées et ces journées de *farniente* insouciant, mais où cette réalité enfin atteinte du bonheur révèle son terrible pouvoir d'engourdissement, d'absorption, d' « apaisement végétatif » selon la formule de R. Jasinski[53] ; « il était maintenant sa chose, sa propriété », nous dit Flaubert à propos du collage de Frédéric et de Rosanette, qui dit elle-même « Ah ! pauvre amour, je te mangerais », et qui s'épanouit dans la langueur et la rondeur.

En vérité la République répond à une réalisation du désir, donc à son « embourgeoisement » menaçant ; la vraie « prostitution » selon Flaubert, c'est le mariage, et il est ambiant, et inquiétant comme le bonheur et l'assouvissement, sous la République. Celle-ci est bien *femme*, c'est le règne des femmes sur Frédéric, et, quand la période conservatrice de la République commence, Frédéric ajoute à Rosanette une maîtresse prise dans le parti de l'ordre, tout aussi désireuse d'être épousée. Dès lors Don Juan qui a séduit à la fois Mathurine et Charlotte, et qui se fait aimer de chacune dans l'exacte mesure où il trompe l'une et l'autre, Frédéric entre dans une brillante carrière de séduction ou de succès par les femmes. N'est-ce pas ce qu'il voulait, et si la Révolution est bien une chute, cette chute est seulement celle qui frappe toute réalisation de l'Idéal, et qui fait du bonheur un désert étouffant par absence de tension. Avec la Révolution, on est passé de l'amour de l'Unique, de la femme essentielle, du « type » de la femme d'autant moins désirable qu'elle est plus proche de son statut de Beauté, comme le dit Pellerin, à la femme multiple, à la multiplicité des femmes en série. Jusque-là Frédéric pouvait rêver le « grand amour » et tenter de satisfaire sa « concupiscence, adorer l'Unique, et désirer la féminité indivise et totale que lui offre le quadrille au bal chez Rosanette, il n'y avait pas de contradiction entre les deux orientations ; les deux « musiques » constituaient un concert : elles « augmentaient toujours et peu à peu se mêlaient »[54].

Il n'est donc pas exact que la conquête de Rosanette, « elle se laissa renverser sur le divan et continuait à rire sous ses baisers », n'ait rien à voir avec la Révolution : Frédéric qui connaissait déjà une sorte de haine envers Mme Arnoux, qui s'est juré de ne plus l'aimer, et qui a « besoin d'actions violentes », subit la contagion explicitement de ce je ne sais quoi de « gaillard et de belliqueux » qui flotte sur Paris insurgé. Il est comme déniaisé ou désenchanté, et en passant devant les fenêtres

53. Dans *A travers le XIXᵉ siècle*, Minard, 1975, p. 309.
54. Sur Rosanette, voir p. 339, 381, 419. Pour Frédéric, p. 234, 265. Sur la féminité parisienne indivise, cf. p. 89-90, 138-140. Il faut ajouter que Frédéric, juste avant la Révolution, a évolué vers une sorte de haine envers Mme Arnoux, liée à une véritable détestation du pouvoir politique, « tant il était maintenant aigri », cf. p. 297, 298, 308.

de la maréchale, « une idée folle lui vint, une réaction de jeunesse ».
Avec l'irrespect de l'insurrection, et le renversement de l'ordre, lui est
venue l'audace, l'insouciance, la crânerie d'une conquête menée militai-
rement. C'est bien d'une « réforme » qu'il s'agit, d'un nouveau cours
de sa personnalité, dans la mesure où il bafoue ce qu'il a adoré, mais
aussi et pour la première fois, fait quelque chose, et avec quel élan,
quel entrain joyeux ! « Frédéric blaguait, était très gai. » La révolution
ne serait-elle pas justement l'ère de la liberté, sinon de la licence, l'époque
permissive, dont Frédéric exploite immédiatement l'allure de grande
kermesse, sinon de saturnale[55], qui généralise le négligé et le désordre
propres à la personnalité et à la vie de Rosanette : « on avait une gaîté
de carnaval, des allures de bivac ; rien ne fut amusant comme l'aspect
de Paris, les premiers jours ». En somme pour lui la Révolution, c'est
la badauderie, la flânerie, l'euphorie légère des « premiers jours », c'est
l'ère de Rosanette.

Celle-ci, pourrait-on dire, est « républicaine » ou « populaire » ou
plus exactement, elle est la France de la République, celle qui se rallie
au régime tout en le refusant. Il y a donc une accointance entre le régime
et Rosanette : c'était au reste un thème fréquent, puisque la République
était femme, de l'identifier aux femmes de mauvaise vie. M. Agulhon[56]
le confirme en insistant comme Flaubert sur l' « allégorie vivante » de la
prostituée aux Tuileries « en statue de la Liberté ». Le ralliement de
Rosanette au régime, présenté au milieu des déclarations des autorités
les plus graves, a donc infiniment de poids, comme d'ailleurs sa condamnation très rapide de « ta république », qu'elle considère alors comme une
prostituée : « je sais que tu leur as donné trois cents car elle se fait
entretenir ta République ! Eh bien amuse-toi avec elle, mon bonhomme ! »[57]. Est-ce hasard enfin si le bref récit des enfances de Rosanette, qui nous ramène vers Lyon, comme pour Sénécal, et les canuts[58]
qui font partie du légendaire insurrectionnel de la monarchie de Juillet,
coïncide avec les Journées de Juin, auxquelles elle est discrètement
rattachée, et aussi avec l'apogée de son règne sur Frédéric.

Son souhait profond c'est, pour la France, « un maître », « autrement

55. Cf. p. 316, lors du sac des Tuileries, « puisqu'on était victorieux, ne fallait-il pas
s'amuser ! » ; p. 320, sur l'atmosphère de fête bon enfant des débuts de la République,
p. 318, « et on éprouvait cette sorte de bien-être qui suit les dénouements rapides ».
56. Cf. *op. cit.*, p. 38, 40, 89, 192, 225. Le même historien insiste sur la prostituée
des Tuileries et ajoute qu'elle n'était pas la seule allégorie vivante de la Révolution.
57. P. 320, 336. C'est contre la Vatnaz tournée révolutionnaire que Rosanette
s'affirme le mieux comme « bourgeoise ». Sur le rôle « historique » des salons des filles,
p. 418.
58. P. 356-357 ; on sait que Flaubert a voulu justement évoquer ce type d'ouvrier.
Sur Rosanette « populacière », p. 337, et p. 339, 415.

chacun fait danser l'anse du panier » (et par là elle anticipe sur M. Dambreuse), et pour elle, le mariage. L'essentiel c'est que la République corresponde à l'effacement de Mme Arnoux : l'idéal est loin, invisible, ou davantage chassé par les femmes réelles, ainsi Rosanette surgissant lorsque Frédéric et Mme Arnoux échangent leur seul baiser, ou mieux encore persécuté par elles[59]. Alors Mme Arnoux est la victime d'une coalition qui réunit presque tous les personnages du roman, y compris Sénécal et qui aboutit à la curée de la vente aux enchères qui elle-même répond jour pour jour à la fin de la République. Le ricochet des vengeances féminines se trouve contemporain à la lettre de la liquidation de la République. L'emboîtement si parfait confirme la fonction de la République et de Mme Arnoux : la République idéale, celle de l'idéaliste disparaît en même temps que l'idéal de la Femme. Ecoutons justement Dussardier, qui va mourir pour la République idéale, tué par un autre républicain moins idéaliste et plus épris des solutions radicales, Sénécal, « maintenant ils tuent notre république[60]... Tout le monde est contre nous ». Comme Mme Arnoux, la République n'a plus que des ennemis ; en vain Frédéric et Dussardier vont-ils lutter encore pour sauver leur idéal respectif. En vérité Thibaudet l'avait bien dit, « la République c'est la facilité, et le jour où éclate la révolution est aussi celui où l'aimable Rosanette devient la maîtresse de Frédéric ». Dans une certaine mesure l'idéal amoureux résiste à l'éloignement, ou à l'absence : en fait Mme Arnoux, qui comme l'a dit J.-P. Richard[61] est une « source de lumière, une puissance d'ordre », ou une « absence qui aurait une puissance créatrice, un vide positif », ne cesse d'être présente, lors même qu'elle est trahie et trompée ; c'est elle qui désigne les autres femmes, et les rend désirables. L'idéal politique ne résiste pas du tout, il meurt sans rien laisser, car le passage de la République aux républiques, du mécontentement unanime et divers des deux premières parties à l'incohérence confuse des républicains est au fond plus destructeur que le passage de l'Unique aux aventures nombreuses. Alors que les discussions des « amis » sont soutenues dans leur incohérence argumentative par l'exigence d'un mécontentement, la tension d'une protestation, la séance du Club semble dériver à vau-l'eau, se dérouler pour rien, à la fois comme la liturgie d'une messe laïcisée qui répète des gestes sacramentels et symboliques, et comme un pandémonium confusionniste, une tour de Babel des idéologies et des revendications, qui significativement réclame d'abord une langue universelle, juxtapose

59. P. 383 ; c'est sa seule apparition dans la période républicaine, mis à part le dîner Dambreuse (p. 369) ; rue de Fleurus, Frédéric s'éloigne quand elle paraît dans la boutique (p. 423, 432).

60. P. 426.

61. *Op. cit.*, p. 192 et 186.

sans les unir ni les mêler les discours, et les orateurs, et se termine par un long morceau en langue étrangère, par un morceau de langage opaque et envahissant. Nous sommes là dans la dispersion absolue qui si souvent dans *Salammbô* caractérise les Barbares, l'étalement informe d'une liberté totale de pensée et de parole, d'une prise de parole si complètement libre qu'elle ne tend à rien, sinon à une sorte de débordement monstrueux de mots et d'idées.

Dès lors la tension est morte. Et par là se manifeste une perversion du versant politique. Si l'union de Frédéric et de Rosanette est un des temps forts des rapports de la passion et de la politique, le dépècement public des reliques de Mme Arnoux, et le nouveau meurtre d'Abel par Caïn, la mort de Dussardier tué par Sénécal, constituent l'autre temps fort, celui qui est lourd de toutes les pensées cachées du roman. Si Flaubert s'est déclaré fasciné par la « bêtise » de la Révolution de 48[62], n'est-ce pas justement parce qu'elle tend à se dévorer elle-même, ou plus profondément, parce que, contrairement à son nom, et à son sens, et par la même propension que Rosanette à être une « fausse » courtisane, elle tend à mentir, à se renier, c'est-à-dire à « conclure » ou à se conclure ? La liberté, pas plus que l'esprit épris de justice ou de vérité totale, ne peut *conclure*, c'est-à-dire arrêter et éliminer. La liberté ne peut être que tension indéfiniment continuée et effort volontaire. La liberté est une synthèse interminable, et toujours en mouvement : d'où les textes de Flaubert[63] où il s'affirme « un libéral enragé », où il définit le romantisme à la manière de Stendhal, comme « le libre échange » littéraire exclusif de tout *ordre* stabilisé, où il se prononce pour la libre évolution des *formes* politiques comme pour leur radicale relativité, l'essentiel demeurant leur mouvement perpétuel, qui nie les « cadres », « plans » et « derniers mots » où l'on voudrait l'enfermer. Mais tout autre serait l'entreprise politique, qui tendrait d'emblée à conclure, soit à retomber dans une dogmatique immobiliste, ou pis encore, une autosatisfaction qui pour Flaubert ne peut être que le contraire de la liberté. La défaite de 48 est-elle alors une défaite de la liberté ; qui la veut vraiment ?

Il faut tenir compte du mot de Frédéric à Deslauriers : « l'étincelle manquait », suivi de l'affirmation que le Progrès suppose une différence entre le haut et le bas, réclame une aristocratie ou « un homme » pour prendre l'initiative. Dans les deux bilans qui annoncent l'ultime chapitre, et où l'on retrouve attribuées aux héros du livre des idées qui

---

62. *Corr.*, t. XIV, 447, 17 oct. 1868.
63. Voir ces textes cités par Duquette dans son art. « Flaubert politique » dans les *Mélanges Demorest*.

sont *ailleurs* celles de Flaubert, l'un, le premier, donne le bon rôle, démystificateur, cynique, à Deslauriers ; mais cette fois c'est Frédéric qui est le plus *juste* parce qu'il est sans doute le plus habitué à la vie dans l'idéal. En manquant d'*idéal*, la Révolution serait tombée dans l'affirmation abusive de la suffisance humaine, ou dans la négation de l'insuffisance humaine. Sur ce point les textes de Flaubert sont très nombreux et très éclairants : le plus grave des griefs envers le socialisme, c'est qu'il tend à « faire périr » « le sentiment de l'insuffisance humaine, du néant de la vie », dans ce cas « nous serions plus bêtes que les oiseaux qui au moins perchent sur les arbres »[64], qu'il prône « l'adoration de l'humanité par elle-même, et pour elle-même », qu'il instaure une « autolâtrie » de l'humanité, ce qui « conduit à la doctrine de l'utile dans l'art, aux théories du salut public, et de raison d'Etat, à toutes les injustices, à tous les rétrécissements, à l'immolation du droit, au nivellement du beau », au culte du ventre enfin, qui n' « engendre que du vent »[65].

Mais cette énumération des méfaits multiples et universels d'une seule cause nous ramène au roman et à son thème central, le sentiment, ou sa propension aux synthèses définitives et négatrices de la liberté, dans la mesure où elles éliminent l'individu, ou l'initiative et l'effort[66], la tension propre à chacun, responsable d'une relation à l'idéal, d'une quête inachevable, et irremplaçable. La relation à l'idéal ne peut être que personnelle, donc hiérarchisée. Qu'est-ce donc inversement que le « muflisme » ou le « pignouflisme »[67] pour Flaubert, ces concepts indifféremment politiques, moraux, esthétiques, et métaphysiques, sinon la prophétie d'une société devenue l' « Etat-pâturage » de Nietzsche, livrée à un eudémonisme total et étouffant, au pouvoir des masses et de la matière[68], condamnée à un bonheur, qui serait fondé sur l'ablation de toute transcendance, de toute inquiétude. Le *muflisme* est bourgeois lors même qu'il est anti-bourgeois, car il est hostile à l'idée, ou à la fonction idéale. Dans ce domaine nous trouvons comme guide Paul Bénichou qui a montré comment la religion humanitaire, ou l'Utopie à prétentions objectives et scientifiques, tendait à déposséder l'individu de sa participation au progrès au profit de l'espèce humaine, de la

---

64. *Corr.*, t. XIII, 233, 4 sept. 1852 ; de même 346, 26 mai 1953.

65. On se reportera aux passages que nous ne pouvons ici que résumer : *Corr.*, t. XIII, 263, 570 ; XIX, 492.

66. Sur cette signification des théories socialistes, voir BÉNICHOU, *op. cit.*, p. 381-385, et 568-571 qui insiste sur l'aspect nécessaire, impersonnel, objectif du progrès, bien éloigné de la notion libérale de perfectibilité.

67. Voir *Corr.*, t. XIV, p. 608, 609, 625.

68. Nous ne devons pas oublier *à notre époque* que le socialisme est supposé, pour Flaubert et son temps, réaliser le bonheur intégral de l'humanité sur le plan matériel.

« nature des choses », d'une collectivité confondue avec un mécanisme infaillible ; en ce sens la « perfectibilité », « virtualité propre à l'homme et qu'il dépend de lui de réaliser », se distingue d'un progrès inscrit dans une nécessité objective et collective : c'est la version paresseuse, orgueilleuse, « belge », dit Baudelaire, du progrès. Enveloppée de religiosité, ou de scientificité, l'utopie humanitaire est à cet égard, dans son hostilité à la démarche individuelle, et en particulier esthétique, homogène et cohérente. Elle tend inévitablement à se constituer en pouvoir spirituel et absolu.

Mais le roman de Flaubert présente justement toutes ces modalités d'un refus de l'imperfection, donc de la liberté, à l'intérieur même des doctrines favorables à la liberté ou au progrès. D'une part si la bourgeoisie en février 48 s'indigne du socialisme, c'est en « vertu de cette haine », nous dit Flaubert[69], « que provoque l'avènement de toute idée parce que c'est une idée, exécration dont elle tire plus tard sa gloire, et qui fait que ses ennemis sont toujours au-dessous d'elle, si médiocre qu'elle puisse être ». Mais d'autre part avec le personnage de Sénécal, nous trouvons une sorte de retournement de l'idée, de la spéculation contre l'idéal : comme exemple de la pensée « organiciste » ou anti-individualiste qui est une dominante de la pensée socialiste et la conduit à une dogmatique d'Etat, Sénécal résume tout ce que l'utopie contient d'anti-utopique. Non seulement parce qu'il sait tout, et ne doute jamais, il n'y a pour lui que des solutions, mais aussi parce que, en tout moment de son personnage, il ne propose que des contraintes, qui sont universellement et totalement salvatrices. Au nom d'une passion de la loi, ou mieux du *règlement*, il préconise l'art moral et utile, le « niveau commun sous la loi », l'uniformisation des individus (pas d' « élégances », pas de distinctions, pas de luxe), et une politique de nationalisations ; il passe de la conception d'une « Société plus omnipotente, absolue, infaillible et divine que les Grands Lamas et les Nabuchodonosors », à l'exaltation de la *bonne* tyrannie, de la raison d'Etat, de la toute-puissance administrative. En lui « le sentiment du devoir » ne peut être distingué du « besoin de despotisme ». Ce qui caractérise ce rôle où les lectures socialistes de Flaubert affleurent continuellement, c'est peut-être surtout le modèle de société clos et définitif qu'il élabore à coups de lectures (« un idéal de démocratie vertueuse ayant le double aspect d'une métairie et d'une filature, une sorte de Lacédémone républicaine »), sa critique de l'éclectisme, qui détruit la « solidarité » par l'appel à la certitude critique et analytique de la raison assimilée à l'égoïsme, l'opposition chez lui de l' « humanité » au sens humanitaire, et de l'*humanité* (« Vous oubliez l'humanité », lui dit Frédéric), comme

69. P. 322.

qualité qui définit chaque être humain, son identification enfin des vertus ou des vices et des classes sociales (les riches se « gorgent de crimes sous leurs plafonds dorés », les pauvres cultivent « toutes les vertus » dans « leurs galetas »).

Aussi transporte-t-il la même conception totale de l'ordre de l'extrême-gauche à l'opposé : on le voit un « crid japonais » à la main avant d'aller au service anniversaire de Godefroy Cavaignac, on le voit l'épée à la main pour la mort de Dussardier. Il n'est pas le seul à passer d'un bord à l'autre avec les mêmes idées : Pellerin transporte de la même manière sa nostalgie de la monarchie comme régime favorable à l'art. C'est au fond le trait général de la révolution : elle détermine dans ses extrêmes des comportements identiques. La démocratie sacralise *le peuple* : « le peuple sublime » que voit Frédéric aux Tuileries, et qui n'est pas « le peuple », la plèbe, qui *dégoûte* Hussonnet, ni le peuple, corps politique où chacun est égal à chacun. C'est le peuple mythique, ou mystique qui est ainsi un objet de culte, c'est-à-dire comme tous les passages le montrent, objet d'une flagornerie éhontée, à laquelle se joignent Dambreuse et Martinon. « A genoux devant l'ouvrier »[70]. Delmar qui se fait acclamer comme incarnation du peuple, ou comme nouveau Christ démocratique, Sénécal qui réforme l'université en confiant au *peuple* tous les jurys d'examen, ou qui proclame l'élection de l'ouvrier, sa supériorité d'essence (« il faisait plus de cas d'un ouvrier que de ces Messieurs »), annoncent la contre-uto-pie conservatrice qui va donner à la Propriété, à l'homme providentiel, à l'Autorité, la même consécration absolue. Au peuple-Christ, succède le Dieu Propriété ; à l'adoration de l'ouvrier (« Car enfin plus ou moins nous sommes tous ouvriers ») la haine de l'ouvrier (par Deslauriers par exemple : « Ah j'en ai assez de ces cocos-là »). Le zèle inquisitorial de Sénécal rejoint l'absolue bonne conscience des convives du dîner Dambreuse, qui étalent à leur tour la même crédulité, la même suffisance, la même confiance en des solutions totales et définitives[71]. Changeant de pôle sinon de camp, Flaubert n'a plus qu'à souligner l'identité des comportements, leur « égalité » ironiquement retrouvée au plus bas niveau, qu'à montrer le culte du « sauveur », la quête d'un « bras de fer », la confiance illimitée dans les mesures de décentralisation, ou surtout la sacralisation de la « Force, de l'Autorié », « qu'elle vînt de n'importe où » ; à nouveau toute tension disparaît, et « les conservateurs parlaient maintenant comme Sénécal ».

70. Cf. p. 317-318, 323, 329. A quoi répond la démystification de Deslauriers (p. 396) revenu du mythe du « bon ouvrier », et celle de Dussardier, « les ouvriers ne valent pas mieux que les bourgeois » (p. 426). Le mythe était lancé dès le début par Sénécal, « Moi, je travaille, ... Il faisait plus de cas d'un ouvrier que de ces Messieurs » (p. 76).

71. Cf. p. 322, 364-365, 371, 374, 390, 396. Déjà Sénécal, p. 161.

Mais dans les lettres contemporaines de la rédaction du roman
Flaubert va plus loin dans l'analyse en quelque sorte « sentimentale »
de ces phénomènes. Il n'est pas loin alors de parler comme Deslauriers
qui déplore l'introduction dans la politique « de la philanthropie, la
poésie, et autres blagues pour la plus grande joie des catholiques », et
qui le premier et avant la Révolution s'en prend à la nature religieuse
et dogmatique de la « Révélation » socialiste. Aussi met-il en garde
contre une république future qui prolongerait la monarchie si elle n'a
pas « une conception plus large que vos aïeux » de l'*Absolu*[72]. En s'écriant
que « pas n'est besoin de dogmes pour faire balayer les rues », Deslauriers
semble implicitement faire le lien entre ce que les idéologies politiques
et sociales comprennent de mythique, d'*organique*, ou de théologal,
entre ce que les révolutionnaires ont de « médival » ou d'absolutiste
(Sénécal pour la Ligue, pour la théocratie pontificale) et ce qu'ils ont
de sentimental : l'illusion, le recours aux « fantômes », et aux dogmes,
l'irrationnel du cœur et du désir sont sur le même plan dans cette tirade
qui est amplement reproduite et glosée par Flaubert dans ses lettres.
Pour lui « la cause de tout », c'est Rousseau (Sénécal avait « annoté le
Contrat social »)[73] qui est « le générateur de la démocratie envieuse et
tyrannique », mais aussi dont l'apologie du sentiment a faussé l'esprit
civique : « les brumes de sa mélancolie ont obscurci dans les cerveaux
français l'idée du droit ». Il aurait en quelque sorte exploité les intuitions
et les illusions du sentiment, substitué le « cœur » au droit. Ou bien
reprenant les termes mêmes de Michelet, Flaubert explicite cette idée
en opposant la fausse politique de la « grâce » ou de la subjectivité
arbitraire, de l'effusion tendre érigée en règle, du don spontané et gratuit,
à celle de la justice, ou de la règle objective, de la volonté qui a ses
mérites, ses devoirs, et son dû. La « grâce » est divine, féminine, elle
est le don de l'amour, elle n'a pas sa place dans une société qui se veut
légale, ou aussi entend faire sa part à l'effort, à la volonté, à l'aspiration.
Alors le devoir et le droit, ou le légal et l'idéal vont de pair[74]. En tout
cas ces remarques de Flaubert ne cessent d'insister sur le lien entre
l'aspect clérical, la religiosité des révolutionnaires, et leur culte de
l'affectif : le sentiment et sa *promesse* sont associés à la paresse d'un
progrès voulu par l'Etat, et organisé par lui. Les « cœurs étroits » que
sont les socialistes ne peuvent rien imaginer qu'une « tyrannie sacer-
dotale ». Ces « séminaristes en goguette » ou ces « caissiers en délire » qui

---

72. Voir la longue conversation politique, p. 198 ; antérieurement ses propos anti-
socialistes, p. 159 ; il y revient après l'embardée de la Révolution qui l'a rendu infidèle
à ses idées, p. 396 et sq.

73. *Corr.*, t. XIV, 385-386, 12 nov. 1867.

74. Cf. *Corr.*, XIII, 193 ; XIV, 209 ; XIV, 210, 246, 326, 330, 391, 393, 395. Et
encore XIV, 297, 444, 447 ; 638-639.

ne détestent rien plus que la Révolution française, et la « grande route »
de la liberté critique qui en est sortie, sont responsables de cette embardée,
hors de la voie royale, que représente 48 ; le fond des « utopies sociales »,
c'est « la tyrannie, l'antinature, la mort de l'âme ». En suivant Rousseau,
au lieu de Voltaire (qui selon Sénécal « n'aime pas le peuple »), on a
versé dans « le néocatholicisme, le gothique et la fraternité ». Ou encore,
« le néocatholicisme d'une part et le socialisme de l'autre ont abêti
la France. Tout se meut entre l'Immaculée Conception et les gamelles
ouvrières ».

Tout est donc *sentiment* en dernière analyse, même le « système »
sénécalien, dont la rigidité rationnelle est bien loin d'être incompatible
avec la religiosité générale des révolutionnaires et leur prétention à
proposer un nouvel Evangile. Le culte amoureux de Frédéric a évidemment pour répondant la dévotion sentimentale des révolutionnaires. En ce sens le Club est comme une assemblée de charismatiques
qui attendent une sorte de Pentecôte de l'amour absolu[75] : le plébéien
qui incarne mieux que Delmar un Christ prolétaire ne fait pas un discours, mais se livre devant le Club à une sorte d'oraison inspirée, d'acte
d'amour, ou d'effusion amoureuse (« il parcourut l'assemblée d'un regard
presque voluptueux »), il ouvre les bras comme pour embrasser le
public, annonce « l'âge d'amour », ou jure « amour éternel » à la France
et à la République, il consacre l'ouvrier et lui-même comme prêtre
(« l'ouvrier est prêtre... nous sommes tous prêtres »), et il s'établit dans
le public un climat de transe et d'extase. Le commentaire latent de
Flaubert, nous l'avons dans ce mot d'une lettre, et ce souhait, utopique
lui aussi à son tour : « le comble de la civilisation sera de n'avoir besoin
d'aucun bon sentiment ». En fait dans ce roman où tout le monde trahit
tout le monde, et où toutes les consciences (sauf celle de Mme Arnoux
et encore) se révèlent tortueuses et prêtes à toutes les hypocrisies, où les
mauvais sentiments et les ressentiments sont universels, comme la
mauvaise foi, tout le monde est bon, ou en tout cas la bonté du cœur
est invoquée constamment comme la qualité suprême. Arnoux est un
« cœur d'or », « un bon garçon », Frédéric est unanimement, et en particulier par Mme Arnoux, reconnu comme bon[76] ; il est vrai qu'une fois
ivre de joie de l'accueil de Mme Arnoux, il cherche du regard « s'il n'y

    75. Déjà Delmar est un « saint » (p. 196). La « tête de veau » est évidemment une
profanation parodique de la Cène.
    76. Sur la bonté d'Arnoux, p. 70, 167, 189, 342 ; son amour pour sa femme, 191, 255 ;
sur la bonté de Frédéric, p. 190, 105, 298, 403, 405 ; Louise, « un bon petit être »,
p. 278 ; Rosanette, « ce pauvre être », 413 ; sur Arnoux et son bon cœur, p. 193 encore.

avait personne à secourir » ; or « aucun misérable ne passait, et sa velléité de dévouement s'évanouit »[77]. Ou bien il est bon dans la mesure où il est faible, et dans la mesure où il est heureux : ainsi durant le retour à Paris, il fait des excuses à ses compagnons de voyage qu'il craint gratuitement d'avoir gênés : « tant il avait l'âme attendrie par le bonheur »[78]. Ou s'il s'attendrit en pensant à Louise, « ce bon petit être », Flaubert ajoute, « la fortune de M. Roque le tentait d'ailleurs ».

En vérité le *sentiment* engendre de singuliers calculs intérieurs qui sont un thème constant du roman : Deslauriers[79] trouve « une compensation » à la ruine de son projet de journal dans sa haine pour Frédéric et les riches ; le père Roque se sent « indemnisé » par son meurtre pour les dégâts de son immeuble. Le « cœur » est donc la valeur suprême : la Vatnaz qui a été « sensible » jadis, qui a écrit une « ode à la Pologne », où Regimbart trouve « du cœur », estime que Dussardier a « le génie du cœur ». Pour Sénécal « on n'est élevé que par le cœur »[80] ; mais sa dureté, comme celle de Deslauriers envers Mlle Clémence, choque Frédéric. Dépité de ses amis, Frédéric regrette qu'ils n'aient pas « répondu à la franchise de son cœur ». Deslauriers se moque « du petit cœur » de Frédéric[81]. Et d'une manière systématique dans toutes les scènes politiques les jugements (Frédéric trouvant « le peuple sublime ») sont d'origine « affective » sinon passionnelle : tout révolutionnaire a au fond de lui une impression d'enfance, Sénécal comme Dussardier, qui a vu les morts de la rue Transnonain à quinze ans, et qui en garde « une haine essentielle » et exaspérée contre le Gouvernement et le Pouvoir, et cette haine au nom de laquelle sa conscience juge innocent tout coupable s'il est « une victime de l'Autorité » est devenue permanente, et « lui tenait tout le cœur et raffinait sa sensibilité »[82]. Avec lui nous avons une politique de la bonté, de l'indignation, de l'angoisse ou de la conscience torturée. Mais toujours, la « haine », la « vengeance », « la bile », l'envie, l'aigreur, l'indignation, l'hypocondrie, l'exaspération sont mentionnées avant tous les débats ou propos politiques pour en situer la tonalité, l'inspiration, l'origine. Ainsi Sénécal a « une haine essentielle de toute distinction ou supériorité quelconque », Regimbart du fond de sa dépression politique « rugit » au seul nom de l'Angleterre, Frédéric est exaspéré par « la pourriture des vieux » rencontrés dans le salon

77. P. 156.
78. P. 122.
79. P. 207.
80. P. 92, 424, 325, 159. Même formule, « son cœur privé d'amour », p. 115.
81. P. 88, 163. Sur Delmar, père « sensible » au théâtre, p. 196.
82. Sur le « pathos » du républicain, voir p. 160, 256, 364, 426. Avec Deslauriers, il faut tenir compte de cette « bile » qui inspire ses tirades et ses improvisations (p. 160, 207, 200, 284).

Dambreuse, et dans son discours électoral il fait appel au cœur des riches, « Donnez, donnez ». Laissons encore les variations sur la *fraternité* (Deslauriers exilé se donne « des gifles avec ses frères »), et retenons que dans ce *pathos* politique, la peur ou le soulagement de la peur est le rythme essentiel de l'histoire[83]. Sénécal enfin, pour retenir cet exemple, éprouve une véritable volupté dans la popularité : applaudi au Club, il « resta les paupières closes, la tête renversée, et comme se berçant sur cette colère qu'il soulevait »[84].

Par là s'accuse un autre rapprochement capital entre les deux thèmes du roman : passion et politique sont également « inactives » par ce qu'elles relèvent du *sentiment*. L'une et l'autre tendent à une sorte de projection immédiate dans le temps et l'espace, qui interdit la construction et la médiation. C'est par le rapport à l'acte et au délai que passion et révolution se révèlent identiques dans le roman. Une phrase du roman nous indique ce que veut le sentiment : Frédéric est l'amant de Mme Dambreuse, et « sa joie de posséder une femme riche n'était gâtée par aucun contraste ; le sentiment s'harmonisait avec le milieu »[85]. Il s'agit de se mouvoir dans un milieu homogène, et identique à soi, où toutes les aspérités, toutes les séparations seraient bannies. Le sentiment aspire, comme le montrent les rêves de Frédéric ou l'existence imaginée par lui et Mme Arnoux[86], « une vie exclusivement amoureuse... où les heures auraient disparu dans un continuel épanchement d'eux-mêmes », à cette continuité indifférenciée d'un Eden qui serait une autre réalité, répondant cette fois à l'impératif absolu du cœur, et se donnant un temps et un espace propres, d'où l'on aurait supprimé toute contradiction, tout accident, et toute limitation. Or les rêves des amants sont semblables aux rêves des utopistes, c'est une autre forme de l'utopie : P. Bénichou a montré combien la poésie édénique était redevable aux doctrines de l'Utopie[87]. D'un autre côté le grand politologue V. Mathieu a établi dans sa *Phénoménologie de l'esprit révolutionnaire*[88] que pour le révolutionnaire désireux de « retourner » la réalité absolument tombée en une réalité absolument bonne, il n'y a pas de technique ni de préparation : pas de prévision du résultat, pas de moyens pour obtenir l'Evénement absolu ; il s'apparente alors à l'artiste « sentimental », qui vit le schisme de l'efficacité technique et de la réussite

83. De même dans la manifestation au Panthéon (p. 46) l'autorité est « haïe », alors que le professeur a été d'abord « aimé ».
84. P. 333.
85. P. 400.
86. P. 295.
87. *Op. cit.*, p. 342, 376-377.
88. Paru en 1974 chez Calmann-Lévy, p. 74 et sq.

esthétique de l'œuvre et de son sens, et qui attend le « Beau » d'une sorte d'épiphanie où il se révèle lui-même à travers l'artiste. Rien ne peut déterminer l'événement, ni l'approcher par étapes : pour le révolutionnaire « la régénération de la réalité est quelque chose de cosmique, de total, d'infini, par rapport à quoi toutes les opérations techniques des hommes ne peuvent être rien d'autre qu'une préparation. La vraie régénération devra se produire d'elle-même ».

Ici nous trouvons le centre même de la critique du mal romantique dans *L'Education* : la timidité, la lâcheté, l'impuissance de Frédéric ne sont que la conséquence du caractère religieux et absolu de l'amour, ou du moi. L'infini ne peut être délimité ; le moi ne peut être déterminé ; il est, il ne fait pas, et pas plus que les projets multiples de Frédéric ne le conduisent à l'activité qui réaliserait point par point l'idéal, il ne peut livrer à la progression d'une séduction son amour pour Mme Arnoux, ou déflorer par l'objectivité la totalité de possibles, la virtualité qu'il préfère être. Qui est puissance, comme Dieu, ne devient pas acte ; la paresse et l'orgueil vont de pair et s'accordent pour préférer l'attente passive (« j'aurais fait quelque chose avec une femme qui m'eût aimé. Mais chercher celle qu'il me faudrait, j'y renonce », dit Frédéric dès les premières pages). S'il est impossible à Flaubert d'entrer dans « la vie active, la vérité physique »[89], s'il craint, comme il le dit lorsqu'il appréhende que Louise Colet soit enceinte de ses œuvres, que « sa virginité par rapport au monde soit anéantie », c'est qu'il y a « un refus flaubertien de se choisir soi-même à l'intérieur des limites concrètes d'une situation »[90], et il vaut mieux rester dans la « velléité pure » ; elle est une forme de perfection et le moi indéfini semble capable d'infini. A quoi répond le cas de Pellerin, qui ne peut pas vraiment *faire* un tableau, ou se contenter de le faire, mais le pense, le rêve, le théorise, le dit, le refait jusqu'à le rater, en renouvelant la fable balzacienne du *Chef d'œuvre absolu*[91]. De là pour Frédéric ces états où sa personnalité semble devenir immense, presque physiquement dilatée, c'est-à-dire d'une capacité infinie d'œuvres, de travaux, d'entreprises : alors les choses, la réalité semblent irréelles et lointaines, et Frédéric se découvre « une faculté extraordinaire », ou « se sent transporté dans un monde supérieur ».

Mais c'est évidemment la passion qui est liée à cet état où Frédéric *devient infini*, et participe à un élargissement démesuré du monde ou du désir : l'amour se projette dans une durée et un espace sans limites

89. *Corr.*, Pléiade, 1973, t. I, p. 241.
90. Cf. J.-P. RICHARD, *op. cit.*, p. 148-150.
91. A quoi répond la théorie « balzacienne » de la volonté-projection reprise par Deslauriers (p. 94).

et sans formes qui se substituent à la durée et au temps ordinaires. Ainsi Rosanette[92], si heureuse avec Frédéric qu'elle pleurait en regardant son amant, « puis elle levait les yeux ou les projetait vers l'horizon, comme si elle avait aperçu quelque grande aurore, des perspectives de félicité sans bornes ». Mais ces états ne conduisent jamais à une suite d'actions ; ils relèvent d'une projection immédiate et magique dans l'espace et le temps. Ainsi la « méditation désordonnée » de Frédéric se résume de cette manière : « plans d'ouvrages, projets de conduite, élancements vers l'avenir »[93]. Le mot est essentiel car Frédéric ne construit jamais de relations, mais agit par des expansions, des « extensions », a dit J.-P. Richard ; ainsi le cri de « Marie » lancé dans l'espace où il se perd, ainsi cette main, lors du retour de Saint-Cloud, qu'il étend vers Mme Arnoux et laisse « toute grande ouverte »[94]. Pour manifester son désir, il cherche à occuper l'espace le plus proche de lui-même, à l'emplir d'amour, comme si la contagion du désir devait se transmettre à distance, s'étendre de proche en proche, et se diffuser jusqu'à Mme Arnoux ; pour Frédéric la fusion des âmes est inséparable d'une jonction des domaines spatiaux. Pour lui Paris est d'ailleurs une ville dont l'atmosphère est entièrement érotisée.

Les révolutionnaires agissent semblablement. Ne s'agit-il pas avec la République d'une transformation globale, qui signifie pour Dussardier, « affranchissement et bonheur universel »[95]. Ils utilisent volontiers le vocabulaire esthétique (« le peuple sublime »)[96] pour définir l'état d'enthousiasme où ils se trouvent quand ils éprouvent eux aussi la possibilité de cette dilatation, de ce surplus d'être, qui les rendrait, chacun et collectivement égaux à l'immensité et à l'infini. Ainsi Deslauriers, à propos de la Révolution française[97], « Ah c'était beau... on vivait dans ce temps-là, on pouvait s'affirmer, prouver sa force » ; pour lui la Révolution est l'ouverture de l'espace à la projection de sa volonté de puissance ; ainsi Dussardier, « vous rappelez-vous comme c'était beau, comme on respirait bien... » : inversement la réaction est pour lui « comme un poids qui me pèse sur l'estomac »[98]. Eux aussi veulent emplir d'effluves amoureux cet espace où ils sont projetés et où ils semblent se mouvoir par lévitation : aux Tuileries le peuple est pris d'une « joie frénétique comme si à la place du trône un avenir

92. P. 358.
93. P. 83.
94. Cf. *op. cit.*, p. 128 et 134. Et le texte de Flaubert, p. 27 et 105. Sur le thème de la fusion des âmes, p. 66-67, 103, 293-297.
95. P. 256.
96. Ou p. 323, « notre sublime devise » ; 318, « comme c'est beau ! ».
97. P. 132.
98. P. 426.

de bonheur illimité avait paru »[99]. L'espace et le temps fusionnés ne présentent plus qu'une plénitude de bonté dans laquelle sans effort et immédiatement il est possible d'entrer pour jamais. Dussardier de même, dont le cri « Vive la République » ouvre et ferme la période républicaine, voit la République comme un élargissement de la liberté qui va gagner « toute la terre », et cette expansion est en même temps un avenir sans fin de félicité, « on sera heureux maintenant » ; alors l'horizon semble devenir un espace mystique, « et embrassant l'horizon d'un seul regard, il écarta les bras dans une attitude triomphante », un infini tangible dans lequel le moi s'absorbe et se perd mais pour *triompher*. De fait l'espace devient l'Humanité, ou du moins devient le lieu sacré et plein d'amour où il est possible de communier avec le Grand Etre, d'être en lui ou de l'avoir en soi, de devenir aussi vaste que lui et aussi rayonnant de bonté : ainsi Frédéric « humait voluptueusement l'air orageux, plein des senteurs de la poudre, et cependant il frissonnait sous les effluves d'un immense amour, d'un attendrissement suprême et universel, comme si le cœur de l'humanité entière avait battu dans sa poitrine ». Ici ce sont exactement les modes de la passion absolue qui sont transférés à cette immense charité politique. Pour Dussardier, la République ne se distingue pas d'un baiser de paix général, d'une concorde universelle répandue dans toute la société : « Le peuple triomphe, les ouvriers et les bourgeois s'embrassent !... Quels braves gens » ; à quoi répond à la fin de la République son regret : « Si on tâchait cependant ! si on était de bonne foi, on pourrait s'entendre ! »

Mais entre cette communion à la fois future et immédiate, et le présent, entre cette régénération salvatrice qui est là, à portée de main, et le moi que l'on est, entre la magie d'un amour qui se propagerait par sa seule force sur les cœurs, et la pesanteur de l'humanité, il n'y a pas de médiations ni d'étapes. Alors que la passion peut se maintenir à l'état de virtualité, et peut-être le doit, alors que jamais l'idéal ne déserte l'amant, même lorsqu'il le trahit, l'idéal politique est susceptible d'un échec complet et « grotesque ». Du projet parfait de Sénécal, des « utopies généreuses » et des « doctrines consolantes » de la Vatnaz, que sort-il ? Dans les deux premières parties du roman, les révolutionnaires ne peuvent que manifester par leur impatience, qui les « radicalise », combien ils supportent mal la résistance de la réalité à leur rêve ; leur attente est millénariste[100]. Ainsi Sénécal qui n'a pas « un doute », quant

---

99. P. 315, 318-319. De même p. 324, Frédéric à l'idée d'être député a une véritable hallucination humanitaire : « une sorte de vertige l'éblouit... une aurore magnifique allait se lever ». Voir en juin, p. 354-356, sur un mode différent, la perception d'une atmosphère collective orageuse et électrique cette fois.

100. Voir p. 157, 255, 325, 425. Voir aussi p. 193.

à « l'éventualité prochaine » de sa « conception », finit par devenir « furieux des retards qu'on opposait à ses rêves », comme Regimbart devient hypocondriaque « la Providence ne gouvernant pas les choses selon ses idées » ; mais Sénécal n'entrevoit que la magie d'un changement *absolu* : il s'éveille « chaque matin avec l'espoir d'une révolution qui en quinze jours, ou un mois changerait le monde ». Le résultat c'est le Club, où le prêche d'amour universel se trouve pris dans la vertigineuse incohérence des projets, des souhaits, des exigences, des réactions du public, et d'où ne surnage que la confiance dans le pouvoir absolu et immédiat des décrets, des lois, de la contrainte. L'un veut « abolir par un décret la prostitution et la misère », Sénécal dont les « phrases sont impérieuses comme des lois », qui est aussi impersonnel et tranchant qu'une sentence, a recours à la toute-puissance magique de la législation et de l'Etat.

A ce moment-là nous pouvons conclure dans deux directions : d'abord en revenant au point de départ ; cette phrase sur Arnoux républicain que j'ai citée au début, elle est révélatrice de ce roman où tous les personnages se livrent à une surenchère d'activité sans rien *faire*, où ils traversent toute une série de métamorphoses tout en restant stériles, où ils entreprennent toutes sortes de carrières sans aucune compétence. Les désirs relativement fixes ou absolus (Frédéric, Deslauriers) ne sont pas moins stériles que les multiplicités infinies de rôles des personnages qui semblent victimes de leur surmenage et de leur facilité. Ainsi Arnoux[101], quand on voit redoubler « ses occupations : il classait des articles, décachetait des lettres, alignait des comptes... sortait pour surveiller des emballages, puis reprenait sa besogne... il rispotait aux plaisanteries. Il devait dîner le soir chez son avocat, et partait le lendemain pour la Belgique ». Affairé, dispersé, il est livré à la comptabilité infinie de ce qu'il fait, comme Regimbart à celle de ce qu'il boit, aussi infatigable et stérile que Pellerin, qui est toujours « dans l'exaltation à la fois factice et naturelle qui constitue les comédiens », et qui se livre à la débauche des propos et des sorties « parisiennes »[102], que Hussonnet, à qui son « agitation perpétuelle »[103] et la prolifération inquiétante de ses lectures, propos, et articles a ôté « la notion exacte des choses », que la Vatnaz[104] aux innombrables métiers successifs et simultanés, « la femme artiste n'avait pas de temps à perdre, devant à six heures, présider sa table d'hôte, et elle haletait, n'en pouvant plus ». Rien ne

101. P. 53 ; voir aussi p. 134.
102. P. 55 et 73.
103. Voir p. 51-52, 233, 257.
104. Voir p. 153 et 424.

compte non plus dans les projets de Frédéric, toujours sûr de savoir et de réussir, ou dans ceux de Deslauriers pour Frédéric ou lui-même : « dans dix ans... député, dans quinze, ministre »[105]. Le pouvoir est au bout des doigts, Paris sera conquis en quelques mois. L'éparpillement des esprits est lié à leur rétrécissement et l'un et l'autre à la facilité, ou à l'illusion de l'immédiateté. « Tous lâches », disait le premier projet du roman : ces hommes multiples, bons à tout donc à rien, sont victimes au moins d'un relâchement, où s'établit ce que Flaubert avoue détester avant tout, « la confusion des genres »[106]. Arnoux qui est l'hybride à l'état pur, « millionnaire, homme d'action, dilettante » aux yeux de Frédéric, celui qui met sur le même plan l'art, l'industrie, la cuisine, les filles, qui veut tout concilier, ses gains et ses sentiments, qu'il vende des tableaux, des faïences, ou des objets de piété, Arnoux qui est « un homme de progrès » et recherche « l'émancipation des arts, le sublime à bon marché », est bien l'homme *facile* par excellence, pour qui il n'est rien de compliqué, ni l'amour, ni la religion, ni les affaires, ni l'art, ni l'amitié, ni les inventions, ni la morale même, puisqu'il passe des malices ou des petites indélicatesses aux vraies malhonnêtetés. Homme-symptôme, il a détourné « de leur voie les artistes habiles », épuisé « les faibles » et illustré « les médiocres ». D'ailleurs, dit-il, « on peut mettre de l'art partout ». Ce qui est aussi le thème commun à tous les propos sur l'art dans le roman, il est partout, parce qu'il est confondu avec tout, avec la propagande politique, l' « âme humanitaire », le bon cœur, la passion amoureuse, l'esthétique théorique, ou l'activité des boulevards.

Mais dans cette fausseté générale où la tension idéaliste indispensable semble à la fois excessive et insuffisante, où comme Flaubert ne l'a pas caché, la « poétisation exagérée » de la femme est « une des causes de la faiblesse morale du XIXᵉ siècle », dont la « vie sentimentale » lui semble exprimée et obérée par l'Immaculée Conception[107], où se trouve donc l'*éducation* ? Est-elle dans cette « atrophie sentimentale », ou cette « inertie du cœur »[108] que découvre Frédéric et dans lesquelles il semble s'engourdir ou se fossiliser ? Je le crois, et je voudrais terminer sur ce paradoxe qui nous est proposé par le roman. Flaubert n'a-t-il pas dit à propos de la folle errance de Jules dans la Première *Education*, « ce fut son dernier jour de pathétique » ? Et aussi « qui se contient,

105. Cf. p. 106, III, 183, 200 ; sur les conquêtes féminines supposées immédiates, p. 154, 184.
106. Cf. *Corr.*, XIII, p. 447, 28 déc. 1853, « rien ne m'indigne plus dans la vie réelle que la confusion des genres ».
107. Cf. *Projets*, p. 258, *Corr.*, t. XIII, 655 ; XIV, 17 et 291.
108. P. 401 et 447.

s'accroît ». Les *Projets*[109] évoquent « les progrès » du héros, et disent
nettement, « à mesure que le jeune homme se perfectionne, et se *durcit*
dans la société des lorettes ». Jules de même n'est-il pas par une dialectique du meilleur et du pire enrichi par la perte même de ses *illusions*.
Il faudrait alors suivre la montée de la *dureté* chez Frédéric, les étapes
de son « égoïsme » sans cesse rappelé, et y reconnaître le paradoxe ou
l'ironie de l'*éducation*[110] des personnages romanesques, dont Balzac et
Stendhal ont multiplié les exemples, et qui n'a rien à voir avec la *Bildung*
des écrivains allemands. Ce qui est pédagogique, c'est ce qui ne l'est
pas, ce qu'on ne devrait pas apprendre, l'égoïsme, car il est justement la
nature. De l'exès d'idéal et de sentiment, il faut revenir à la nature :
avec quelle violence ironique et destructrice, le roman le dit assez dans
la fin. Mais il faut penser à l'éloge que fait Flaubert de l' « âpreté »[111],
qui lui semble impliquer « la suite dans les idées qui seule mène à un
but et fait faire les œuvres ». Frédéric ira donc des «résolutions d'égoïsme »
à la pratique de l'égoïsme, à la « perversité » finale, aux « perfidies »
de ses liaisons, à l'ambiguïté souvent soulignée de la dernière scène
avec Mme Arnoux, où il joue la passion, et calcule son dernier acte
de respect envers elle. Faut-il noter que l' « égoïsme » montant de
Frédéric me semble lié au cynisme politique de Deslauriers que Frédéric
a repris à son compte, et élargi jusqu'à une sorte de *justice* historique où
il perçoit mieux que les autres les torts et les responsabilités. Chaque
fois que son héros se détache de lui-même comme « sentiment », par la
froideur, l'objectivité, la puissance de séparation qui se trouvent dans
l'égoïsme, Flaubert évoque une sorte de libération cruelle, certes, mais
réelle ; si un moment Frédéric entreprend un ouvrage, « en plongeant
dans la personnalité des autres, il oublia la sienne, ce qui est peut-être
la seule manière de n'en pas souffrir »[112] ; mais surtout l'égoïsme libère
sa parole : il peut « se servir du vieil amour » comme d'une inspiration
disponible, il peut comme dans la dernière entrevue avec Mme Arnoux,
le chanter sans y croire et en y croyant, l'entretenir comme *idéal*, unir
le respect et la ruse, le dévouement et le calcul, agir par amour et «par
prudence ». L'égoïsme si l'on veut constitue bien une pédagogie, qui
n'est pas sans rapports avec celle de Jules, dans la mesure où il permet
cette vision de soi comme posthume, cette contemplation à distance, qui

109. P. 137. Voir p. 156, « l'amant à la fin s'élèverait par suite de son progrès au-
dessus des deux femmes ». L'éducation, loin de porter sur une pédagogie de l'égoïsme,
se fait par l'égoïsme : par là le romantique et l'écrivain se rétablissent dans la « nature »
et trouvent le contrepoids de l'Idéal.

110. On se reportera aux textes que nous ne pouvons commenter ici : p. 130, 278,
283, 339, 377, 398, 394, 400, 416.

111. *Corr.*, t. XIII, p. 293 et 297, 5 juillet 1853.

112. P. 207.

est « idéale » au sens esthétique et philosophique, où l'on a bien vu que Frédéric se conduit en artiste et non en amant. L'égoïsme permet au « sentiment » de s'inscrire dans une dimension rhétorique, où il se rejoue tel qu'en lui-même la distance l'a changé, et libéré pour la parole. L'égoïsme est un peu comme la justice opposée à la *grâce* : il est *objectif*. Mais davantage, il est sans doute aussi *plastique*.

DÉBAT

R. Ricatte (Paris VII). — J'ai beaucoup aimé les élans multiples de votre communication. Il y a deux points sur lesquels je ne suis pas d'accord, ou qui pour moi demeurent plus obscurs.

Le premier, c'est le rôle des apparitions, des absences ou des présences de Dussardier. Vous en avez fait tour à tour, avec beaucoup de raison, le symétrique de Frédéric Moreau. Ce dernier est le sentimental absolu dans l'ordre de l'amour, et Dussardier le sentimental absolu dans l'ordre de la République, de la passion politique. A ce titre, il s'oppose à la fin à Sénécal. Mais il y a là quelque chose qui ne me paraît pas extrêmement clair. Comment le même culte du sentiment peut-il aboutir d'un côté à cette République utopique pure, qui exige tous les sacrifices, et d'autre part à Sénécal ?

J'ajoute ceci encore concernant Dussardier. Vous dites que le séjour à Fontainebleau avec Rosanette (la retraite avec Rosanette) correspond à une espèce de vocation républicaine chez elle. Elle est fille de prolétaire, de canuts de Lyon. Mais c'est le temps de l'absence de Dussardier : c'est le temps où Dussardier va être blessé. Voilà donc toute une série d'interrogations ou de doutes concernant Dussardier. Je passe tout de suite à une autre question, qui me paraît beaucoup plus importante : dans *L'Education sentimentale*, il me semble qu'on a deux régimes extrêmement différents du sentiment. Chez Frédéric Moreau le sentiment est illusions, frustrations, mobilités, etc. Frédéric est donc essentiellement, je suis d'accord avec vous, un sentimental, l'incarnation du sentimental. Comment se fait-il que ce sentimental (et souvent dans les pires moments, ou de défaite du sentiment, ou de perte totale, d'échec du sentiment, mais dans deux sens différents : quand chez Mme Dambreuse il obtient les faveurs de celle-ci, et d'autre part quand il sort de chez les Arnoux complètement défait), comment ce sentimental arrive-t-il à un de ces états dont vous n'avez pas parlé, et qui est pourtant un des états les plus fréquents de Frédéric ? Je veux parler d'une espèce d'assomption, qui fait que, dans la défaite et dans le vide même du sentiment, tout à coup s'introduit une sorte de contemplation quasi mystique, de moment d'intensité existentielle : l'épisode du pont, la nuit dans Paris, etc. Vous avez dit : sentir, c'est chez Flaubert le meilleur et le pire. Peut-être pourriez-vous là-dessus compléter votre indication ?

M. Crouzet. — Moi aussi, j'ai des doutes ; j'ai tenté une mise en perspectives d'épisodes, en prévenant — et c'est une idée que je conserve au-dedans de moi-même — qu'il s'agissait d'hypothèses fondées sur des rencontres de textes qui ne sont jamais explicites, et qui d'autre part demandant interprétation.

J'ai tenté une interprétation ; elle est certainement à revoir, et je vous remercie de le souligner. D'abord, je n'ai pas réellement dit ni pensé que

Rosanette était républicaine, j'ai dit : elle est la France républicaine. Elle est, je dirai plutôt, « populaire ». Frédéric le sent à un moment : elle est même populacière. Le rappel de ses origines ouvrières pendant l'émeute de juin ne la rapproche pas de ces émeutes. Simplement, cela crée une sorte de contexte, des liens communs, des traits communs, entre deux épisodes : Fontainebleau et l'émeute. Il y a la forêt de Fontainebleau ; il y a la visite du château, qui est aussi une réflexion sur l'histoire et ses déroulements, *et puis* il y a ce rapport entre Rosanette et les insurgés. Il n'est pas essentiel ; je l'ai simplement pris comme argument parmi beaucoup d'autres.

Sur le fond du problème, c'est-à-dire la nature du sentiment, je crois que ce que vous dites correspond à ce que j'ai voulu dire, et que je n'ai peut-être pas dit.

Effectivement, le sentiment est au fond à la fois à l'origine du talent artistique et à l'origine de la bêtise. C'est cela, à mon avis, l'embranchement délicat, douloureux, de l'univers flaubertien. Ce qui conduit à des formes totalement atrophiées de la pensée conduit aussi bien à des formes au contraire développées de l'interprétation artistique. Que l'état sentimental soit un état créateur virtuel, à mon avis, c'est l'évidence. Mais que cet état créateur virtuel puisse basculer dans une sorte d'idolâtrie, que Flaubert reproche au socialisme, comme destructeur de toute espèce de tension, c'est à mon sens ce que le versant politique peut montrer. Sénécal idolâtre ses propres idées, alors que Dussardier idolâtre le désir infini de quelque chose qui serait la justice et la liberté. Le sentiment est ouvert, ou il est clos. Je crois que c'est cela le principe commun, et en même temps totalement différencié, des deux attitudes.

Ensuite, je crois qu'il faut développer cette idée qu'une certaine distance par rapport aux sentiments permet effectivement l'acte créateur. *L'Education* est un roman des plus réussis parce qu'à la fin le personnage trouve la parole, la parole rhétorisée, c'est-à-dire la parole qui dit la vérité en la jouant. C'est le moment où il peut effectivement, à la fois ne pas aimer, calculer ses paroles avec Mme Arnoux, et d'autre part être peut-être le plus profondément amoureux. A ce moment-là, il est libre par rapport à son sentiment, et sa parole se libère ; il entre dans une dimension qui est celle de Jules dans la première *Education sentimentale* et profondément celle que Flaubert demande. Le sentiment est l'inspiration, mais comme *état* ou comme *démarche*, comme *volonté*, comme *parole*.

R. Genette (Paris VIII). — Je voudrais prolonger ce que vous venez de dire à propos d'esthétique. C'est la première fois que s'éclaire textuellement ainsi, à partir de vos paroles, la fameuse doctrine de l'impersonnalité, sur laquelle on achoppe toujours en disant : « oui, mais... » et que vous éclairez parfaitement en montrant ses fondements politiques. Elle est une attitude générale à l'égard de la vie et aussi une prise de parti politique.

M. Crouzet. — M. Homais, loin d'être un imbécile, est suprêmement intelligent ; il a une sorte d'intelligence animale, qui est toujours conforme à son moi. C'est à mon avis chez lui que la bêtise est très profonde et très inquiétante, beaucoup plus que chez les autres personnages.

R. Bismut (Université de Louvain). — Vous avez mentionné la présence d'une prostituée au moment de la Révolution. Or, cette prostituée est couplée avec des galériens et d'autres prostituées, et je me demande s'il n'y a pas là un renvoi très explicite (en même temps avec dérision) aux *Misérables* de Victor Hugo.

Vous avez cité une lettre de Flaubert de 1854, dans laquelle il se moque de Badinguet. J'ai une autre lettre, légèrement postérieure, très éclairante. Je la cite de mémoire :

« Je viens d'apprendre avec enthousiasme la prise de Sébastopol, et avec indignation le crime dont un misérable s'est rendu coupable sur la personne de l'Empereur. Remercions Dieu qu'il l'ait préservé pour le bonheur de la France. »

Je me demande dans quelle mesure cela n'exprime pas l'idéal véritable de Flaubert, qui se traduit dans *L'Education sentimentale* par cette phrase de Frédéric, bien éclairante : « La République me paraît vieille, l'autorité vient toujours d'en haut. Le peuple est mineur quoi qu'on dise. »

Finalement, Flaubert manifeste bien son hostilité à l'égard du Second Empire ?

M. Crouzet. — On doit noter à quel point Flaubert supporte le régime du Second Empire, mais ne l'aime pas. Ainsi de Frédéric. En fait, les conversations du roman forment un bilan, surtout la dernière ; mais ce bilan est précédé dans le roman de deux autres bilans politiques, qui sont toujours des conversations de Frédéric et de Deslauriers.

Dans la première, Deslauriers a le beau rôle, parce qu'il est le plus démystificateur. Dans la seconde, c'est Frédéric. C'est là que se trouve l'oscillation de Flaubert par rapport au Second Empire. La première conversation est complètement cynique. Deslauriers termine en demandant : « Est-ce qu'il faut un contexte d'irrationnel pour faire vivre la société, ou est-ce qu'elle peut simplement vivre d'une manière raisonnable ? Est-ce qu'il faut des dames pour faire balayer les rues ? »

De même, vous avez une lettre de Flaubert où il dit : « La civilisation consiste à pouvoir se passer de tout bon sentiment » ; c'est une utopie, mais il y a chez Flaubert une haine du sentiment, la volonté de chasser le sentiment de la vie sociale. Telle est la version Deslauriers. Et puis il y a l'attitude de Frédéric, après la grande défaite, et l'arrivée de Deslauriers qui a échangé des gifles avec ses frères pendant un banquet d'exilés à Londres. A ce moment-là, Frédéric, lui, prône au contraire l'idée que l'initiative vient d'en haut.

A mon avis, il n'y a pas vraiment de contradiction entre les deux interprétations, parce que l'idée que l'initiative vient d'en haut aboutit à l'idée de tension : pour que la société fonctionne, il ne faut pas qu'elle ait une seule dimension, que le peuple soit sacré, *ou* la propriété. Il faut qu'il y ait une pluralité de niveaux : chez les uns une conscience de l'idéal, et chez les autres une conscience moindre, ou même nulle, de l'idéal, ce que Flaubert admettrait sans doute plus volontiers. Donc, il faut une hiérarchie. Je crois que c'est cela qui, à la fois, attire Flaubert dans le Second Empire, et le repousse. Ce régime est une hiérarchie, mais ce n'est pas la bonne, et la position de Flaubert est très nette : la véritable hiérarchie sociale est en fonction de la capacité idéale, c'est-à-dire doit privilégier les artistes, les sages, les savants, et non pas les politiques.

J.-L. Douchin (Nantes). — Je crois que c'est tout simplement le système du despote éclairé voltairien.

M. Crouzet. — Oui, mais un despote qui serait quand même comtiste, qui serait tout de même un homme capable de rationaliser. C'est le thème fondamental de la Révolution de 1848. Ce qui choque le plus Flaubert, c'est le mélange de religiosité et de politique.

J.-L. Douchin. — Ce que Flaubert craint, c'est le sentimentalisme des masses. En somme, l'idéal c'est peut-être un despote qui a suffisamment de rationalité pour maintenir les masses à un niveau raisonnable, mais qui toutefois serait aussi capable d'entraîner un peu... Je crois que l'idéal serait à la fois que ce despote puisse réduire le sentimentalisme excessif des masses, et en même temps n'aille pas non plus trop loin dans le sens du « progrès », au sens un peu péjoratif du terme que Flaubert emploie parfois.

M. Crouzet. — Vous avez absolument raison, dans la mesure où Flaubert écrit dans sa correspondance une phrase qui m'a beaucoup frappé, parce qu'il définit le romantisme comme Stendhal l'a fait. Il dit : « Je suis pour le libre échange. Pour moi, le romantisme est le libre échange. » Il existe une autre lettre où il montre très bien que, pour lui, l'essentiel de la société, c'est son caractère évolutif. Le despote serait gênant, même tel que vous le définissez, car il pourrait bloquer l'évolution inévitable. Le seul absolu, c'est qu'il n'y a pas d'absolu, que tout est relatif. Aux yeux de Flaubert, ce qui compte, c'est ce qui doit arriver, et il est absolument impossible d'avoir une attitude de conservation. Le vrai conservateur est celui qui évolue, et le vrai despote est celui qui sera remplacé par un autre despote. L'essentiel, c'est que les formes de la politique sont purement relatives. Il n'y a pas de symbole de souveraineté, pas plus de souveraineté de droit divin que de souveraineté du peuple, qui soit définitif dans la politique de Flaubert.

J.-L. Douchin. — On trouve effectivement ce rapport que vous avez très bien montré entre l'amour et la politique dans le chapitre des Comices agricoles de *Madame Bovary*. Le conseiller de préfecture séduit le peuple et Rodolphe séduit Emma.

Une auditrice. — Ce qui confirme les idées de M. Crouzet sur le symbolisme de Marie Arnoux, c'est l'attitude de Dussardier envers l'amour. Tout comme il aurait voulu aimer la même République, il aurait voulu aimer toute sa vie la même femme.

M. Crouzet. — En fait, il y a un mot à mon avis très profond dans *L'Education sentimentale*, qui est dit par Pellerin à propos des femmes. J'y pensais en écoutant les belles interventions qui m'ont précédé sur le problème du corps féminin. Pellerin a dit — c'est une théorie assez flaubertienne d'esprit — que la femme est d'autant moins désirable qu'elle se rapproche du type féminin de la beauté. Effectivement cela voudrait dire que les relations ambiguës de Frédéric à Mme Arnoux reposeraient sur le fait que Mme Arnoux est le type même de la femme, alors que Rosanette est considérablement *excitante*, et s'écarte de la beauté dans la mesure où elle est désirable. Cette interprétation rejoindrait ce que j'ai essayé de dire, que Mme Arnoux est la fixité de l'idée dans le roman ; elle est suivie par la destruction d'idéal, mais surtout par la multiplicité des politiques et des femmes.

A. LANOUX. — On sait, depuis *Le Lys dans la vallée*, dont l'influence a certainement été grande sur *L'Education sentimentale* (et peut-être plus grande qu'on ne l'a dit), quelle force représente sur le plan romanesque l'association d'une histoire amoureuse au fond politique et social de l'époque. Mme de Mortsauf et Félix de Vandenesse n'existent probablement sur le plan littéraire que parce qu'il y a la Restauration des Bourbons. Il en est de même avec *L'Education sentimentale*. Le fond est la Révolution de 1848, révolution ratée, mais qui a quand même réussi pendant deux ans.

Cette révolution donne sa valeur profonde au drame de *L'Education sentimentale*, qui devrait se lire : « Education politique et sentimentale ».

Elle nous dit aussi comment la pensée politique de Flaubert peut s'exprimer ; généralement réticente, elle arrive plutôt par des anecdotes, des boutades, ou des morceaux de correspondances, que très directement. Cette pensée politique n'a jamais eu une cohérence absolue et ne s'est pas présentée sous la forme de systèmes, ou de prises de position. Ce sont plutôt des réactions viscérales. Ce sont des réactions, dirions-nous, de classe. Ce sont surtout les réactions d'un homme qui n'a pas envie de systématiser le régime politique qu'il vit et qui le laisse se faire de lui-même, parce qu'il passe à l'intérieur de ses personnages, ce qui lui donne d'autant plus de force.

Il est bien certain que la notion d'un Flaubert totalement objectif par rapport à l'ensemble des problèmes sociaux ne peut pas tenir.

La Quête de la Femme
à travers la Ville
dans quelques œuvres de Flaubert

ALISON FAIRLIE

J'ai choisi exprès le mot « Quête » pour deux raisons. D'abord, dans les nombreuses scènes ou le héros (ou le non-héros) flaubertien part à la recherche ou à la poursuite d'une femme aimée (soit qu'il ne l'ait pas encore possédée, soit qu'il cherche désespérément à la retrouver), c'est ce terme de quête, plutôt que ceux, plus terre à terre, de poursuite ou de recherche, qui semblerait susceptible de suggérer l'élément d'idéalisation qui sous-tend ces mini-Odyssées : idéalisation, cela va sans dire, où le dosage fort complexe de naïveté, de sensibilité et de stéréotypes sera destiné à mainte déception. Ensuite, parce que le mot Quête suggère des réminiscences d'épopée, et que ces poursuites prolongées, si fréquentes et pourtant si variées chez Flaubert, révèlent certains procédés d'agrandissement épique, parfois jouant sur des tons héroï-comiques, parfois confinant plutôt au tragique — mais reliés toujours, de façon très étroite, avec les détails complexes de l'existence contemporaine.

En choisissant aujourd'hui quelques exemples du thème de la quête à travers la ville, je ne procéderai pas de façon chronologique (resterait à retracer différentes origines de cette préoccupation). En ce qui concerne structure, psychologie, description ou évocation, certaines questions très simples se posent de façon évidente : à quel moment dans la narration se placent ces quêtes ? quel en est le résultat ? quels seront les personnages choisis par Flaubert pour subir ce genre d'épreuve ? de quel genre sont les obstacles qu'offrira inéluctablement la Ville pour prolonger la Quête ? Mes analyses de quelques scènes représentatives porteront surtout sur trois points. D'abord sur les possibilités toutes particulières offertes par ces poursuites prolongées, permettant de caractériser la Ville à travers une suite de spectacles « typiques » et en même temps d'analyser les réactions d'un personnage en proie à une obsession : obsession qui transformera de diverses façons sa vision du monde extérieur. Deuxièmement, ces obstacles qui prolongent la quête obsessionnelle, loin d'être simplement ceux qu'impose la Ville, suscitent des problèmes fondamentaux : les frustrations résultent-elles d'insuffisances (soit pratiques, soit sentimentales) chez le personnage qui part en quête, d'insuffisances de la part des intermédiaires auxquels il fait appel, ou simplement de cette « nature des choses » à laquelle un Charles Bovary décernera la définition plus « élevée » : « Faute de la Fatalité » ? Certaines de ces scènes de quête sembleraient servir de « mise en abîme » de la triple question que pose Flaubert à la fin de *L'Education* : la faute serait-elle à « un défaut de ligne droite », à « trop de rectitude » ou « au hasard, aux circonstances, à l'époque... » ? Troisièmement, de quel genre est le joint (quelquefois transition presque imperceptible, quelquefois *crescendo* développé avec une joie visible) entre la précision et la logique qui président au début de la quête et ces effets souvent vertigineux, surréels ou hallucinatoires (mais toujours étroitement imbriqués au monde « réel »), qui marquent son point culminant ?

La quête de la femme. Mais celle-ci ne figure pas nécessairement au centre de tout rêve. A la seconde page de *L'Education* elle ne tient qu'une place subalterne dans une énumération satirique : les passagers à bord du vapeur « en imaginant ces coquettes résidences » voudraient vivre là « avec un bon billard, une chaloupe, une femme ou quelque autre rêve ». Ce sera donc aux sentimentaux, aux rêveurs qui « ne comprennent rien » (phrase très souvent répétée chez Flaubert) à la vie pratique, que seront décernées les épreuves de la quête et l'ironie qui sous-tend souvent sa réussite apparente. (On se souvient, malgré le ton si différent, des œuvres de Voltaire que Flaubert relit souvent : de Candide ou de l'Ingénu à la recherche de Cunégonde ou de Mlle de Saint-Yves.)

Le contraste entre le rêveur « sentimental » et l'ambitieux avisé ne va pourtant pas sans complications ; plutôt qu'une opposition absolue, il comporte un chassé-croisé continuel d'aspirations. On a souvent et très finement analysé les façons dont, dans *L'Education*, trois autres femmes servent, auprès de Frédéric, de substitut à Mme Arnoux ; il faudrait également retracer, à travers toute la première partie du roman, les moments où c'est Mme Arnoux qui sert de substitut à cette Mme Dambreuse qui aurait permis à Frédéric de faire, à l'instar de Rastignac et sous la tutelle de Deslauriers, la Conquête de la Capitale ; et voir combien ses retours vers Mme Arnoux sont motivés par ses déceptions dans le domaine social.

Restent cependant deux faits. Quand, dans la troisième partie du roman, l'ambitieux Deslauriers cherche à remplacer Frédéric auprès de chacune des quatre femmes choisies pour représenter en même temps des aspirations personnelles et des niveaux sociologiques, seule Mme Arnoux ne tombe pas victime de sa cautèle. Et c'est au moment où Frédéric, obsédé, cherche à retrouver Mme Arnoux qu'est placée la plus développée et la plus suggestive de toutes les scènes de quête, épisode que je me permettrai d'analyser de près, avant d'indiquer, de façon plus sommaire, d'autres exemples.

C'est au début de la seconde partie du roman que Frédéric, après ses années d'exil en province, et ayant soudain reçu son héritage, se met triomphalement en route pour Paris, cette fois rêvant sa réunion avec Marie Arnoux. Son voyage en diligence la nuit (on pourrait le comparer à celui raconté par l'auteur de *Sylvie*, qui, lui, conduit sa quête à travers la campagne) unit déjà détails « réalistes » et visions bizarres : « la silhouette monstrueuse des chevaux courait sur l'autre maison en face »... L'entrée à Paris n'a rien d'un rêve romantique : pluie fine, ciel pâle et toute une séquence de mots choisis pour suggérer, tant par leurs associations que par leurs allitérations, l'atmosphère terre à terre de ce sombre Paris empoignant à l'aube ses outils : « des haquets de brasseurs, des fourgons de blanchisseuses, des carrioles de bouchers ». L'obstacle qui retient la diligence à la barrière est un troupeau de moutons ; la course héroï-comique du véhicule se signale par une « fanfare de cornet à piston » et le son d'un long fouet claquant dans l'air humide. Frédéric, cependant, dans l'ardeur de ses espérances, transforme tout en délices d'abord à travers une de ces généralisations que sous-tendent des suggestions satiriques — il savoure « ce bon air de Paris qui semble contenir des effluves amoureux et des émanations intellectuelles » — ensuite de par une évocation presque lyrique des détails les plus prosaïques : il aime « jusqu'au seuil des marchands de vin garni de paille, jusqu'aux décrotteurs avec leurs boîtes, jusqu'aux garçons épiciers secouant leur brûloir à café ». Derrière ces exaltations, où Frédéric espère retrouver Mme Arnoux sous la figure de n'importe laquelle de ces femmes qui « trottinaient sous des parapluies », l'auteur donne les détails exacts des rues et des quais que traverse la diligence pour arriver rue du Coq-Héron.

Sûr de la réussite de sa quête, Frédéric, « pour faire durer son plaisir, s'habilla le plus lentement possible » et part à pied pour le boulevard Montmartre, « souriant à l'idée de la revoir ». Premier choc : « Plus de vitrines, plus de tableaux, rien ! » ; c'est ici que commence la vraie quête d'un obsédé à travers la Ville. Il aura d'abord recours à des moyens logiques et pratiques pour trouver la bien-aimée. Des hasards ou des obstacles inopinés s'opposant à sa découverte, il recherchera des intermédiaires parmi ses connaissances ; la quête deviendra, souvent de façon comique, une poursuite à travers personnes interposées. L'auteur fera ainsi s'entre-pénétrer des détails d'un Paris « typique » et ceux qui font ressortir la naïveté et les souffrances du héros à travers des réactions psychologiques ou sensorielles de plus en plus hallucinatoires.

Frédéric d'abord s'attend à une découverte facile : il va déjeuner dans un café et consulte *L'Almanach du Commerce* : « il y avait trois cents Arnoux, mais pas de Jacques Arnoux ». Ses deux autres tentatives logiques (qui, pour varier la narration, seront dispersées entre ses recours à des individus) rencontreront, elles aussi, les obstacles offerts par les hasards de la ville : à la Préfecture de police, pris dans une sorte de cauchemar à la Piranèse, « il erra d'escalier en escalier, de bureau en bureau. Celui des renseignements se fermait. On lui dit de passer le lendemain ». Et chez les marchands de tableaux il trouve que « l'on ne connaissait point Arnoux. M. Arnoux ne faisait plus le commerce ».

Entre-temps, restent les intermédiaires. Ici ressort cette structure subtile qui gouverne tous les détails du roman. Dans la première partie, aux moments où Frédéric se souvenait de Mme Arnoux après son manque de succès dans d'autres domaines, il avait cherché à faire sa connaissance en s'adressant à trois personnages secondaires, tous liés avec son mari : Hussonnet, Pellerin, Regimbart. C'est à ces trois individus qu'il aura maintenant recours, à tour de rôle. D'abord au peintre Pellerin (qui avait l'habitude de souvent sortir pour recueillir l'inspiration en suivant les cortèges funéraires) : « La porte n'ayant ni sonnette ni marteau, il donna de grands coups de poing, et il appela, cria. Le vide seul lui répondit. » Ensuite, Hussonnet, que Frédéric avait une fois accompagné chez une maîtresse, rue de Fleurus — mais il ne se souvient ni du numéro dans la rue, ni du nom de la femme. Finalement, quand il est déjà rentré à son hôtel, « découragé, harassé, malade », « une idée le fit bondir de joie : Regimbart ! ». Ici encore structure très soignée : bien plus tôt dans le roman nous avons vu les habitudes de cet individu qui hante, de façon mécanique, toute une série de cafés parisiens. Dans la recherche de Regimbart comme intermédiaire de la quête, frustration et fureur du héros, fourberies des personnages tertiaires, manigances du hasard, intensité des sensations périphériques, tous se combineront pour atteindre un effet pseudo-épique.

A sept heures du matin la boutique où Regimbart « avait coutume de prendre le vin blanc » n'est pas ouverte ; en revenant après une demi-heure Frédéric trouve que « Regimbart en sortait » ; un corbillard dans la rue l'empêche de le rattraper — lui ou simplement « une vision » ? Sachant l'endroit où Regimbart déjeunait toujours (il y a déjà quelques années) Frédéric entreprend « une interminable flânerie » à travers des rues qui sont nommées de façon exacte, arrive au restaurant à l'heure précise, pour être congédié d'abord par la réponse : « " Connais pas ! " dit le gargotier d'un ton rogue », et, quand il insiste, par « " Je ne le connais plus, Monsieur ! " avec un haussement de sourcils majestueux et des oscillations de la tête, qui décelaient un mystère ». Maintenant commencent les errements de plus en plus inutiles et les fourberies essuyées de la part d'individus astucieux : le cocher l'amène non à l'estaminet Alexandre des hauteurs de Sainte-Geneviève, mais à un autre du même nom rue des Francs-Bourgeois-Saint-Michel : là le cafetier, « avec un sourire extra-gracieux » et un regard d'intelligence jeté vers sa femme, dit attendre Regimbart dans dix minutes. C'est à partir de ce moment surtout que nous voyons l'agrandissement et l'intensification dans tous les domaines. Frédéric, pendant ses deux heures et demie d'attente, boit tour à tour rhum, kirsch, curaçao, grogs, lit et relit *Le Siècle*, examine « jusque dans les grains du papier » la caricature du *Charivari*, apprend par cœur les annonces, s'exaspère devant les intenses impressions sensorielles provoquées par les bonds d'un chat, la crécelle d'un enfant, le sourire stupide de la patronne, ou le bruit de la pluie sonnant sur la capote du cabriolet qui l'attend, et la vue d'une horloge. Entre-temps le cocher craint que « son bourgeois ne s'esquive » tandis que le patron cherche à le retenir en parlant politique ou même — comble du ridicule — en proposant une partie de dominos. Quand se révèle enfin l'impossible « confusion » entre les noms Regimbart et Ledoux (noms choisis en même temps pour qu'aucune erreur phonétique ne soit croyable et comme contraste ironique) paraît le personnage tout à fait subalterne du garçon de café qui « pour se venger de son maître, sans doute » (le « sans doute » est bien de Flaubert) ne soutient pas les assertions de son patron, mais « se contenta de sourire ».

A partir de ce moment, les errements de Frédéric cessent de représenter aucune possibilité prise dans le monde réel. Il se ressouvient d'une kyrielle de cafés, estaminets, brasseries ; il se transporte dans tous successivement. Dans l'un, Regimbart venait de sortir ; dans un autre, il viendrait peut-être ; dans un troisième, on ne l'avait pas vu depuis six mois ; ailleurs, « il avait commandé, hier, un gigot pour samedi ». Finalement, chez le limonadier Vautier, Frédéric reçoit des renseignements dont l'exactitude comique rappelle, à travers des détails contemporains, certaines techniques de Rabelais : « Chez Bouttevilain, rue Saint-Martin, 92, deuxième perron, à gauche, au fond de la cour, entre-sol, porte à droite ! » — à bout de forces, incapable d'y croire, il réussit à trouver son homme.

Avec deux résultats ironiques. Le premier est d'ordre subalterne : Regimbart n'a même pas remarqué l'absence de Frédéric depuis plus de deux ans. Le second porte sur la déception inattendue et symptomatique qu'éprouvera Frédéric en « ne retrouvant plus Mme Arnoux dans le milieu où il l'avait connue » ; « les passions s'étiolant quand on les dépayse, [...]. elle lui semblait avoir perdu quelque chose, porter confusément comme une dégradation, enfin n'être plus la même ». La femme et son ambiance restent très étroitement reliées.

Cette technique d'égrener sur le thème de la Quête quantité de détails « réalistes », « représentatifs », et ensuite de rehausser l'effet pour finir en une espèce de vertige ou de tourbillon, se retrouve souvent à travers les œuvres de Flaubert. Je ne fais mention qu'en passant de la fameuse scène du fiacre dans *Madame Bovary* — car ici la quête finira en conquête — qui a parfois été qualifié de parcours purement fantastique : mais, tout comme le trajet de Frédéric à la recherche de Mme Arnoux, elle commence par suivre un chemin qu'on peut retracer sur des cartes d'époque ; le cocher s'arrête devant les monuments ou les sites susceptibles d'intéresser tout touriste (statue de Corneille, gare du chemin de fer, jardin des Plantes) et passe par les rues, les cours, les quais les plus admirés ; tout change abruptement à partir du huitième paragraphe : « et alors, sans parti pris, ni direction, au hasard, elle vagabondait », pour culminer en une débandade où noms propres, sensations et allusions s'entre-pénètrent de façon symbolique.

La course pour retrouver la femme perdue, course où les obstacles ne cessent de se dresser et où les intermédiaires se dérobent, avait été décernée, de façon moins développée, à Charles Bovary, partant à la recherche de sa femme qui n'est pas revenue de Rouen, où elle est censée prendre des leçons de piano. Arrivant à deux heures du matin, il ne la trouve pas à l'auberge, se demande naïvement si Léon ne l'aurait pas vue, mais ne sait pas l'adresse de Léon ; court chez le patron de celui-ci ; on lui crie l'adresse en l'injuriant, et il repart. Mais « la maison du clerc n'avait ni sonnette, ni marteau, ni portier » (comme celle de Pellerin dans *L'Education* ; obstacle en même temps typique d'un milieu social et moyen de rendre plus intenses les effets de frustration et de vide) : « Charles donna de grands coups de poing contre les auvents. Un agent de police vint à passer ; alors il eut peur et s'en alla ». Comme Frédéric, il pensera aux intermédiaires — mais les Lormeaux n'habitent plus Rouen, et Mme Dubreuil est morte depuis dix mois. Moins avisé que Frédéric, il n'aura qu'au dernier moment l'idée de chercher dans un annuaire l'adresse de Mlle Lempereur ; et c'est par pur hasard qu'il retrouvera Emma dans la rue qui y est indiquée ; cette quête qui pour lui se conclut de façon heureuse aura pour résultat ironique les précautions pratiques qu'adoptera Emma à l'avenir.

La Quête peut aussi se transformer en attente : attente qui, elle aussi, comporte une acuité exceptionnelle en ce qui concerne les facultés sensorielles, une lente transformation des données qu'elles offrent, et une préoccupation obsessive qui fait négliger toute autre considération. Frédéric attend dans la rue Tronchet la culmination de sa quête. Il examine, tâchant de se calmer devant le délai, toutes les boutiques — détails sur elles et sur ce qu'elles contiennent. Il rentre à l'hôtel, ressort, contemple les pavés, les gouttières, les numéros au-dessus des portes : « Les objets les plus minimes devenaient pour lui des compagnons, ou plutôt des spectateurs ironiques » (personnification d'objets fréquents ailleurs, mais plus explicite ici). Pris de vertige, il se répète des vers, essaie de faire des calculs sans rapport avec quoi que ce soit, ressort dans le monde pratique pour envoyer des messagers chez elle et chez lui, re-sombre dans le domaine illogique en tirant des présages de la physionomie des passants, court après une autre en croyant reconnaître celle qu'il attend. Pendant ces quatre heures d'attente il est de temps en temps vaguement conscient de l'émeute ; mais, « malgré son indignation » à l'égard de la conduite de la police ou des bourgeois, c'est son rêve personnel qui l'obsède.

Dans certaines scènes exemplaires, la femme se profile contre des monuments, choisis en même temps pour représenter d'essentiels aspects de la ville, et pour opposer d'autres obstacles aux désirs du héros. L'exemple de la cathédrale de Rouen est bien connu ; je ne l'analyserai pas longuement. L'attente où Léon, qui, regardant les vitraux, « comptait les écailles des poissons et les boutonnières des pourpoints » (on pense aux calculs, également obsessionnels, de Frédéric dans la rue Tronchet), permet à Flaubert en même temps de satiriser le suisse « plus majestueux qu'un cardinal et reluisant comme un saint ciboire », avec son indignation contre « cet individu, qui se permettait d'admirer seul la cathédrale », ce qui était « presque commettre un sacrilège » ; de suggérer ironiquement le sacrilège réel des rêves où Léon voit la cathédrale comme un boudoir gigantesque disposé autour de « l'ineffable séduction de la vertu qui succombe » ; d'évoquer la beauté de la cathédrale (surtout à travers des jeux de lumière), de la rattacher à l'histoire de la ville à travers les âges (évocations en même temps sérieuses et satiriques) — et, surtout, de montrer l'amoureux arrêté en pleine quête « immobile... n'essayant même plus de dire un seul mot, de faire un seul geste, tant il se sentait découragé devant ce double parti pris de bavardage et d'indifférence » (bavardage du monde extérieur ; indifférence, qui n'est qu'apparente, de la part de la femme aimée).

Si la cathédrale sert de toile de fond pour une quête dans *Madame Bovary*, un monument plus moderne la remplace dans *L'Education* : la fabrique de porcelaine de M. Arnoux. Frédéric, ayant découvert que

pour cette journée seule Marie sera seule à la fabrique, court à la gare
et passe le voyage « perdu dans cette langueur que donne l'excès même
de l'impatience ». A son arrivée à Creil, toute la ville, évoquée à travers
les détails les plus quotidiens — poules qui picorent dans la paille au
pied du calvaire, femme portant du linge mouillé — lui semble « avoir
quelque chose de gai, de discret et de bon ». Surviennent les obstacles :
la fabrique où il se rend n'est pas celle d'Arnoux (fourberie de celui-ci) ;
il faut retourner à la gare, où il n'y a qu'une « calèche disloquée » ; le
cocher est en train de déjeuner... et ainsi de suite. Une fois arrivé à la
fabrique, il faut subir, tout comme à la cathédrale, la visite obligatoire
du touriste, avec les explications données d'abord par Mme Arnoux
— dans la bouche de qui des mots comme « patouillards » paraissent à
Frédéric grotesques, tandis que « le tintamarre de la pompe à feu »
oblitère les paroles tendres qu'il lui adresse — ensuite par le détestable
Sénécal, maître en termes techniques : « Frédéric n'y comprenait rien. »
Si, même devant les explications de Mme Arnoux, « Frédéric commençait
à s'ennuyer », c'est que Flaubert, en choisissant cette toile de fond, se
serait souvenu d'une de ses *Œuvres de jeunesse*, son « Voyage aux
Pyrénées et en Corse » : pendant une visite à la manufacture de porcelaine de M. Johnson : « nous avons marché au milieu des cruches, tasses,
pots, plats et assiettes de différentes grandeurs et je m'ennnuyais si
bien que je n'étais point dans la mienne ». C'est dans cette ambiance
que se place le dialogue très sérieux entre « vertu » et « lâcheté », « clair-
voyance » et « maximes bourgeoises ».

Quant à la façon dont Flaubert crée l'ambiance par laquelle chacune
des femmes dans *L'Education* représente un aspect de la ville, je ne
pourrai, faute de temps, entrer dans le détail. La femme du banquier,
la bourgeoise, la lorette, la petite provinciale mal à l'aise dans les dîners
parisiens — même cette « célibataire parisienne », Mlle Vatnaz, dont
j'allais dire que les origines et les fonctions ont été trop négligées — jusqu'au moment où M. Raimond nous a si bien analysé son rôle aujour-
d'hui — toutes suivent une courbe selon les circonstances tant politiques
et économiques que sentimentales ; toutes diffèrent des stéréotypes
que leur impose le regard initial de Frédéric. Si c'est la maison des
Dambreuse qui l'attire vers le début, c'est d'abord à cause des tapis
rouges à baguettes de cuivre, plantes exotiques, soupiraux de calorifères
béants, candélabres de bronze — Mme Dambreuse elle-même n'est vue
que de dos comme elle entre dans son coupé bleu, orné de passementeries
et d'effilés de soie, dont « échappait... un parfum d'iris » ; il la quittera
à la fin « en haine du milieu factice où il avait tant souffert » — et elle
disparaîtra la première dans la rétrospective du dernier chapitre. Chez
Mme Arnoux, il croit trouver, dans une de ces généralisations où la
part de l'auteur et celle du personnage restent en partie indiscernables,

« un endroit paisible, honnête et familier tout ensemble » ; la paix ne tardera pas à être troublée, mais l'atmosphère d'un intérieur petit-bourgeois sera reprise à travers diverses scènes : « Çà et là, des choses intimes traînaient » — poupée, fichu, tricot avec deux aiguilles d'ivoire, médicaments de l'enfant malade — et le petit coffret à fermoirs d'argent.

Quant à Rosanette, je me bornerai ici à citer le fait que, momentanément, celle qui autrement représente les amours faciles de la cité, une de ces « impures » charmantes et agaçantes, rappelle de façon sérieuse une autre ville : Flaubert la fait naître, fille de canut, à Lyon. Dans une lettre à Duplan on voit sa façon de se documenter : il sait déjà les fonctions auxquelles il destine les détails qu'il cherche : « Bref, je veux faire en quatre lignes un tableau d'intérieur d'ouvrier pour contraster avec un autre qui vient après, celui du dépucelage de notre héroïne dans un endroit luxueux » : il s'informe donc des souffrances qui pourraient s'imposer à un enfant qui travaillerait dans une famille à Lyon (contre-coups des mouvements du balancier reçus dans l'estomac, etc.) — mais ne donne à la Rosanette du roman aucune évocation de ces détails pathétiques ; sa réticence cherchant peut-être un contraste conscient avec ces procédés qu'il discute en ce qui concerne *L'Oncle Tom* ou *Les Misérables*.

Je voudrais finir en élargissant, peut-être de façon légèrement illégitime, mon sujet, et cela de deux points de vue. D'abord, les poursuites hallucinatoires à travers la Ville ne se limitent évidemment pas à la recherche d'une femme : on pense nécessairement au retour de Frédéric partant de Fontainebleau pour retrouver Dussardier, blessé pendant les émeutes. Ici encore Flaubert, sachant d'avance l'effet général qu'il voudrait atteindre (son héros sera « obligé de faire un long détour ») demande à Duplan de lui envoyer des précisions concernant les moyens de transport qu'on aurait pu trouver à l'époque. Et Frédéric subira les complications des messageries, des berlines, de la diligence, de la poste, de la calèche louée, du chemin de fer dont les rails sont coupés, avant de trouver « un mauvais cabriolet » et d'arriver à Paris.

Mais — et c'est par là que je finirai — les femmes, elles aussi, poursuivent un être aimé à travers les dangers de la ville. Témoin Louise Roque, entraînant sa vieille servante très tard la nuit, après le dîner Dambreuse, pour chercher Frédéric (« Je ne suis pas une demoiselle ! Je suis sa femme ! Je l'aime ! ») — elle essuie en route les quolibets détaillés de deux patrouilles de gardes nationaux, commentés par la servante, et trouve, en arrivant chez Frédéric, que « voilà près de trois mois qu'il ne couche pas chez lui ! ».

Elle a, d'ailleurs, une ancêtre, dans les *Œuvres de jeunesse* — cette

Mazza abandonnée par Ernest (dans une lettre pré-Rodolphe) ; sachant qu'il va s'embarquer au Havre, celle-ci part à minuit, court « de toute la vitesse des chevaux » et sans manger de la journée, arrive finalement au Havre à trois heures de l'après-midi, descend jusqu'au bout de la jetée — pour ne voir qu'une voile blanche qui « s'enfonçait sous l'horizon ».

Mais c'est chez la Félicité d' « Un cœur simple » que le thème prend une autre ampleur. Cette fois ce n'est pas un amant qui est l'objet de la quête, mais d'abord le neveu de cette servante au grand cœur, neveu qui va s'embarquer pour la pêche au long cours, à Honfleur. Ayant servi le dîner de Madame, Félicité « avala les quatre lieues » mais — et dans ce passage obstacles et intermédiaires, sentiments, sensations et quasi-hallucinations cadrent exactement avec les activités et les bruits du port — :

> Quand elle fut devant le Calvaire, au lieu de prendre à gauche, elle prit à droite, se perdit dans des chantiers, revint sur ses pas ; des gens qu'elle accosta l'engagèrent à se hâter. Elle fit le tour du bassin rempli de navires, se heurtait contre des amarres ; puis le terrain s'abaissa, des lumières s'entrecroisèrent, et elle se crut folle, en apercevant des chevaux dans le ciel.
>
> Au bord du quai, d'autres hennissaient, effrayés par la mer. Un palan qui les enlevait les descendait dans un bateau, où des voyageurs se bousculaient entre les barriques de cidre, les paniers de fromage, les sacs de grain ; on entendait chanter des poules, le capitaine jurait ; et un mousse restait accoudé sur le bossoir.

Elle arrive juste trop tard, et voit partir le paquebot « que des femmes halaient en chantant » ; finalement, « sur la mer argentée par la lune, il faisait une tache noire qui pâlissait toujours, s'enfonça, disparut ».

Cependant, s'il y eut jamais une quête désespérée, comique et touchante, de ton en même temps héroï-comique et tendre, c'est celle de cette même Félicité le jour où s'envole son perroquet Loulou. Elle le cherche d'abord dans les buissons, au bord de l'eau (poursuite logique) — mais ensuite « sur les toits, sans écouter sa maîtresse qui lui criait : — " Prenez donc garde ! vous êtes folle ! " ». Elle cherche des intermédiaires chez les passants étonnés : « Vous n'auriez pas vu, quelquefois, par hasard, mon perroquet ? » Selon un porte-balle il se trouverait à Saint-Melaine, dans la boutique de la mère Simon — rien. « Enfin elle rentra, épuisée, les savates en lambeaux, la mort dans l'âme » (tel Frédéric à l'auberge pendant sa poursuite de Mme Arnoux) — et cette fois, l'être perdu revient de son propre gré — « Mais elle eut du mal à s'en remettre, ou plutôt ne s'en remit jamais... » Partout dans « Un cœur simple » courent en filigrane de semblables thèmes d'épopée : la lutte contre le monstre (le taureau quand Félicité sauve la famille) ; l'ennemi du bien-aimé (le « meurtre » de Loulou par empoisonnement aux mains du garçon bou-

cher sera simplement imaginé par Félicité ; l'idée de cet ennemi imaginaire est là dès le premier scénario) ; et, de toute évidence, la trans-
figuration finale.

Je souhaiterais donc avoir suggéré aujourd'hui que ce thème de la quête
de l'être aimé à travers les obstacles qu'offrent tant les rêves personnels
que la ville extérieure mériterait une analyse plus étendue que celle que
j'ai pu ébaucher ici.

Salammbô enchaînée,
ou femme et ville dans Salammbô

NAOMI SCHOR

> La Décoration ! *tout est dans ce mot : et je
> conseillerais à une dame, hésitant à qui confier
> les dessins d'un Bijou désiré, de le demander,
> ce dessin, à l'Architecte qui lui construit un
> hôtel, plutôt qu'à la faiseuse illustre qui lui
> apporte sa robe de gala. Tel, en un mot, l'art du
> Bijou...*
>
> Stéphane MALLARMÉ,
>
> *Proses diverses.*

Nous n'avons pas fini de mettre à profit l'ensemble de textes qui
constituent le dossier de ladite « querelle » de *Salammbô*, appendice qui
en est venu au cours des années à faire corps avec le texte du roman,
tout comme les pièces du procès de *Madame Bovary* font désormais
partie de toute édition *intégrale* de cette œuvre. En effet, malgré les
nombreuses « querelles » qui ont depuis 1862 agité la scène littéraire
française, les questions soulevées par les critiques de *Salammbô* restent
actuelles. C'est donc à partir de cet après-texte que je voudrais aborder
ce roman tout aussi inexpugnable à sa manière que la ville de Carthage
qui y est figurée. Or, cette approche par la bande sert à poser d'emblée
un des grands problèmes soulevés par *Salammbô*, celui de son accès. Car,
au dire de ses critiques et selon l'aveu même de Flaubert, un des principaux vices de construction du texte est un défaut de perspective,
défaut dans le double sens du mot : à la fois manque et déformation. Je
cite Sainte-Beuve, mais l'on pourrait tout aussi bien citer Froehner ou
Dusolier qui, eux aussi, accusent cette particularité :

> En maint et maint endroit, on reconnaît l'ouvrier consommé ;
> chaque partie de l'édifice est soignée, plutôt trop que pas assez ;
> je vois des portes, des parois, des serrures, des caves, bien exécutées,
> bien construites, chacune séparément ; je ne vois nulle part l'archi-
> tecte. L'auteur ne se tient pas au-dessus de son ouvrage : il s'y

applique trop, il a le nez dessus ; il ne paraît pas l'avoir considéré
avant et après dans son ensemble, ni à aucun moment le dominer.
Jamais il ne s'est reculé de son œuvre assez pour se mettre au point
de vue de ses lecteurs[1].

Or, lorsque Flaubert, pour répondre à Sainte-Beuve, prend du recul,
se met à la place du lecteur, il reconnaît en quelque sorte le bien-fondé
de cette critique en disant lui-même le disparate de son œuvre : « Le
piédestal est trop grand pour la statue. Or, comme on ne pèche jamais
par le *trop*, mais par le *pas assez*, il aurait fallu cent pages de plus relatives à Salammbô seulement » (CHH, p. 450).

Arrêtons-nous un instant sur cette autocritique de Flaubert car,
qu'elle soit « sincère » ou non[2], elle vaut par les présupposés qu'elle
entérine, présupposés qui sous-tendent non seulement la querelle de
Salammbô, mais la querelle du réalisme tout court. Ainsi, dans un
premier temps, Flaubert accrédite le principe d'économie esthétique qui
fonde une bonne partie des griefs faits aux écrivains réalistes : à savoir,
que ce que l'on donne à la description on l'enlève au personnage, ou
encore, ce que l'on donne au détail on l'enlève à l'ensemble. Aussi
Guillaume Froehner s'exclame : « Si M. Flaubert avait négligé le détail
pour sauver l'ensemble ! » (CHH, p. 384). Mais, dans un deuxième temps,
Flaubert énonce une maxime qui marque bien la distance qui le sépare
de ses critiques, à savoir : il n'y a pas d'excès coupable. Ou, comme il
l'écrit à propos de la première *Éducation* : « ... c'est toujours par l'*absence*
qu'un livre est faible »[3]. En clair, cela veut dire que pour pallier le défaut
du roman, ce que Jacques Neefs appelle son « inadéquation consti-
tutive »[4], il faudrait agrandir la statue et non réduire le piédestal. La
conclusion de Flaubert — « il aurait fallu cent pages de plus relatives
à Salammbô seulement » — est, pour le moins, paradoxale, si l'on songe
qu'en créant le personnage de Salammbô, Flaubert n'obéit à aucune
contrainte d'ordre archéologique : « Mon affaire aura (je crois) pour
titre *Salammbô, roman carthaginois*. C'est le nom de la fille d'Hamilcar

---

1. SAINTE-BEUVE, lundi du 22 déc. 1862 (*Nouveaux Lundis*, t. IV). Cet article,
ainsi que tous les autres articles constituant le dossier de la querelle, est reproduit en
appendice à l'édition du Club de l'Honnête Homme de *Salammbô*, Paris, 1971, p. 436.
Dans le cours de l'article toute citation tirée de cette édition sera suivie de la mention CHH et de l'indication de la page ou des pages où elle se trouve. Cf. CHH, p. 384
et pp. 408-409.

2. Allusion à une remarque de R. J. SHERRINGTON, *Three Novels by Flaubert*,
Oxford, 1970 : « One may doubt the validity of this statement, and even Flaubert's
sincerity in making it » (p. 215).

3. *Correspondance*, II, p. 343, citée par Jean-Pierre RICHARD, *Littérature et sensation*,
Paris, 1954, p. 196.

4. Jacques NEEFS, *Salammbô*, textes critiques, *Littérature*, 15, 1974, p. 56.

inventée par votre serviteur »[5]. Pourquoi donc avoir mis en place un personnage à la fois surnuméraire sur le plan historique et insuffisant sur le plan diégétique ? Et, pour aller droit au fait, y aurait-il quelque rapport entre le rôle paradoxal dévolu à Salammbô et la féminité ?

Questions qui nous amènent à constater une constante des textes critiques consacrés à *Salammbô* : le lourd silence, quand ce n'est la condamnation sans appel, qui pèse sur le personnage de Salammbô. Comme d'habitude, c'est Sainte-Beuve qui donne le ton lorsqu'il écrit : « Cette Salammbô, dont la personne et la passion devaient faire le mobile du livre et de l'action, est piquante, curieuse, habilement composée et concertée, je n'en disconviens nullement, mais elle n'anime rien et, au fond, n'intéresse pas »[6] (CHH, p. 437). Or, étant donné le principe d'économie esthétique que nous venons d'expliciter, le corollaire de cette exécution de Salammbô, c'est la promotion de Carthage, car Carthage s'oppose à Salammbô, comme le piédestal à la statue, le collectif à l'individuel, le politique au sexuel, le masculin au féminin, pour reprendre les principaux paradigmes qui traversent le discours critique tenu au cours des années sur *Salammbô*. En effet, si la partie de la *Correspondance* ayant trait à la composition de *Salammbô* témoigne de la commutabilité de la femme et de la ville dans l'esprit de Flaubert — il appelle toujours le travail en cours *Carthage* — cette équivalence masque une opposition qui ne tardera pas à se résoudre en une hiérarchie. Aussi, Maurice Bardèche, de l'excellente notice qui précède le texte du roman dans l'édition du Club de l'Honnête Homme, résout-il l'aporie des rapports Salammbô/Carthage en évacuant tout simplement Salammbô :

> Est-ce son destin qui se joue ou celui de Carthage ? Nous arrivons lentement, péniblement, à nous intéresser à Carthage, nous n'arrivons à aucun moment à nous intéresser à Salammbô... En somme, il y a un abîme que l'auteur n'arrive à aucun moment à nous faire

---

5. Gustave FLAUBERT, Lettre d'octobre 1857 à Charles-Edmond (in *Préface à la vie d'écrivain*, G. BOLLÈME, Seuil, 1963, p. 197).

6. Cf. le jugement de FROEHNER : « Salammbô n'est pas une fille de la terre ; c'est un être hors nature et trop haut placé pour qu'il puisse *intéresser* le lecteur de ce bas monde » (CHH, p. 373 ; je souligne). Il y aurait toute une étude à faire sur les jugements critiques portés sur Salammbô, personnage auquel on reproche toujours d'une manière ou d'une autre de ne pas « animer » le roman. Aussi DUSOLIER écrit : « Pour Salammbô, la fille d'Hamilcar, qui vit — non elle ne vit pas — qui se dodeline hiératiquement entre une nourrice stupide et un serpent python, il y a un moment où l'on croit qu'elle va *s'animer* et, du même coup, *animer* le roman. C'est lorsqu'elle va trouver Mâtho dans sa tente et, à l'exemple de la Judith biblique, se donne à lui pour reprendre le zaïmph. Erreur ! rien ne bouge, rien ne dérange les plis roides du roman... » (CHH, p. 407). Comme nous le verrons par la suite, ce jugement n'est pas fondé sur une lecture très attentive du texte.

franchir entre le romanesque et extravagant poème d'amour sur lequel il a construit son intrigue et les événements historiques qui l'intéressent et qu'il a entrepris de raconter. Concluons que la fragile prêtresse peinte comme une idole n'était qu'un prétexte, que Flaubert n'a pas osé s'en passer, qu'il a eu tort peut-être, mais enfin que, ce point n'étant pas capital à ses yeux, il est vain de s'en servir pour lui faire son procès (CHH, p. 18).

Que l'on propose de mettre le personnage de Salammbô entre parenthèses, que l'on souligne l'homologie des histoires d'amour et de guerre, que l'on aille jusqu'à accorder le primat au sexuel, l'opposition de Salammbô à Carthage reste un des présupposés fondamentaux de la critique. Or, il me semble que ce présupposé est à interroger, car, comme la genèse et le texte de *Salammbô* le donnent à voir, il n'est pas toujours si aisé de séparer la femme de la ville, c'est-à-dire l'accessoire de l'essentiel, pour emprunter le vocabulaire révélateur de Flaubert, tel qu'il est repris et répercuté par Bardèche. En effet, en partant d'une notation de Flaubert dans un des scénarios préliminaires — « Les événements historiques ne sont qu'un *accessoire* du roman » (CCH, p. 36 ; je souligne) — l'auteur de la notice constate qu'au cours des élaborations successives des scénarios le rapport entre l'accessoire et l'essentiel s'est inversé : « Dans le scénario définitif, ce sont décidément les Mercenaires qui l'emportent. Le sujet est leur révolte dramatique contre Carthage, ce n'est plus l'amour de Mâtho pour Salammbô. Ce qui était d'abord « l'accessoire » du roman est devenu tout le roman » (CHH, p. 37).

Ayant constaté le fait que l'élaboration du scénario définitif va de pair avec la généralisation de l'accessoire, comment ne pas en arriver à suspecter l'opposition de l'accessoire et de l'essentiel, voire la catégorie même de l'accessoire ? On aura peut-être compris que je ne fais là que suivre la voie ouverte par Derrida, tout particulièrement dans *La vérité en peinture*, où, lors de sa discussion de la notion de *parergon*, c'est-à-dire de l'ornement, dans l'esthétique de Kant, Derrida fait valoir toute la difficulté qu'il y a à tracer une ligne de démarcation entre le vêtement et la statue, les vêtements qui ornent une statue étant « l'exemple parmi les exemples » du *parergon* :

> Cette délimitation du centre et de l'intégrité de la représentation, de son dedans et de son dehors, peut déjà paraître insolite. On se demande de surcroît où faire commencer le vêtement. Où commence et où finit un *parergon*. Tout vêtement serait-il un *parergon*[7].

7. Jacques DERRIDA, *La vérité en peinture*, Paris, 1978, p. 66.

Or, c'est précisément la question posée par les descriptions de Salammbô car, à la limite, Salammbô est une statue vêtue, et il devient littéralement impossible de dire où s'arrête le corps féminin et où commence le vêtement ; tout se passe comme si ses atours lui collaient à la peau :

> Mâtho n'entendait pas ; il la contemplait, et les vêtements, pour lui, se confondaient avec le corps. La moire des étoffes était, comme la splendeur de sa peau, quelque chose de spécial et n'appartenant qu'à elle. Ses yeux, ses diamants étincelaient ; le poli de ses ongles continuait la finesse des pierres qui chargeaient ses doigts...[8].

Si, comme je le pense, dans *Salammbô* la synecdoque prend le pas sur la métonymie, entraînant ainsi un envahissement du corps du roman par le détail, qui n'est pas sans évoquer la lèpre qui recouvre peu à peu le corps du suffète Hannon, il s'ensuit que la question des rapports de la femme et de la ville est à poser en de tout autres termes que ceux de l'exclusion mutuelle. Qui plus est, si, comme je viens de le montrer, il est vain dans ce roman de tenter de séparer l'ornement de l'orné, c'est que nous avons affaire ici à ce que j'appellerais volontiers un *texte ornemental*. Qu'est-ce à dire ? Je suis, bien entendu, loin d'être la première à mettre en valeur ce que Brombert nomme « l'esthétique parnassienne »[9] qui préside à l'écriture de *Salammbô*. Si j'ai proposé une autre formule pour rendre compte de l'aspect chargé du roman, c'est précisément pour déporter l'attention de la place qu'occupe *Salammbô* dans l'histoire littéraire du XIXe siècle, et pour tenter de penser ce que recouvre la gangue des étiquettes historiques. Et ce qui vaut pour l'histoire littéraire vaut également pour l'étude des genres : dire que *Salammbô* est un texte ornemental ne revient pas à proposer un reclassement générique de ce texte réputé inclassable. Ainsi l'auteur de la notice fait état du caractère ornemental de *Salammbô* pour ranger ce texte limite sous la bannière épique. Je veux bien ; seulement, comme l'indique la citation suivante, ce redressement taxonomique laisse en place l'opposition accessoire/central que nous tentons précisément d'interroger :

> Les ornements aussi sont ceux de l'épopée. Les « beautés » de *Salammbô* sont des batailles, des cimetières sous la lune, des défilés, des orgies, des actions extraordinaires ou atroces... On sent bien que, pour lui, ce sont « les grandes machines », dont les proportions et la

8. Gustave FLAUBERT, *Salammbô*, Paris, Ed. Garnier-Flammarion, 1964, p. 207. Toute citation du texte du roman renvoie à cette édition. A propos du vêtement (féminin) dans la littérature du XIXe siècle, voir Ross CHAMBERS, « Pour une poétique du vêtement », *Michigan Romance Studies*, 1, 1980, pp. 18-46.

9. Victor BROMBERT, *Flaubert par lui-même*, Paris, 1971, p. 82.

grandeur sauvage doivent assurer à son livre l'impérissable dignité du chef-d'œuvre, et qui la lui assurent en effet. Ces immenses mosaïques sont purement ornementales. *Salammbô* est pareil à un palais qu'on visite pour les contempler (chh, p. 22).

Dire qu'un texte est ornemental implique nécessairement, à mon sens, une revalorisation de l'ornemental, opération impossible à envisager tant que l'esthétique de la modernité entièrement vouée à une écriture délavée et ennemie de tout élément décoratif faisait la loi. *Salammbô*, texte « pourpre » selon le mot célèbre de Flaubert[10], serait en quelque sorte le texte précurseur de ladite post-modernité[11] et en tant que tel exige la mise en place d'un mode de lecture spécialement adapté à sa facture. Car, comme le fait remarquer E. H. Gombrich dans son grand livre consacré aux arts décoratifs, l'ornemental fait appel à un tout autre mode de perception ou de réception que la peinture ou la parole : « La peinture comme la parole requiert implicitement notre attention, qu'elle la reçoive ou non. La décoration ne peut en demander autant. Elle dépend normalement pour ses effets de l'attention flottante dont on dispose en promenant son regard sur ce qui nous entoure »[12]. Et il ajoute : « Les critiques qui se sentent écrasés par l'assaut sur leurs sens que provoque une profusion d'ornements et qui les ont donc condamnés comme étant barbares et de mauvais goût, n'ont peut-être pas compris ce qu'on attendait d'eux » (p. 116).

En effet, selon Gombrich, le spectateur qui, comme le visiteur de l'Alhambra, se trouve en présence d'une profusion d'ornements, n'est pas tenu de tout regarder, de prêter une attention égale à tous les détails.

---

10. « Je veux faire quelque chose *pourpre* », phrase de Flaubert rapportée par Edmond et Jules de Goncourt, *Journal*, novembre 1858, t. I, p. 202. Cf. Roland Barthes, *Le plaisir du texte*, Paris, 1973, p. 52, pour voir les connotations négatives du pourpre à l'époque moderne.

11. A propos de ce terme, citons J.-F. Lyotard, *La condition postmoderne*, Paris, 1979 : « Le mot est en usage sur le continent américain, sous la plume de sociologues et de critiques. Il désigne l'état de la culture après les transformations qui ont affecté les règles des jeux de la science, de la littérature et des arts à partir de la fin du xixe siècle » (p. 7). Pour ma part, je suis surtout redevable aux textes critiques portant sur l'architecture post-moderne, tel Charles Jencks, *The Language of Post-Modern Architecture*, Londres, 1978, pour ma conception du post-moderne. Selon Jencks, le mouvement post-moderniste en architecture se caractérise par un « éclectisme radical », un style complexe et hétérogène où l'acquis du modernisme compose avec son refoulé. Cela se traduit par un retour du détail ornemental et de la couleur, par un renouveau de tout l'aspect sensuel de l'architecture que le modernisme avait tenté de mater. Curieusement — et de manière assez décevante — le seul grand architecte post-moderniste que cite Jencks, c'est Gaudi. Le post-modernisme serait-il un retour aux sources du modernisme, soit l'art nouveau en architecture, soit, dans le domaine littéraire, le décadentisme ?

12. E. H. Gombrich, *The Sense of Order : A Study of the Psychology of Decorative Art*, Ithaca, ny, 1979, p. 116. Je traduis. Toute citation de ce texte renvoie à cette édition.

Il est, au contraire, libre de choisir son point de mire, de promener son regard, de balayer l'ensemble jusqu'à ce qu'un détail l'accroche au passage. Et, tout comme l'attention également flottante de l'analyste en vient à s'attacher à certains détails du discours de l'analysé — détails qui insistent, détails qui détonnent — l'attention flottante du spectateur des arts décoratifs se voit — et nous reconnaissons ici les présupposés gestaltistes qui apparentent les travaux de Gombrich à ceux des théoriciens de la *Rezeptionsaesthetik*[13] — solliciter par toute solution de continuité, toute rupture de l'ordre décoratif : « Toute perturbation de la régularité tel qu'un défaut dans une étoffe lisse peut agir comme un aimant pour l'œil » (p. 110). Et Gombrich de donner comme exemple un collier auquel il manque une perle : « Dans le cas d'un collier c'est la perle manquante, la brèche entre les unités égales qui s'imposent à notre attention » (p. 111). Or, il y a justement dans *Salammbô* une telle solution de continuité, non pas un collier rompu, mais une chaîne éclatée, et c'est sur ce détail que mon point de vue errant est venu se fixer. Ce détail est, pour emprunter l'expression de Barthes, le *punctum* du roman, ce qui, en lui, « me point », mais aussi, comme l'ajoute Barthes, « me meurtrit, me poigne »[14]. Je veux parler de la chaînette d'or qu' « elle [Salammbô] portait entre les chevilles... pour régler sa marche... » (p. 36). Nous apprendrons par la suite (dans le chapitre « Sous la tente » auquel nous reviendrons) que cette chaînette qui entrave la marche de Salammbô sert d'indice à la fois de son rang et de sa virginité :

> Il s'endormit. Alors, en se dégageant de son bras, elle posa un pied par terre, et elle s'aperçut que sa chaînette était brisée.

13. Voir, pour tout complément de renseignement, *Poétique*, 39, 1979, un numéro spécial consacré à la *Théorie de la réception en Allemagne*. L'attention flottante du spectateur des arts décoratifs est à rapprocher en particulier, du « point de vue errant » (c'est ainsi que je traduis « *wandering viewpoint* ») du lecteur, selon le modèle de lecture présenté par Wolfgang ISER, *The Act of Reading : A Theory of Aesthetic Response*, Baltimore, 1978.

14. Roland BARTHES, *La chambre claire : note sur la photographie*, Paris, 1980, p. 49. Il y aurait beaucoup à dire sur les convergences et les divergences entre ma façon d'envisager le détail et celle de Barthes. Deux exemples : Barthes avoue en fin de compte ne s'intéresser qu'au détail qui « n'est pas, ou du moins n'est pas rigoureusement, intentionnel » (p. 79), espèce de détail « trouvé » que le photographe ne peut pas ne pas reproduire. Or, ce genre de détail, par définition, n'existe pas dans un texte de fiction. Par ailleurs, Barthes écrit : « A lire la photo de Van der Zee, je croyais avoir repéré ce qui m'émouvait : les souliers à brides de la négresse endimanchée ; mais cette photo a travaillé en moi, et plus tard j'ai compris que le vrai *punctum* était le collier qu'elle portait au ras du cou ; car (sans doute) c'était ce même collier (mince cordon d'or tressé) que j'avais toujours vu porté par une personne de ma famille... » (pp. 87-88). Convergence sur un détail qui tient du *unheimlich*, vu que je n'ai lu le livre de Barthes qu'après avoir rédigé cet article. *La chaîne d'or serait-elle le détail des détails ?*

> On accoutumait les vierges dans les grandes familles à respecter ces entraves comme une chose presque religieuse, et Salammbô, en rougissant, roula autour de ses jambes les deux tronçons de la chaîne d'or (p. 212).

Il s'agit donc d'un *Kosmos* (ordre, ornement), c'est-à-dire d'un ornement qui précisément n'est pas purement ornemental. En fait, comme nous le rappelle l'historien de l'art hindou, Amanda Coomaraswamy, la notion même du « purement ornemental » n'est qu'une dégradation moderne de la fonction première de l'ornement qui est toujours et partout d'ordre magique et métaphysique. Aussi se propose-t-il, dans son article sur l'ornement, de démontrer que : « ... la plupart de ces mots qui comportent pour nous la notion de quelque chose d'accessoire et de luxueux qui est surajoutée aux choses utiles mais non essentielle à leur efficacité, impliquait à l'origine un parachèvement ou accomplissement de l'objet d'art ou de tout autre objet ; [que] décorer un objet ou une personne signifiait à l'origine doter cet objet ou cette personne de ses « accidents nécessaires », en vue de son fonctionnement « propre » »[15].

Ce n'est pas un hasard si, dans sa glose du roman, Sainte-Beuve évoque cette chaînette sur un ton de souverain mépris ; ainsi, en parlant de la première apparition de Salammbô au milieu du festin, il dit : « Elle descend donc au milieu des Barbares, marchant à pas réglés et même un peu gênés à cause de *je ne sais quelle chaînette d'or qu'elle traîne entre ses pieds* » (CHH, p. 417 ; je souligne). Ce mépris n'étonne guère de la part d'un critique qui, comme nous l'avons vu, affiche son manque d'intérêt pour le personnage de Salammbô. Le cas de l'auteur de la notice si souvent citée est plus complexe : tout en avouant son manque d'intérêt pour Salammbô, il s'intéresse, lui, à sa chaînette. Faisant allusion à la scène où Hamilcar, voyant sa fille revenir avec le zaïmph, remarque que la chaînette est rompue, Bardèche écrit : « ... il ne nous reste plus qu'à considérer avec perplexité, comme Hamilcar, la chaînette brisée entre les chevilles de Salammbô, à laquelle on donnera toutes les significations qu'on voudra » (CHH, p. 25). La solution de continuité de la chaînette ouvre le texte au pluriel des interprétations ; c'est la brèche par laquelle l'herméneute pénètre dans le texte, comme par effraction. Dommage, alors, que le même critique qui ait, le premier, pressenti tout l'intérêt que présente la chaînette rompue se sente contraint, quelques pages plus loin, de colmater la brèche et de stopper ainsi le jeu des interprétations : « La

---

15. Ananda K. COOMARASWAMY, *Figures of Speech or Figures of Thought : Collected Essays on the Traditional or « Normal » Views of Art*, Second Series, Londres, 1946, p. 86. Je traduis.

chaînette brisée aux chevilles de Salammbô est, certes, pour Flaubert, un symbole aussi clair que les débris de papier qu'on jette dans *Madame Bovary*, en baissant la vitre du fiacre. Ces « signes » étaient bien compris du public... Ils paraissent un peu pâles et singulièrement timides aux lecteurs d'aujourd'hui » (CHH, p. 37). Il me semble au contraire — mais il est vrai que je suis une lectrice et non un lecteur, et fille d'orfèvres de surcroît ! — que cette chaînette donne un singulier relief à l'énigme centrale de ce récit que Rousset a, à juste titre, qualifié d' « énigmatique », à savoir : que s'est-il passé sous la tente[16] ? Or, ce qui importe, ce n'est bien sûr pas de découvrir ce qui s'est *vraiment* passé sous la tente, mais de donner plein jeu à l'incertitude qui pèse sur l'événement central de l'histoire. Ce qu'il faut re-marquer c'est que ce roman s'organise — et ce, dès les premières ébauches — autour d'une scène de défloration interrompue, autour d'un *hymen*, au double sens que donne Derrida à ce mot :

> L'hymen, consommation des différents, continuité et confusion du coït, mariage, se confond avec ce dont il paraît dériver : l'hymen comme écran protecteur, écrin de la virginité, paroi vaginale, voile très fin et invisible, qui, devant l'hystère, se tient *entre* le dedans et le dehors de la femme, par conséquent entre le désir et l'accomplissement. Il n'est ni le désir ni le plaisir, mais entre les deux... Avec toute l'indécidabilité de son sens, l'hymen n'a lieu que quand il n'a pas lieu, quand rien ne se passe *vraiment*...[17].

Qu'est-ce à dire ? Comment serait donc un texte « assujetti » à la « loi » ou à la « logique » de l'hymen ? Ce serait — c'est Derrida qui le dit — un texte pervers : « Rien n'est plus vicieux que ce suspens, cette distance jouée, rien n'est plus pervers que cette pénétration déchirante, qui laisse un ventre vierge »[18]. Or, cette perversion vient comme doubler, quand ce ne serait se confondre avec la perversion type que constitue le fétichisme, à la fois pour Freud et pour Lacan. En effet, à lire l'essai de Freud sur le fétichisme à la lumière de « La double séance » ou des remarques que Derrida lui consacre dans *Glas*, on comprend que le célèbre clivage du fétichiste, de celui qui dit de

---

16. Jean ROUSSET, Positions, distances, perspectives dans *Salammbô*, *Poétique*, 6, 1971, 154. On pourrait m'objecter que tout ce que Flaubert occulte dans la scène sous la tente (chap. XI), il le donne à voir dans la scène où Salammbô s'enlace avec le serpent (chap. X). Il suffirait de superposer ces deux scènes pour lever le mystère, pour ne pas dire la censure. A cela je répondrai que ce qui importe c'est, au contraire, le stratagème mis en œuvre par Flaubert pour échapper à la censure, à savoir le jeu de la différence. La « précaution oratoire » (CHH, p. 477) de Flaubert produit une série d'effets d'après-coup qui font basculer les événements dans l'incertitude.

17. Jacques DERRIDA, La double séance, *La dissémination*, Paris, 1972, p. 241.

18. *Ibid.*, p. 245.

la castration, selon la formule d'Octave Mannoni, « je sais bien, mais quand même »[19], est comme le paradigme de l'indécidabilité. Pour le fétichiste, la femme est châtrée sans l'être, ce que Freud énonce ainsi : « Il n'est pas juste de dire que l'enfant ayant observé une femme a sauvé, sans la modifier, sa croyance que la femme a un phallus. Il a conservé cette croyance mais il l'a aussi abandonnée... »[20].

La scène sous la tente serait à lire comme une espèce de scène primitive du fétichisme, car s'y donne à voir le rapport intime et originel qui existe entre le fétiche et le brillant, entre l'indécidable et l'ornemental. Rappelons pour mémoire que, dans l'essai de Freud, il est question d'un certain jeune homme, « qui avait érigé comme condition de fétiche un certain « brillant sur le nez » ». Or, selon Freud : « L'explication surprenante en était le fait qu'élevé dans une nursery anglaise, ce malade était ensuite venu en Allemagne où il avait totalement oublié sa langue maternelle. Le fétiche dont l'origine se trouvait dans la prime enfance ne devait pas être compris en allemand mais en anglais ; le « brillant sur le nez » [*Glanz auf der Nase*] était en fait un « regard sur le nez » [*glance at the nose*] »[21]. Pour séduisante qu'elle soit, l'explication de Freud, comme l'a bien montré Guy Rosolato, a l'inconvénient d'escamoter l'allemand au profit de l'anglais, occultant ainsi le lien entre ce qui est fétichisé et ce qui brille, lien qui, toujours selon Rosolato, s'origine dans le *gland*, dont le signifiant insiste dans le verbier de ce jeune homme :

> Il faut donc reprendre l'indication de tout à l'heure, avec le mot occulté, pour trouver dans le *gland* même, dans l'organe, l'initial brillant tégumentaire, mais justement atteint au sommet de l'érection, hors de toute enveloppe, apparaissant. Arrêtons-nous à ce point pour marquer combien il se doit pour le fétichiste de trouver ce miroitement, témoin de celui de son désir...[22].

Or, dans la scène sous la tente, lorsque Mâtho contemple Salammbô, il est fasciné — et notons en passant qu'en latin *fascinum* signifie membre viril — par un certain miroitement : « Elle avait pour pendants d'oreilles deux petites balances de saphir supportant une perle creuse, pleine d'un parfum liquide. Par les trous de la perle, de moment

19. Octave MANNONI, *Clefs pour l'imaginaire*, Paris, 1969, pp. 9-33.
20. Sigmund FREUD, Le fétichisme, trad. Denise BERGER, *La vie sexuelle*, Paris, 1969, pp. 134-135.
21. *Ibid.*, p. 133.
22. Guy ROSOLATO, Le fétichisme dont se « dérobe » l'objet, *Nouvelle Revue de Psychanalyse*, 1970, p. 36. Nous ne pouvons qu'indiquer au passage le rapport qu'établit Rosolato entre le fétiche et la perspective ; v. surtout p. 38.

en moment, une gouttelette qui tombait mouillait son épaule nue. Mâtho la regardait tomber »[23] (p. 207).

Le fétichisme de Flaubert n'est, bien sûr, depuis un certain temps plus à démontrer. Ce qui reste à étudier, ce sont ses manifestations dans leur spécificité, car il est de la nature du fétiche d'être comme la lettre volée, à la fois parfaitement visible et totalement ignoré : « Le fétiche, dans sa signification, n'est pas reconnu par d'autres, c'est pour-quoi on ne le refuse pas, il est facilement abordable... » (p. 135). Or, à interroger la spécificité de la chaînette, il apparaît que son éclat tend à masquer sa fonction, qui est de lier les chevilles de Salammbô. A y regarder de près, il apparaît que la chaînette relève d'un type très particulier de fétiche signalé par Freud en fin d'article, il s'agit des pieds bandés des Chinoises. « On pourrait voir une autre variante du fétichisme... dans cet usage chinois de commencer par mutiler le pied de la femme puis de vénérer comme un fétiche ce pied mutilé » (p. 138). C'est peut-être le moment de noter que, lorsque Flaubert compare Salammbô à une statue montée sur un piédestal, il faut le prendre, si j'ose dire, au pied de la lettre. Des chevilles liées de Salammbô aux pieds bandés des Chinoises, il n'y a qu'un pas à faire, ce qui explique, du moins en partie, la vénération dont elle est l'objet. Lorsque Froehner traitait *Salammbô* de « *carthachinoiserie* » (CHH, p. 384), il ne savait pas si bien dire !

Ce n'est donc sûrement pas un hasard si, de tous les détails dans *Salammbô*, ce soit le détail de la chaînette qui ait attiré et retenu mon attention : il y a va du sort du personnage féminin en régime fétichiste, régime qui offre certaines ressemblances avec le régime féodal dont traite Julia Kristeva dans *Des Chinoises* :

> Commentant cette coutume des « pieds bandés », Freud y voit le signe de la castration de la femme que la civilisation chinoise est la seule à avoir avouée. Si on entend par « castration » la néces-sité d'une certaine exclusion pour qu'un ordre socio-symbolique se constitue, le dé-coupage d'une partie de l'ensemble pour que l'en-semble se constitue comme tel, comme une alliance homogène, il est intéressant de constater que pour la civilisation chinoise féodale cet « en-trop » se trouve du côté des femmes. S'agit-il sim-plement du savoir que la femme n'a pas de pénis ? Mais alors, l'insistance qu'on met à le marquer par des signes supplémentaires (la mutilation du pied) tend à prouver qu'on n'en est pas si sûr que ça, et qu'en tout cas le doute persiste[24].

23. Cf. FLAUBERT, *Madame Bovary*, Paris, Ed. Garnier-Flammarion, 1966, p. 38. En effet, à superposer ce passage de *Salammbô* sur la célèbre description de la casquette de Charles Bovary, on voit se dessiner on ne peut plus clairement le réseau fétichique qui relie le gland, l'or et le brillant.

24. Julia KRISTEVA, *Des Chinoises*, Paris, 1974, p. 91.

Ce texte de Kristeva nous est doublement précieux, car il marque, d'une part, l'enjeu politique de la castration, de l'autre, le doute que trahit le supplément du fétiche. En effet, le destin de Salammbô témoigne d'une façon éclatante de la menace que constitue le doute instancié par la fille pour l'ordre socio-symbolique incarné par le père. Pour Hamilcar — comme pour le critique — le doute est, à proprement parler, insoutenable. Or, dès son retour à Carthage, Hamilcar apprend les bruits qui courent sur la visite nocturne que Mâtho a rendue à Salammbô. Aussi les retrouvailles du père et de la fille ont-elles lieu sous le signe du doute, doute qu'Hamilcar n'est pas prêt de lever puisqu'il a juré devant les Cent du Conseil qu'il ne parlerait pas de cet incident à Salammbô : « Hamilcar combattait l'envie de rompre son serment. Il le tenait par orgueil, ou *par crainte d'en finir avec son incertitude* : et il la regardait en face, de toutes ses forces, pour saisir ce qu'elle cachait au fond de son cœur » (p. 142 ; je souligne). Plus loin, tout comme le critique pressé de ramener le signe énigmatique dans la bonne voie de l'interprétation, Hamilcar se hâte de ramener sa fille errante sous sa coupe : il passera en un clin d'œil du constat de la rupture de la chaînette aux fiançailles de sa fille avec Narr'Havas : « Ses yeux se portaient alternativement sur le zaïmph et sur elle, et il remarqua que sa chaînette était rompue. Alors, il frissonna, saisi par *un soupçon terrible*. Mais reprenant vite son impassibilité, il considéra Narr'Havas obliquement, sans tourner la figure » (p. 217 ; je souligne).

En allant chez Mâtho, en se soumettant à ses caresses, en laissant rompre la chaînette, Salammbô enfreint le contrat social qui l'assujettit à la loi du père, car, insistons bien là-dessus, pour la femme, et surtout pour la fille, le rapport à la ville dans le sens de la *polis* est entièrement médiatisé par le père (ou par des instances paternelles, tel le prêtre Schahabarim). Parler de la femme et de la ville, voire parler de la femme dans la cité antique, c'est toujours d'une manière ou d'une autre parler du rapport père/fille. Ce n'est donc pas un hasard si la première personne que Salammbô rencontre en quittant Mâtho est le vieux Giscon, qui la maudit en ces termes hautement significatifs :

> — « Ah ! j'étais là ! s'écria-t-il. Je t'ai entendue râler d'amour comme une prostituée ; puis il te racontait son désir, et tu te laissais baiser les mains ! Mais, si la fureur de ton impudicité te poussait, tu devais faire au moins comme les bêtes fauves qui se cachent dans leurs accouplements, et ne pas étaler ta honte jusque sous les yeux de ton père ! » (p. 214).

Il n'en reste pas moins que dans le bref intervalle qui sépare la scène sous la tente de Mâtho de celle sous la tente d'Hamilcar, Salammbô jouit d'une rare liberté, liberté qui se traduit par une mobilité qui jure avec son hiératisme habituel :

> Elle *jeta* le zaïmph autour de sa taille, ramassa *vivement* ses voiles, son manteau, son écharpe. — « *J'y cours !* » s'écria-t-elle ; et, s'échappant, Salammbô disparut (p. 214).
> Elle prit avec ses dents le bas de sa robe qui la gênait, et, en trois *bonds*, elle se trouva sur la plate-forme (p. 215).
> Elle *sauta* vite à bas de son cheval (p. 217).

Vu le déchaînement d'énergie produit par la rupture de la chaînette et du contrat social qu'elle représente — car le décoratif et le décorum sont à l'origine inséparables — il n'est guère surprenant de constater que la réinscription de Salammbô dans le circuit de l'échange symbolique va de pair avec la remise en place de son carcan, et se solde par son réenchaînement : « On attacha leurs pouces l'un contre l'autre avec une lanière de bœuf » (p. 218).

Toutefois, comme Hamilcar ne tarde pas à le découvrir, il n'est pas si aisé d'enrayer le doute et le désordre semés par sa fille. Même après les fiançailles, Hamilcar ne cesse d'interroger sa fille sur ce qui s'est vraiment passé sous la tente, mais il se heurte au silence énigmatique de Salammbô :

> ... le suffète revenait toujours à Mâtho, sous prétexte de renseignements militaires. Il ne comprenait rien à l'emploi des heures qu'elle avait passées dans la tente. En effet, Salammbô ne parlait pas de Giscon... Elle disait que le schalischim paraissait furieux, qu'il avait crié beaucoup, puis qu'il s'était rendormi. Salammbô n'en racontait pas davantage, par honte peut-être, ou bien par un excès de candeur faisant qu'elle n'attachait guère d'importance aux baisers du soldat (p. 247).

Ce n'est que dans le dernier chapitre que le travail de renouement sera parachevé, et le doute tenu en échec, sinon conjuré. Tout se passe comme si la chaînette s'était démultipliée, jusqu'à engainer le corps entier de Salammbô ; le personnage féminin est devenu de cap en pied ornemental, « *phallus parfait au désir pervers* »[25], selon l'expression de Jean Baudrillard.

> *Des chevilles aux hanches*, elle était *prise dans un réseau de mailles étroites* imitant les écailles d'un poisson et qui *luisaient* comme de la nacre... Elle avait une coiffure faite avec des plumes de paon *étoilées de pierreries* ; un large manteau, blanc comme de la neige,

---

25. Jean BAUDRILLARD, *Pour une critique de l'économie politique du signe*, Paris, 1972, p. 104.

retombait derrière elle — et les coudes au corps, *les genoux serrés*, avec des cercles de diamants au haut des bras, elle restait *toute droite*, dans une *attitude hiératique* (p. 306).

Mais ceci n'est pas le dernier avatar de Salammbô. Peu après cette apothéose de la femme-statue, de la femme enchaînée, Salammbô s'écroule comme foudroyée. Ce déboulonnement se situe immédiatement après la mutilation du cadavre de Mâtho par le prêtre Schahabarim :

> Salammbô se leva comme son époux, avec une coupe à la main, afin de boire aussi. Elle retomba, la tête en arrière, par-dessus le dossier du trône — blême, raidie, les lèvres ouvertes — les cheveux dénoués pendaient jusqu'à terre (p. 311).

De toutes les morts dites littéraires (comme s'il y en avait d'autres) dans l'œuvre de Flaubert, la mort de Salammbô est, de loin, la plus spectaculaire, la plus théâtrale et peut-être la moins commentée. Et pourtant la clausule de *Salammbô* — « Ainsi mourut la fille d'Hamilcar pour avoir touché au manteau de Tanit » *(ibid.)* dit bien l'importance que Flaubert accorde à la *manière* dont meurt Salammbô. Les commentateurs, toujours pressés de découvrir ce qui se cache derrière le manteau de Tanit, n'ont pas donné plein jeu au mot « ainsi ». Or, à la lumière de l'analyse qui précède, il me semble que le détail privilégié dans la description de cette mort peu naturelle, ou mieux, peu naturalisée, c'est le dénouement des cheveux. Nous savons que la chevelure est un lieu du corps hautement prisé par le fétichiste. Par ailleurs, comme le note Coomaraswamy : « Le fait de mettre les cheveux en ordre a toujours partie liée avec le décorum... »[26]. Aussi pourrions-nous remarquer que, dans la description de la reine de Saba dans *La Tentation de saint Antoine*, nous retrouvons la chaîne d'or, mais déplacée vers le haut, le long de l'axe vertical : « Une chaîne d'or plate, lui passant sous le menton, monte le long de ses joues, s'enroule en spirale autour de sa coiffure, poudrée de poudre bleue, puis, redescendant, lui effleure les épaules et vient s'attacher sur sa poitrine à un scorpion de diamant, qui allonge la langue entre ses seins »[27].

Si, comme nous le croyons, il faut attribuer la même valeur symbolique ou plutôt sémiotique au dénouement des cheveux qu'à la rupture de la chaînette, que signifie donc le dénouement de *Salammbô* ? Afin de répondre à cette question, il faut maintenant revenir à la clausule et tout particulièrement au syntagme qui suit le « ainsi mourut », soit la périphrase, « la fille d'Hamilcar ». Car, à rabattre la clausule sur l'incipit — « C'était à Mégara, faubourg de Carthage, dans les jardins d'Hamilcar »

---

26. COOMARASWAMY, art. cit., p. 64.
27. FLAUBERT, *La Tentation de saint Antoine*, Paris, Ed. Garnier-Flammarion, p. 63.

(p. 28) — on s'aperçoit que, dans les deux cas, qu'il s'agisse des jardins ou de la fille d'Hamilcar, il est question du père en tant que propriétaire. Nous sommes dans l'empire du père — ou, du moins, sous l'emprise de la fonction paternelle — et, de même qu'Emma est avant tout la femme de Charles, Salammbô est avant tout la fille d'Hamilcar. Aussi sa mort ne fait-elle que confirmer l'hégémonie de la loi du père : car, *si* Salammbô meurt « pour avoir touché au manteau de Tanit » (je dis *si*, car aucune instance narratrice ne prend en charge cette explication), cela revient à dire qu'elle meurt pour avoir violé un tabou, et le tabou, Freud l'affirme à plusieurs reprises, ressortit à la volonté du père. Mais — et c'est ici qu'entre en jeu le détail de la chevelure dénouée — de par sa mort extravagante, Salammbô subvertit l'ordre patriarcal : non seulement elle meurt en bafouant les bienséances, mais en mourant le jour de ses noces, elle oppose une fin de non-recevoir au rôle d'objet de valeur et d'échange que lui assignent son père et la phallo-théocratie qu'il représente.

Sacrifice qui marque le retour à l'ordre dans la cité, et/ou *deus ex machina* qui apparente la fille d'Hamilcar à celle d'Agamemnon, la mort de Salammbô nous intéresse surtout par son invraisemblance qui révèle les rouages du texte ornemental. En effet, aucun romancier français du XIXe siècle n'est allé plus loin que Flaubert dans la mise à nu de la fonction du protagoniste féminin : puisque Salammbô n'existait pas, il a fallu l'inventer, car le texte ornemental se tisse à partir de tout un jeu extrêmement serré de liaison et de déliaison d'énergie féminine. La fameuse immobilité de Salammbô n'est qu'un effet de surface qui recouvre une mouvance qui est de l'ordre du désir féminin ; l'enchaînement de Salammbô est la rançon du glacis de l'œuvre qui porte son nom et cet enchaînement n'est pas stable. Or, une fois le roman écrit, la source de l'énergie captée par le texte ornemental devient sacrifiable[28].

Revenons, en guise de conclusion, à notre point de départ : la question de la perspective. Il pourrait sembler qu'en privilégiant le détail de la chaîne nous n'avons fait que suivre le parcours perceptif que trace Flaubert dans la *Correspondance* lorsqu'il écrit : « Le détail vous saisit et vous empoigne et plus il vous occupe moins vous saisissez l'ensemble ; puis, peu à peu, cela s'harmonise et se place de soi-même avec toutes les exigences de la perspective »[29]. Il n'en est rien : dans ce qui précède, il ne s'agit nullement de ramener *Salammbô* sous le régime de la perspective qui depuis la Renaissance ordonne l'observation. Il s'agit au contraire de valoriser positivement ce qui, pour Sainte-Beuve,

28. Cf. l'analyse que fait Jacques NEEFS de l'usure du zaïmph, *in* « Le parcours du zaïmph », *La production du sens chez Flaubert : Colloque de Cerisy*, Paris, 1975, p. 231.
29. FLAUBERT, *Correspondance*, II, p. 148.

Froehner et même pour Flaubert, constitue le principal défaut de *Salammbô* : le manque d'un point de vue extérieur privilégié. A la multiplication des perspectives *dans Salammbô* — si bien étudiée par Rousset — répond désormais la multiplication des perspectives *sur Salammbô*, c'est-à-dire sur Carthage. Car, dans le discours philosophique moderne, le « perspectivisme » a partie liée avec la ville, comme le montre bien cette citation de Nietzsche : « C'est une autre ville qui correspond à chaque point de vue, chaque point de vue est une autre ville »[30]. De nos jours, donc, il s'agit non de détruire, mais de déconstruire Carthage, ce qui est peut-être la seule manière de la sauver.

---

30. Cité par Vincent DESCOMBES, in *Le même et l'autre : quarante-cinq ans de philosophie française (1933-1978)*, Paris, 1979, p. 220.

DÉBAT

J. FAVIER. — En entendant de la bouche de Mme Schor tant d'observations sur le rôle de la ville, je me demandais s'il ne faut pas faire intervenir un nouveau personnage : l'Etat.

Autrement dit, une ville peut être la ville-père, père dont on parle et qui revient, alors qu'ailleurs on part de la femme et on y revient. L'une de ces villes intervient comme personnage politique, et non pas seulement comme pierre et espace.

Je vais vous livrer ce thème de réflexion, qui est aussi une question : est-ce que finalement, cette ville-père, cette ville piédestal, cette ville essentielle, puisque, vous le disiez, Madame, à bien des égards la femme est ici l'accessoire, ce n'est pas la *ville Etat*, c'est-à-dire la ville-personne (interlocuteur, adversaire) ? Alors que l'autre ville, celle dans laquelle se meut l'homme en quête, ou la femme en quête (puisque vous nous avez montré, Mme Fairlie, qu'il y avait aussi la quête inverse, et que la femme, aussi, était en quête de l'être aimé dans la ville), c'est une ville-obstacle.

Une société qui est déjà postindustrielle commence à découvrir un Paris inhumain. Il ne s'agit pas des « embarras de la ville » ; on en parlait du temps de Boileau, et les embouteillages du temps de Saint Louis étaient célèbres. Mais la ville devient inhumaine par le fait de la révolution industrielle du XIXᵉ siècle, et les écrivains en font la lente découverte.

R. GENETTE. — Je voudrais revenir à un aspect de la ville-père. Dans l'exposé de Mme Schor, qui a souligné que tous les détails étaient absolument essentiels, il m'a cependant manqué un détail. Il s'agit d'un eunuque. Il fait partir Salammbô, il aide Salammbô. C'est Schahabarim. Comment définissez-vous ce personnage, comment le placez-vous par rapport aux relations entre le père et la fille ?

N. SCHOR. — Pour moi, je le range très nettement, après de très longues réflexions, du côté du père ; il me semble que c'est une autre assistance paternelle, un peu spéciale, bien sûr. Schahabarim est celui qui envoie Salammbô dans les bras de Mâtho ; en ce sens, je devrais dire que Salammbô manque un peu d'initiative ; elle a besoin de ce « declinator » pour lui donner cette mission. Il me semble qu'à tous points de vue Schahabarim est là pour donner, avoir la castration. Je l'ai laissé de côté, parce que cela m'aurait emmenée trop loin. Par exemple, dans la scène finale, lors de cette espèce d'attraction sur le cadavre de Mâtho, que fait-il ? Il prend sa spatule d'or — encore l'or ; il arrache le cœur. Ce n'est pas tout à fait la même chose que le phallus ; mais le geste entre dans tout le système des coupures.

Je ne le vois pas comme une figure hermaphrodite, non. Dans l'esprit de Flaubert, il y a un certain doute, peut-être. Mais pour moi, il est du côté du père, et *des pères*.

R. Genette. — On ne peut pas dire à la fois que Schahabarim enfreint la loi du père, et que Schahabarim, c'est la délégation du père. Il y a une contradiction.

N. Schor. — Comme je le disais à propos de la conclusion, ce ne serait pas la première fois que Flaubert se contredirait. Par exemple, Schahabarim a la mission d'aller chercher Salammbô, mais en même temps, quand il revient et croit comprendre ce qui s'est passé, il est furieux et jaloux. Il y a ambivalence, en lui, très nettement.

A. Fairlie. — Et la question de la religion, là-dedans ?

N. Schor. — Là, j'aurais toute une autre espèce de développement à faire sur le rite du sacrifice dans *Salammbô*. Je le vois comme l'agent de ce rite du sacrifice, que j'analyserai dans la perspective de la violence et du sacré. Je crois que le sacré est très important dans *Salammbô*, et il est très important sur ce plan-là. Salammbô est, entre autres, une victime. C'est un rôle qui revient très souvent aux personnages féminins. Elle est la victime ultime. Vers le milieu du roman, l'effondrement est proche et le palais d'Hamilcar est encerclé. On cherche une victime. Quand il s'agit d'Annibal, Hamilcar trouve une victime de rechange. Pour Salammbô, il n'y a pas de victime de rechange : Salammbô doit mourir. En dépit de l'hermaphrodisme qui apparaît, il me semble que c'est la religion du soleil qui l'emporte.

Mme Bal (Utrecht, Pays-Bas). — Je voudrais demander à Mme Fairlie si, à son avis, il n'y a pas deux types de courses dans la ville, la course intentionnelle, et la course folle, la course qui est plutôt un refus, qui est négative. Je ferai volontiers une opposition entre les courses intentionnelles de l'homme (vers la gloire, à la recherche d'un être échappé) et, d'un autre côté, la course folle, féminine, qui serait plus une fuite, et qui serait dominée par le hasard.

A. Fairlie. — C'est une distinction importante, mais je dirais plutôt que presque toujours la course intentionnelle se termine par une course folle.

J.-L. Douchin. — A propos de l'intervention de Mme Fairlie, je voudrais souligner la diversité des tons employés dans les différents textes. Il apparaît de toute évidence qu'en ce qui concerne la quête de Félicité le ton est tragique, car l'ironie n'existe pas dans *Un cœur simple*. Par contre, lorsqu'on passe à la quête de Frédéric recherchant Regimbart, ou à Léon qui erre dans la cathédrale de Rouen avec Emma, on retrouve à ce moment-là le ton ironique qui caractérise effectivement *Madame Bovary* comme *L'Education sentimentale*. C'est le ton héroïco-satirique.

Le hasard joue un rôle fort considérable dans les romans de Flaubert. Il le traite soit en tragique, soit (plus souvent, à mon sens) en dérision.

A. FAIRLIE. — Je suis d'accord sur les variations entre les différents tons. La tonalité n'est pas purement tragique ni purement comique ; c'est un mélange ; je vous remercie de l'avoir souligné.

G. BONACCORSO (Université de Messine). — Je voudrais demander à Mme Schor si elle a pris en considération les notes de voyage de Flaubert en Orient. Dans une lettre à Sainte-Beuve, Flaubert disait : « Quant à mon héroïne, je ne la défends pas, car je n'ai pas eu moyen de contacter selon mon désir la femme orientale. » Dans son souci de faire vrai — principe de toute sa création —, Flaubert s'est trouvé là en grand embarras, puisqu'il n'avait pas l'élément qui aurait garanti le modèle de son héroïne.

Je crois d'autre part que le texte nous dit clairement quelque chose, et ce point me semble contradictoire avec votre thèse : c'est que Salammbô se rend à la tente de Mâtho, sur l'ordre de Schahabarim ; mais elle ne sait pas ce qu'elle doit faire. C'est Schahabarim qui le lui dit : « Et après, laisse-le faire. » Cela présuppose, à mon avis, que Salammbô est ignorante en matière sexuelle. Supposition un peu invraisemblable psychologiquement, je vous l'accorde ; mais c'est ce que nous dit le texte.

N. SCHOR. — Quand vous dites que Flaubert n'a pas pu faire vrai parce qu'il n'avait pas de modèle oriental, je ne suis pas tout à fait d'accord : il a connu des femmes orientales. Mais, d'autre part, il avait cette idée que la femme orientale était l'hyperbole de l'énigme féminine. Et cela, c'est un cliché de la représentation de la femme au XIXe siècle. C'est un aspect du roman que j'ai laissé de côté parce qu'il ne m'intéresse pas.

Pour ce qui est de l'ignorance sexuelle de Salammbô, je crois que nous entrons dans une discussion sans fin parce que, en réalité, c'est un trait sur lequel on ne peut vraiment pas savoir grand-chose. Sainte-Beuve, qui n'est pas toujours très juste pour Salammbô comme vous venez de le rappeler, a l'air de croire au contraire qu'elle était au courant et savait très bien où elle voulait en venir. Pour nous en tenir au texte, évoquons cette scène, dont je n'ai pas parlé, avec le serpent. Je crois que c'est une scène dont il faut tenir compte, parce qu'elle a en fait dédoublé l'initiation sexuelle.

G. BONACCORSO. — La scène du serpent, nous dit l'auteur, est un rite ; c'est quelque chose de différent.

N. SCHOR. — Flaubert ne dit pas que c'est un rite. J'ai la citation exacte, il dit que c'est une « précaution oratoire ». Ainsi détourne-t-il la censure, et la déplace-t-il en situant l'initiation dans un processus de rêve. Je crois qu'il y aurait beaucoup à discuter sur ce dédoublement. La scène avec le serpent, finalement, a l'air d'être plus explicite que la scène sous-jacente, mais enfin...

G. BONACCORSO. — C'est pour cela que je vous demandais si vous aviez étudié les notes du *Voyage en Orient*, car le serpent est justement un élément oriental de la religion égyptienne, que Flaubert a vu et revu plusieurs fois dans les divers temples. La présence de l'Orient est très manifeste. Dans *Salammbô*, on ne peut pas s'en passer, à mon avis.

N. Schor. — Il ne s'agit pas de s'en passer. Les notes de voyage sont une chose ; mais on sait aussi, par de nombreux articles qui ont été écrits à ce sujet, que les sources de Flaubert sont extrêmement hétérogènes ; dans une même scène, il peut emprunter au rite oriental ou à un autre. Il ne faut pas donner le primat à l'orientalisme, à ce que Flaubert a pu voir de ses yeux. Je ne crois pas qu'il ait *vu* Salammbô, je crois qu'il a *inventé* Salammbô.

Salammbô *et la cité antique*

ALAIN MICHEL

Il s'agit ici pour moi de présenter le point de vue du latiniste. Certes, les Romains sont pratiquement absents dans *Salammbô*. Mais, surtout à l'époque de Flaubert, leur tradition, qui se manifeste dans tous les textes, est essentielle pour qui veut prendre connaissance des réalités puniques. L'Antiquité classique intervient dans le roman de trois manières principales : par l'archéologie même du savoir qu'il suppose (et précisément, c'est l'archéologie, au sens propre, qui commence ici à affirmer ses méthodes et ses exigences) ; par la politique (sans doute moins absente qu'on ne croit) ; par le langage où, dans l'histoire, l'épopée rencontre la sophistique. De tout cela naît une image plus précise qu'on ne pourrait penser : Flaubert est à mi-chemin entre Chateaubriand et *La Cité antique*.

Nous avons d'abord affaire à un roman archéologique. On connaît les prétentions de Flaubert à cet égard, ses efforts, les critiques sévères qu'il a rencontrées chez un spécialiste comme Fröhner. Que faut-il en penser ?

Nous renverrons en premier lieu à l'étude que prépare actuellement Mme Hélène Nicolet, en marge de l'exposition de la Bibliothèque nationale. Il a été possible de contrôler la réalité des séances de travail au Cabinet des Médailles. La rigueur de Flaubert et la qualité de son information ne font pas de doute. Cependant, on doit noter aussi (malgré certaines allusions) que sa documentation semble essentiellement constituée par des ouvrages en langue française et que cela peut le gêner quant à la qualité des éditions dont il se sert. De toute façon, les objections que lui adresse Fröhner ne sont pas toujours légitimes. Elles portent sur trois points. Quelquefois, il signale des confusions entre les noms des divinités. Mais l'auteur se défend efficacement en indiquant que la confusion (ou le rapprochement) existe chez les Anciens ; d'autres fois, on accuse Flaubert de mélanger dans ses reconstitutions des réalités historiques différentes, de mêler le Grec, le Punique, le Sémitique ; enfin, quelquefois le romancier recourt à l'invention pure (Flaubert ne peut le nier tout à fait à propos de sa description de l'autel des sacrifices).

En somme, nous constatons que le débat ne porte pas sur l'archéologie proprement dite (l'information de Flaubert est inattaquable) mais sur sa mise en relation avec l'imaginaire. Ici, nous pouvons nous arrêter un instant. Certes, il serait facile de répondre que l'œuvre littéraire n'a rien à voir en réalité avec les préoccupations de Fröhner. Mais tel n'est pas l'avis de Flaubert lui-même, qui tient beaucoup à l'exactitude. Il attribue sans doute à la méthode archéologique, telle qu'elle prend forme en son temps, une valeur dans sa démarche même de créateur. Nous avons à chercher laquelle.

Il me semble que l'archéologie a successivement proposé, par rapport au passé, trois attitudes possibles : elle y cherche des ruines, de l'histoire, un savoir. Des ruines, d'abord, ou des objets, pourvus d'un halo de mystère, de magie, de beauté. Je pense à la vogue des « vases étrusques » et au succès, quelque peu diabolique mais tout aussi mondain, des « antiquaires », de *La Peau de chagrin* jusqu'à nos jours. La réalité antique n'est pas aimée alors pour elle-même *in situ*, mais on la pille et on la détruit en se l'appropriant. Peu importe la destruction : on aime la ruine. La seconde attitude veut au contraire préserver le passé dans sa spécificité ; elle relève de l'histoire. Elle tend essentiellement à l'identification et entreprend une vaste comparaison entre les divers vestiges et les textes. Ce stade correspond aux années 1830 et à la période qui s'étend entre Chateaubriand et Flaubert. Les modernes vont plus loin. Ils ne s'arrêtent pas à l'identification mais ils affirment l'autonomie des sciences archéologiques. Grâce à l'accroissement progressif des connaissances, l'équilibre qui existait entre les deux types de savoir — textes et documents matériels — se trouve inversé. Nous avons désormais beaucoup plus de données archéologiques que textuelles. Il faut donc les étudier en elles-mêmes, assurer leur préservation et leur analyse, recourir par exemple à la constitution de séries, à la fouille stratigraphique, etc. Flaubert ne connaît pas encore le troisième type de recherche. Il comprend, à la différence des antiquaires, qu'il faut reconstituer le passé, le préserver, le faire revivre. Mais il ne connaît point, pour y parvenir, d'autre moyen que la rencontre directe des textes et des images. Son roman n'est pas une fouille mais une confrontation passionnée entre les récits de l'histoire et la perception sensible des objets qu'elle a laissés.

Nous ne nous étonnons point, donc, de trouver ici une archéologie de l'imaginaire. La façon dont Flaubert aborde ses objets antiques n'est point celle d'un Robbe-Grillet ou, plus anciennement, d'un Balzac : il ne les construit pas en mêlant l'analyse et la synthèse dans un inventaire minutieux, il n'est pas non plus Walter Scott (qui ressemblerait bien davantage à un archéologue moderne) mais il rêve d'abord ce qu'il voit ensuite. Sous chaque image, il y a mille récits, chaque détail est une bibliothèque. Carthage, d'abord, la cité qu'il nous décrit, est bibliothèque, nous dirions volontiers : bibliothèque de Babel, comme Borges, dont la méthode est ici la plus parfaite pour comprendre *Salammbô*. *Les Fleurs du mal* viennent de paraître et chacun sait désormais que la forme d'une ville change plus vite que le cœur d'un mortel. Il en va ainsi de Carthage, la cité antique. Pour que la ressemblance avec Borges soit plus parfaite, il suffit de rappeler l'image dominante à laquelle recourt le romancier moderne, lorsqu'il veut représenter la bibliothèque de Babel : c'est le Labyrinthe, avec le Minotaure en son centre. Hamilcar aussi visite à son retour une demeure aux étages multiples : Salammbô est en son centre, comme elle sera au centre de Carthage, du dédale de ses rues et nous savons mal si elle est Ariane ou le Minotaure lui-même...

Nous devons donc maintenant quitter les témoignages archéologiques sous leur aspect extérieur. Le vrai problème que pose notre roman est celui de l'imaginaire dans ses rapports avec la culture et la vérité. Flaubert n'a pas écrit *Le Roman de la momie*, qui donnait toute satisfaction à Fröhner. Il ne s'est pas contenté d'utiliser des connaissances acquises pour créer du pittoresque ou du merveilleux ; il ne lui a pas suffi de faire du merveilleux vraisemblable. Il a voulu au contraire trouver le vrai là où n'existe aucune connaissance certaine. Il a voulu directement imiter l'absolu de son rêve. Cela ne pouvait se faire qu'en passant par la culture. Or, elle lui révèle non un musée Grévin mais un labyrinthe (ou un luna-park) où le sensible se déforme, s'obscurcit, devient à la fois évidence et mystère. Ici encore, Flaubert retrouve les Anciens. Il le fait cette fois dans leur philosophie de la connaissance, à la rencontre du platonisme et du scepticisme.

La création littéraire, lorsqu'on l'aborde dans un tel esprit, relève en effet de la métaphysique, qui justifie seule ce que Flaubert entend par réalisme ou symbolisme. Nous devons citer ici, juste au moment où notre roman s'ébauche, la lettre à Mlle Leroyer de Chantepie du 18 mars 1857. Il s'agit d'un texte très important : Flaubert parle encore de *Madame Bovary*. Mais voici qu'il annonce, dans la même lettre, son nouveau projet. Il se trouve ainsi conduit à des réflexions sur l'impersonnalité du romancier et sur la place qu'il tient dans son œuvre :

> Et puis, l'Art doit s'élever au-dessus des susceptibilités personnelles et des affections nerveuses ! il est temps de lui donner par une méthode impitoyable, la précision des sciences physiques ! La diffi-

culté capitale, pour moi, n'en reste pas moins le style, la forme, le
Beau indéfinissable *résultant de la conception même* et qui est la
splendeur du Vrai, comme disait Platon.

Flaubert platonicien ? Nous allons devoir discuter la portée de cette
citation. Mais nous voyons dès maintenant que, chez lui, la « conception »
(qui se confond sans doute avec l' « Idéal ») est indépendante par rapport
à la « précision » physique, qu'elle lui est supérieure même. Une autre
lettre à la même correspondante, du 18 mai, va nous apporter des indications complémentaires :

> J'ai joué avec la démence et le fantastique comme Mithridate avec
> les poisons. Un grand orgueil me soutenait et j'ai vaincu le mal à
> force de l'étreindre corps à corps. Il y a un sentiment ou plutôt une
> habitude dont vous semblez manquer, à savoir l'*amour de la contem-
> plation*. Prenez la vie, les passions et vous-même comme un *sujet* à
> exercices intellectuels (...). Comment pouvons-nous, avec nos sens
> bornés et notre intelligence finie, arriver à la connaissance absolue du
> vrai et du bien ? Saisirons-nous jamais l'absolu ? Il faut, si l'on veut
> vivre, renoncer à avoir une idée nette de quoi que ce soit. *L'humanité
> est ainsi*, il ne s'agit pas de la changer, mais de la connaître (...). Mais
> il y a dans l'*ardeur de l'étude* des joies idéales faites pour les nobles
> âmes. Associez-vous par la pensée à vos frères d'il y a trois mille ans ;
> reprenez toutes leurs souffrances, tous leurs rêves, et vous sentirez
> s'élargir à la fois votre cœur et votre intelligence ; une sympathie
> profonde et démesurée enveloppera, comme un manteau, tous les
> fantômes et tous les êtres. Tâchez donc de ne plus *vivre en vous*. Faites
> de grandes lectures. Prenez un plan d'études, qu'il soit rigoureux et
> suivi. Lisez de l'histoire, l'ancienne surtout (...). La vie est une chose
> tellement hideuse que le seul moyen de la supporter, c'est de l'éviter.
> Et on l'évite en vivant dans l'Art, dans la recherche incessante du
> Vrai rendu par le Beau. Lisez les grands maîtres en tâchant de saisir
> leur procédé, de vous rapprocher de leur âme, et vous sortirez de cette
> étude avec des éblouissements qui vous rendront joyeuse. Vous serez
> comme Moïse en descendant du Sinaï. Il avait des rayons autour
> de la face pour avoir contemplé Dieu.

L'admirable richesse de ce texte justifie notre attention. D'abord,
nous devons souligner qu'il serait vain d'en nier la sincérité. Flaubert
infléchit peut-être l'expression pour se faire mieux entendre de sa correspondante, dont l'esprit est très religieux. Mais nous allons voir que
toute sa pensée est ici présente, avec ses difficultés mêmes et ses contra-
dictions apparentes. D'autre part, nous sommes au moment où l'auteur
prend son premier contact avec la future *Salammbô*, à la source de sa
création.

En premier lieu, nous constatons qu'il reste fidèle au platonisme

artistique annoncé dans le texte précédent. Nous pouvons maintenant
en préciser la source. L'allusion au Vrai et au Beau nous fait penser à
Victor Cousin. Mais le Bien, que le philosophe joignait aux deux autres,
a disparu. Nous voyons que la référence constitue en même temps une
critique. Dans le platonisme, Flaubert met essentiellement l'accent sur
la recherche du vrai. Il est ainsi très fidèle à un des aspects essentiels
de la tradition socratique. Ce n'est point au hasard qu'il insiste sur la
contemplation. Il ouvre les voies de Proust en soulignant qu'elle se
confond d'une manière fondamentale avec l'art, qu'elle en élimine ou
rejette au second plan les aspects idéologiques. Mais le platonisme ainsi
compris ne se confond nullement avec le dogmatisme ou avec l'assurance
idéaliste. Au contraire, Flaubert insiste à la fois sur l'indépendance
absolue de la réalité vis-à-vis de la pensée et sur la faiblesse de l'esprit
humain. Toute la lettre reviendra sur la même idée : on ne peut pas
« conclure ». Il semble désormais que nous soyons très loin de Platon.
Notre auteur se réfère manifestement aux sceptiques, dont il connaît
certainement très bien la doctrine depuis qu'il a médité, à l'occasion de
saint Antoine, sur Philostrate et sur les IIe et IIIe siècles de notre ère.
Ainsi s'ébauche une contradiction : Flaubert est-il platonicien ou empi-
rique ? Va-t-il au-delà de l'apparence avec l'élève de Socrate ou s'en
tient-il à la sensation et à ses doutes avec les empiriques ? Il semble
à première vue qu'il est plus près de ces derniers. A Mlle Leroyer, il
trace un programme de lectures : Montaigne y occupe la principale place.
Les récents travaux de M. Dumont ont montré la parfaite fidélité de
Montaigne à la tradition du scepticisme authentique. Mais, si nous nous
en tenions là, nous aurions beaucoup de peine à comprendre l'importance que Flaubert attribue à la littérature : on ne trouve rien de tel
chez Sextus Empiricus, dont la manière de penser conduit plutôt à la
médecine, c'est-à-dire au père de Flaubert. Mais il existe dans la
sagesse antique une doctrine qui établit un accord entre le doute sceptique et l'idéal platonicien : c'est l'ancienne Académie, à laquelle appar-
tenait Cicéron et qui, par-delà Victor Cousin, inspire notamment Renan.
Il est tout à fait vraisemblable que Flaubert, sans le dire expressément,
adhère à une telle tradition. Elle lui permet de concilier, dans la recherche
scientifique de l'objectivité, le platonisme et le sensualisme, qui constituent effectivement les deux tendances dominantes de son temps, l'une
issue du Romantisme, l'autre du XVIIIe siècle. L'une et l'autre conduisent
à l'objectivité, au-delà de toutes les complaisances. Mais elles s'opposent
radicalement à tout positivisme sommaire, puisqu'elles récusent à la
fois le dogme et l'apparence : deux manières d'écarter Homais !

L'auteur de *La Tentation de saint Antoine*, qui a beaucoup réfléchi
sur les dogmes philosophiques dans l'Antiquité, n'ignore certainement
pas cet aspect de l'histoire des idées. Nous avons dit au demeurant qu'il

cite un autre auteur, lorsqu'il s'agit de justifier son point de vue et de proposer des lectures à Mlle Leroyer : c'est Montaigne. On sait ce qu'il doit, en même temps, à Pyrrhon et à la tradition platonicienne. Comme vient de le montrer M. Dumont dans une thèse récente, son scepticisme, fidèle à la pure tradition des empiriques, ne récuse pas le phénomène mais l'accepte au contraire dans son incertitude même, sans vouloir le soumettre à des dogmes.

Ainsi procède effectivement l'objectivité de Flaubert. Elle lui permet, nous l'avons vu, de retrouver la beauté, dont Sextus Empiricus se souciait peu (c'est le côté platonicien). Elle l'aide aussi à retrouver l'amour : tel est sans doute le plus admirable aspect du texte que nous lisons. Dès lors que nul dogme ne forme plus écran devant eux, les hommes lui apparaissent en eux-mêmes, dans leur transparence et dans leur solidarité. Contempler l'humanité, c'est éprouver de manière totale le sentiment de la communauté humaine, de la sympathie. Dans *Madame Bovary*, Flaubert avait déjà été l'un des plus grands romanciers de la compassion. Nous ne devons pas nous y tromper : il continue dans *Salammbô*. Par sa tendresse infinie pour les personnages comme par la volonté d'objectivité qui lui interdit de conclure, il se trouve ici sur le chemin de « contemplation » qui mène de ses premiers romans à *Bouvard et Pécuchet*.

Du même coup, nous allons pouvoir constater que le point de vue politique ne lui est pas étranger. Il l'aborde à sa manière, qui est complexe. Mais la lettre que nous avons citée nous l'explique clairement :

> C'est parce que je crois à l'évolution perpétuelle de l'humanité et à ses formes incessantes, que je hais tous les cadres où on veut la fourrer de vive force, toutes les formalités dont on la définit, tous les plans que l'on rêve pour elle. La démocratie n'est pas plus son dernier mot que l'esclavage ne l'a été, que la féodalité ne l'a été, que la monarchie ne l'a été. L'horizon perçu par les yeux humains n'est jamais le rivage, parce que, au-delà de cet horizon, il y en a un autre, et toujours ! Ainsi chercher la meilleure des religions ou le meilleur des gouvernements me semble une folie niaise. Le meilleur, pour moi, c'est celui qui agonise, parce qu'il va faire place à un autre.

Il me semble que ce passage, écrit au moment même où Flaubert conçoit *Salammbô*, permet de répondre à certaines objections, de fixer certains points. Il est inexact qu'il ait composé son roman dans l'unique intention de fuir son temps ou de marquer son mépris de la politique. Mais l'objectivité sceptique et idéale qu'il professe lui interdit de prendre parti.

De fait, notre lettre montre qu'il connaît les opinions des théoriciens antiques sur les constitutions politiques. Le principal d'entre eux était Aristote, nous savons qu'il l'avait lu, ainsi que le livre VI de

Polybe. Celui-ci décrit Carthage comme une constitution mixte, oligar-
chique et démocratique à la fois, qui doit sa ruine à son incapacité de
régler toute seule les problèmes militaires. Elle se met ainsi dans la
main de ses mercenaires et cela suscite deux types de problèmes :
d'une part, elle s'entend difficilement avec les généraux aristocratiques
qui commandent ses soldats ; d'autre part, puisqu'elle dépend ainsi
des barbares, le problème de la civilisation se pose et les marchands
sans âme qui constituent l'oligarchie punique se trouvent mal placés
pour le résoudre. Flaubert établit aussi un lien entre les révoltes de
mercenaires et les révoltes d'esclaves, qui intéressèrent en effet beaucoup
les historiens jusqu'à l'époque de Spartacus.

Nous avons ici une parfaite mise en œuvre de l'enseignement fourni
dans l'Antiquité par la philosophie politique. Elle revient au premier
plan aujourd'hui. On la connaissait beaucoup moins au XIXᵉ siècle. Il
faut excepter toutefois Victor Cousin et Fustel de Coulanges. Flaubert
se situe entre eux, nous aurons l'occasion de le souligner encore dans
un instant. Aristote et Polybe proposaient à la fois une lecture politique
de leurs époques et une analyse de typologie philosophique, qui les
dépassait. Il en va de même au temps de Flaubert. Assurément, nous
sommes dans la période où « le règne des affaires » permet de songer aux
grandeurs et aux défauts de la ploutocratie : il est amusant de constater
à quel point Flaubert est imprégné de la pensée antique. Fröhner le lui
reproche indirectement, en le blâmant d'avoir décrit une Carthage
couverte d'or et de pierreries ; on était en période de crise économique,
de restrictions : il faut se représenter une cité austère, régie par des
bourgeois économes. Le monde de Fröhner est moderne, protestant,
weberien avant la lettre ; la cité de Flaubert est le symbole du pouvoir
de l'or, non de ses vertus ou de ses masques. L'hypocrisie n'est guère
étudiée par les auteurs antiques, si l'on excepte Tacite...

Naturellement, la méthode adoptée interdit de poser les problèmes
modernes de l'industrie. Flaubert se borne à évoquer, comme un conflit
de désirs, la rencontre de la ville et des barbares qui l'enveloppent,
dans le désert. Il condamne le peuple au même titre que les riches qui
le gouvernent. Et la monarchie ? Hamilcar, élu par la peur, présente
un singulier type de tyran. A qui pense Flaubert ? Une curieuse phrase
de 1846 permet de répondre :

> Je déteste la tyrannie moderne parce qu'elle est bête, faible et
> timide mais j'ai un culte profond pour la tyrannie antique que je
> regarde comme la plus belle manifestation de l'homme qui ait été
> (*Corr.*, Conard, I, 1846, p. 114).

Sans insister davantage, on doit souligner la passion de Flaubert
pour l'aristocratisme authentique. Après 1870, dans sa célèbre corres-

pondance avec George Sand, il le placera dans le culte des lettres et la supériorité du savoir. Je croirais volontiers qu'Hamilcar, l'homme qui revient de la mer, qui a voyagé, dont le palais, semblable à la tour de Babel, renferme les richesses de toutes les nations, dont la fille connaît les mystères des dieux, est un de ces bibliothécaires... Au demeurant, sa bibliothèque renferme surtout des marchandises. Il est le tyran guerrier au service du commerce, cette forme moderne et pervertie de la connaissance du monde.

Il est aussi au service de la mort. Rappelons-nous la phrase que nous citions tout à l'heure : « le meilleur (gouvernement), pour moi, c'est celui qui agonise... ». Flaubert nous a décrit l'agonie de Carthage. Il proposait ainsi la description d'une décadence. Voici encore une notion essentielle pour les Anciens, attachée, depuis Platon, Aristote, Polybe, à leur conception de la cité. Flaubert la reprend à son compte et il annonce les futures obsessions des « décadents ». Mais il reste pour sa part du côté des Barbares. Seulement, il ne se fait pas d'illusion sur leur propre mort. Ils finiront toujours par périr de faim dans le désert. La ville, qui leur avait d'abord donné un banquet d'illusion, qui avait créé leur désir, aura raison d'eux. Elle est condamnée aussi : Salammbô mourra, la sœur d'Hannibal, et Hannibal aussi sera vaincu. Le romancier de la décadence héroïque trouve à cela le sublime qui lui est propre : il annonce le second échec qui se trouve préformé dans la renaissance même. L'Antiquité fournit aussi l'occasion d'une telle lecture du temps. Le désert de Carthage n'est pas loin du *Rivage des Syrtes* : là aussi, on voit une cité souhaiter obscurément sa ruine...

Mais nous quittons la politique proprement dite. Nous atteignons l'aspect religieux des choses. Ici encore, il nous apparaît que l'œuvre de Flaubert est admirablement novatrice. Aucun texte de son temps n'est allé aussi loin, si l'on excepte *Les Martyrs*, dont il développe le dessein fondamental en en corrigeant le contenu spirituel. Depuis Fustel de Coulanges, qui écrit juste à la fin du Second Empire, les historiens de la cité antique savent que son originalité réside dans le lien étroit qui existe en elle entre les institutions politiques et religieuses. Une cité, c'est d'abord un temple, un foyer sacré. Rome avait enseigné cela. Mais on l'avait oublié. Les hommes en avaient peu à peu repris conscience en même temps qu'ils redécouvraient le sens profond et *politique* de l'épopée. Le *Télémaque* de Fénelon les y avait aidés d'abord ; *Les Martyrs* allaient dans le même sens en symbolisant par une aventure romanesque le renouvellement de la civilisation entraîné par le christianisme et sa conciliation historique avec le paganisme gréco-latin. Flaubert reprend exactement le même projet (au catholicisme près). Entre temps ont paru d'autres épopées, notamment l'*Ahasvérus* de Quinet. Flaubert a lui-même conçu *La Tentation de saint Antoine*, mais il n'a pas osé la publier. Après son acquittement difficile lors du procès de *Madame Bovary*, il se méfie du « parti prêtre » et cherche un sujet qui soit manifestement étranger au catholicisme mais qui lui permette d'exprimer ses obsessions religieuses (il ne le dit pas, mais nous allons nous en apercevoir) : la religion punique lui fournit ce dont il a besoin.

Parmi les sources auxquelles il se réfère, nous en choisirons deux, qui nous paraissent essentielles. La première est l'œuvre de Creuzer, adaptée en français de 1825 à 1850 par Guigniaut. Elle reste actuelle en 1857, comme en témoigne le second texte dont nous voulons parler : il s'agit de la conférence de Renan sur la signification des religions antiques. L'historien français souligne d'abord l'importance des découvertes de Creuzer : celui-ci, disciple de Plotin et des Alexandrins, a découvert le symbolisme allégorique des religions antiques qui cherchent à exprimer la transcendance divine par un langage d'images souvent empruntées aux éléments naturels. Renan approuve cette manière de voir en insistant sur le rôle qu'y joue la « poésie ». Il se réfère ici à une tradition qui, à travers Michelet, Quinet, Ballanche et quelques autres, remonte à Vico. Mais il présente diverses réticences relatives au mysticisme de Creuzer et défend à ce propos l'anthropomorphisme et le rationalisme des Grecs. Il me paraît évident que Flaubert doit beaucoup à toutes ces vues. Il est un des premiers romanciers à comprendre la portée des religions païennes en les mettant, cette fois, au même plan que le christianisme. On pourrait le montrer en insistant sur l'admirable équilibre que notre auteur établit, dans son Afrique, entre Mathô et Spendius, l'Orient mystique et l'hellénisme raisonnable... Mais j'insisterai plutôt sur deux faits.

D'abord, une correspondance symbolique se trouve établie entre christianisme et paganisme. Une des images clefs qui expliquent le roman est celle qui nous présente dès le début des lions crucifiés dans le désert. Lui aussi, Mathô sera en même temps l'image de la force vive — la force païenne — et de l'amour supplicié. C'est précisément l'idée de sacrifice qui nous fournira notre deuxième remarque. Elle paraît souvent dans le livre. L'acte solennel de la dévotion aux dieux infernaux y joue aussi un grand rôle. Le sacrifice humain n'est pas absent. Hannibal n'y échappe que par substitution. L'auteur nous laisse entendre qu'Hamilcar, par colère, a voué sa fille aux dieux (en même temps que lui, peut-être). De fait, Salammbô apparaît comme la victime livrée pour Carthage ; elle est semblable à une Judith païenne, à une prostituée sacrée. L'idée que l'histoire mystique de l'humanité se trouvait régie par de tels échanges n'était pas étrangère à la pensée catholique du xixe siècle. Elle allait aboutir jusqu'à Renan, qui ne la récuserait pas entièrement. Elle prenait sa source dans l'*Eclaircissement sur les sacrifices* de Joseph

de Maistre. Flaubert connaissait ce texte[1]. Mais, précisément, il le
haïssait. Dès lors, le roman prend une originalité extrême, que les
réflexions actuelles d'un René Girard permettent d'apercevoir : il est
à la fois la magnification et la dénonciation du sacrifice. Mathô, Salammbô
sont des sacrifiés au plus fort sens du terme, à la fois des victimes et
des boucs émissaires. Toutes les scènes majeures du drame nous le
montrent avec force. Mais dans un monde sans dogme, que faire de tels
dons ? Il y a deux réponses. L'une est suggérée par Flaubert dans un
des cahiers de notes rédigés pendant la préparation du roman : Dieu
aime le mal. Il s'agit là du tragique à l'état absolu. L'autre, qui n'exclut
pas la première, réside dans la pitié toute pure. Joseph de Maistre,
Ballanche, Jésus ont eu tort. L'histoire est faite de sacrifices inutiles.
Pas tout à fait cependant : Salammbô fut plus heureuse qu'Emma
Bovary ; elle trouva un amant capable de lui offrir ce qu'elle demandait,
dans son orgueil et dans son désir infini : toute la douleur du monde.
Il n'existait rien d'autre qui pût être donné (car elle n'avait plus
d'illusion sur le bonheur). Elle la reçut, elle put mourir.

Salammbô, comme *Madame Bovary*, comme *Bouvard et Pécuchet*,
ne décrit jamais que la tentation d'un corps et d'une âme par l'absolu
qui les met en présence du néant. La cité antique, lieu des sacrifices,
présente un cadre privilégié pour une telle expérience. Le langage même
du roman ne peut manquer de traduire ces réalités. En l'étudiant, nous
trouverons donc confirmation de nos observations précédentes. Notre
méthode sera la suivante : nous ne nous bornerons pas à relever les
ressemblances formelles qui existent entre l'œuvre de Flaubert et les
textes antiques qu'il a utilisés, mais nous examinerons plutôt les affinités
de sa méthode avec la rhétorique antique. Le langage antique repose
en effet sur une rhétorique et une poétique qui lui donnent sa signification sociale, son efficacité politique. Elle possède elle-même diverses
clefs qui lui sont fournies par la philosophie. Nous pourrons essayer de
les utiliser. Bien entendu, sur le chemin qui mène chez Mallarmé, vers
le *Cygne* et vers *Herodias*, nous trouverons les éléments d'une rhétorique
du silence.

Car les personnages de *Salammbô* n'ont pas de voix. Ils ne peuvent
pas parler. L'auteur s'en plaignait lui-même pour des raisons bien pré-
cises que connaissent tous ceux qui essaient de faire un roman historique
(ou un drame, ou toute autre mise en scène) sur un sujet antique : ils
ne trouvent aucun langage pour le dialogue. Flaubert a rencontré la
même difficulté. Les rares paroles qu'il met dans la bouche de ses personnages manquent remarquablement de naturel (je fais exception pour
les discours qui sortent tout droit de Polybe ou de Tite-Live mais qui,

---

1. Lettre à Mme Roger des Genettes, 1859-1860.

précisément, paraissent à tout moment tentés par le style indirect, auquel ils n'échappent pas dans certaines circonstances). En fait, la seule solution possible est celle des films muets : beaucoup d'images, expressives par elles-mêmes, avec des légendes (celui-ci est un Bédouin, un Cananéen, un esclave, un prêtre, etc.) et aussi peu de discours que possible.

Le roman revêt dès lors les vertus du muet. Du point de vue de la rhétorique, nous dirons qu'il met en jeu les procédés que les rhéteurs antiques, les déclamateurs surtout, attribuaient à l'*emphasis* : celle-ci s'appuie essentiellement sur l'image, l'ellipse et l'accumulation ; elle veut parler aux sens et aux sentiments par les moyens qui leur sont propres, non à l'intelligence, dont elle refuse les détours ; elle préfère la dénotation à la connotation, la métaphore à la métonymie, le réalisme à la périphrase et l'hyperbole ou la litote au style tempéré ; elle préfère aussi l'invective à la complaisance, la rudesse (ou *sphodrotès*) à l'élégance et la grâce au « chic » ; elle n'accepte l'ironie même que dans le pathétique de la dérision.

Je viens de faire un portrait du style de Flaubert dans *Salammbô* (et quelquefois ailleurs). Or, j'en ai choisi tous les termes chez les théoriciens de l'éloquence. Mais je les ai trouvés surtout dans l'Antiquité déjà tardive, chez les rhéteurs du IIe et du IIIe siècles, qu'on admirait depuis le temps de Vigny (et de *Daphné*) et qui avaient beaucoup réfléchi sur ce qu'ils appelaient les « idées de l'expression ». Flaubert les connaissait sans doute, puisqu'il avait lu, par exemple, Philostrate et Lucien. Il avait certainement reçu une formation sérieuse en rhétorique. Nous pouvons donc définir et interpréter ses choix.

Dans la lettre à Mlle Leroyer que nous avons citée en second lieu, il indique les auteurs qui l'intéressent dans l'Antiquité : les historiens, Homère, Plaute, Apulée. Nous allons retrouver ces tendances.

Apulée apporte à Flaubert les techniques de la description réaliste. Il le fait à la fois dans la tradition de Platon et des sophistes, comme Philostrate, qui méditait peu après, en grec, sur la technique de l'image et du portrait. Chez ces hommes, Flaubert trouve donc le moyen d'accorder les deux attitudes antiques devant l'apparence : le scepticisme et la contemplation (qui conduisent l'un et l'autre à la curiosité : mais on s'aperçoit, chez Psyché aussi bien que dans le *Banquet*, qu'elle ne fait qu'un avec l'amour). Le cas le plus frappant où Apulée est imité se produit lors de l'inspection d'Hamilcar, lorsqu'il a devant lui les esclaves qui tournent la meule, avec la muselière qui les empêche de dévorer le grain ; l'âne Lucius en avait dit presque autant dans *Les Métamorphoses*. On voit ici comment sophistique et philosophie s'accordent dans la compassion. Elle imprègne chez Flaubert toute la vision du réel.

Parmi les historiens, j'avais d'abord cherché l'influence de Tite-Live. Mais elle n'est pas dominante. Il s'agit d'un maître du discours dont la phrase se caractérise par ses symétries tendues. Flaubert cherche plus de simplicité. Ses vrais modèles sont Florus aux formules intenses et stylisées et surtout Salluste, qui a parlé de l'Afrique lui aussi, à propos de Jugurtha. Comme lui, il a décrit les colonnes de poussière qui s'élèvent dans le désert lorsque l'armée arrive. Comme lui, il a cherché la sobriété dépouillée de la phrase. Les rhéteurs antiques qui étudiaient ce style chez Salluste et chez son modèle Thucydide disaient que de tels écrivains visaient une grandeur de sévérité, qu'ils l'obtenaient par le refus des complaisances. Flaubert se rattache assurément à leur tradition. Il recherche donc, non sans un évident paradoxe, un style sévère accordé au foisonnement des descriptions dont Apulée et ses semblables lui donnaient le moyen. Il essaie d'équilibrer l'une par l'autre les deux tendances et cela constitue l'une des caractéristiques de son style.

Il nous reste à parler d'Homère. Disons plus largement que *Salammbô* est une épopée. Le véritable maître du style est ici Virgile. Il répond en même temps aux deux exigences majeures : la plénitude et l'évasion, la saisie intense de l'être jusqu'à la fine pointe du néant, l'expérience, l'expression ineffable de la nuit. *Amica silentia Lunae...* C'est Salammbô qui est la prêtresse de la nuit dans le roman, et les deux héros la rejoignent par une plongée nocturne dans l'aqueduc et ses citernes qui rappelle à la fois la descente aux Enfers et le départ de Nisus et Euryale...

On a parlé de Quinte-Curce pour décrire le style de Flaubert dans *Salammbô*. C'était une grande erreur, qui reposait sur une vérité. Flaubert utilise les mêmes procédés que Quinte-Curce pour arriver à de tout autres résultats. Il se sert, comme l'historien d'Alexandre, de descriptions qu'il déploie dans son récit. Mais elles ne visent pas au pittoresque. Elles établissent plutôt un lien entre trois types de langage : l'abondance du sophiste, l'émotion austère de l'historien, l'intimité virgilienne. Il faut ajouter une dernière nuance, certes fort étrangère à Quinte-Curce. Nous l'observerons en étudiant un des modèles de Flaubert, qui l'a lu consciencieusement et qui lui a emprunté l'une des premières scènes de son récit. Il s'agit de Silius Italicus qui, à la fin du rᵉʳ siècle, rédigea une épopée souvent fort décriée : les *Punica*. Flaubert en a pris une connaissance approfondie. Voici comment le poète décrit le supplice de l'esclave qui avait assassiné Hasdrubal :

> ... Ni le feu, ni l'acier rougi à blanc, ni les coups qui sans trêve labouraient et mutilaient ce corps, les mains des bourreaux dans sa chair, la peste infusée au plus profond de ses moelles, ni les flammes qui s'éclairaient au cœur de sa blessure, rien n'eut de cesse ; chose sauvage à voir, à dire, l'art servit la cruauté ; autant que le voulaient les cordes des machines à tourment, ses membres furent distendus, ils

> grandirent et partout le sang se rompit, les ossements brûlants
> fumèrent sur les membres liquéfiés. L'esprit demeure intact...
> (I, 171-179).

On pourrait aisément montrer que ce texte est à l'origine de plusieurs passages de *Salammbô*. Or, il est possible de faire à son propos
plusieurs remarques qui nous permettront de conclure notre propos.
D'abord, nous voyons que Virgile n'est pas le seul poète qui ait inspiré
Flaubert. Il connaît aussi, à travers Silius Italicus, la tradition de
Lucain, chère à Baudelaire. Il sait y unir, dans la description, l'horrible
à la beauté. Il ne s'agit pas seulement de la tradition baroque, chère à
beaucoup d'impressionnistes. Flaubert la récuse quand elle manque à
l'austérité. Mais la rencontre de l'idéal et du réel ne peut se faire sans
que surgisse quelquefois ce qu'il y a de pire : la douleur charnelle, et
ce qu'il y a de pire dans la douleur : la torture. Le roman de Flaubert
ne pouvait manquer d'annoncer cet aspect du monde moderne. Le langage qu'il cherchait, qu'il essayait de placer dans la bouche de Spendius,
l'entremetteur frotté de rhétorique, ou de Mathô, le barbare, l'homme
par définition privé de langage, il l'a trouvé quelquefois sur la croix.
Il en a trouvé une autre image, celle du zaïmph étincelant qui est symbole de la nuit. Tel était le cadeau que la cité antique offrait à Flaubert.
Dans la double expérience de l'esclavage et de la liberté, de la civilisation extrême et de la barbarie, au-delà de tout sadisme et de tout
hédonisme, dans la lumière de l'objectivité et dans la nuit du songe,
c'était la langue même de la douleur humaine.

Paris dans
L'Education sentimentale

P. M. WETHERILL

Même sous des angles relativement secondaires, *L'Education* s'affirme comme le « grand roman parisien » de Flaubert. Il en écrivit une bonne partie à Paris. C'est là qu'il entreprit la plupart des recherches qu'elle occasionna. Et, bien sûr, le roman véhicule des fragments d'autobiographie : adresses et quartiers que Flaubert habita ou fréquenta en même temps, si l'on peut dire, que son personnage principal.

Je persiste à croire, cependant, que le sens et la signification de ce roman n'ont que très peu de choses à voir avec des événements de la vie de Flaubert. Sa vérité est ailleurs. On verra qu'elle peut être dans la topographie et l'histoire de la ville.

On constate d'abord que cette préoccupation citadine relève d'une tradition qui, pour des raisons sociologiques évidentes, fait coïncider, au XIXᵉ siècle, l'essor des villes et le développement, la suprématie du roman — l'expérience romanesque devient forcément une expérience de ville. De Balzac à Dos Passos en passant par Dickens, Tolstoï, Zola, Proust, Joyce, c'est dans un cadre urbain que les expériences les plus importantes de la société occidentale se déroulent. Rien d'étonnant donc à ce que Flaubert ait centré la vie de ses personnages sur Rouen, Yonville, Carthage — on note simplement que *L'Education* représente une sorte de paroxysme, puisque les noms de villes s'y multiplient de façon tout à fait étonnante : Paris, Nogent, Le Havre, Rome, Marseille, Mostaganem, Chartres, Creil, Saint-Cloud, Versailles.

Flaubert élabore ainsi une nouvelle image de la ville, un autre biais pour rendre compte de ce qui dans un roman est à la fois allusion au réel et véhicule de mythes multiples et variés. Variés chez un même auteur comme chez d'autres : il suffit pour s'en convaincre de se rappeler que *L'Education*, *La Cousine Bette* et *Le Colonel Chabert* ont des chronologies (et donc des espaces urbains) qui se chevauchent en partie.

C'est évidemment, d'autre part, la tradition réaliste qui exploite au maximum la confrontation des mythes (y compris les procédés narratifs qui en découlent) et des éléments objectivement vérifiables qui les médiatisent.

On aurait donc tort (au nom de je ne sais quelle mode critique) de négliger les multiples réalités citadines que Flaubert nous fait parcourir avec précision dans *L'Education sentimentale*. Ces réalités déterminent en grande partie la spécificité de son texte. Il est significatif que le panorama vu par Frédéric depuis son balcon soit rigoureusement exact — la topographie parisienne, les noms et l'articulation des rues, les promenades dans Nogent, la Seine à Saint-Cloud, l'itinéraire d'une diligence : tout cela est objectivement vrai. De même, Flaubert nomme de façon systématique bon nombre d'éléments permettant de situer et d'encadrer la vie au temps de Louis-Philippe : les restaurants à la mode (le café Anglais, la Maison d'Or, Véfour, les Trois Frères provençaux), les cafés louches, les passages (du Saumon, des Panoramas), les lieux de plaisir (l'Alhambra), les champs de courses, les théâtres, l'opéra, les modes, les toilettes. Les activités d'Arnoux nous permettent par ailleurs d'explorer les activités industrielles et les spéculations immobilières qui se déroulent en région parisienne, à Creil et sur les hauteurs, alors excentriques, de Belleville.

On n'oublie pas, bien sûr, tout ce que *L'Education sentimentale* nous permet de saisir du Paris de la Révolution de 48 : parcours exaltants de février, errements cauchemardesques de juin, foules menaçantes de la porte Saint-Martin.

Une première remarque s'impose cependant : le Paris qu'on explore ainsi, le Paris qu'exploraient déjà les premiers lecteurs est un Paris fort différent de celui de 1869. Haussmann entre autres est passé par là. La rue Rumford, où Frédéric élut domicile après avoir hérité, n'existe plus en 1869. L'Opéra, l'hôtel des ventes ont changé de place. La Chaussée-d'Antin, la rue Grange-Batelière, autrefois lieux d'influence politique ou signes extérieurs du succès vénal, n'ont plus sans doute la même signification. Si le dépaysement est plus grand encore pour nous (la rue Laval où se déroule le bal costumé s'appelle maintenant la rue Victor-Massé — la rue de la Ferme, au coin de laquelle Frédéric a attendu en vain Mme Arnoux, s'appelle maintenant la rue Vignon), si donc le dépaysement est plus grand pour nous, le lecteur contemporain, on le voit, n'habite pas le Paris de *L'Education*[1].

---

1. Ajoutons qu'il s'agit d'une historicité variable, puisque certains éléments topographiques, comme la rue des Trois-Maries, où habite Deslauriers (GF, p. 204), disparaissent en 1866, au moment même où Flaubert compose son roman.

Autant que par les scènes d'émeute, c'est ainsi que, très systémati-
quement, le roman de Flaubert s'impose comme roman historique[2].
Flaubert nous fait bien comprendre que le style de vie d'une Rosanette
a beaucoup changé depuis les années 40 :

> Ces élégances qui seraient aujourd'hui des misères pour des
> pareilles de Rosanette éblouirent [Frédéric] (éd. Garnier-Flammarion,
> p. 148),

— il insiste sur tout ce qui sépare le lecteur de 1869 de la société dont
il lit les aventures :

> Le public des courses, plus spécial dans ce temps-là, avait un
> aspect moins vulgaire ; c'était l'époque des sous-pieds, des collets
> de velours et des gants blancs. Les femmes, vêtues de couleurs
> brillantes, portaient des robes à taille longue [...] (p. 231)[3].

Bien sûr, de tels détails, qui foisonnent d'un bout à l'autre du texte,
sont le résultat de recherches très poussées de la part de Flaubert.
Parmi les montagnes de livres que Flaubert consulta figurent de nombreux journaux de modes et des comptes rendus de courses hippiques.
On a donc affaire, continuellement, à des faits dont la vérité historique
et sociale ne peut guère être mise en doute.

Cela étant dit, il faut se demander si l'on peut placer sur le même
plan toutes les évocations citadines. Il y a des passages qui, visiblement,
ne relèvent pas du même degré d'historicité :

> Les cochers baissaient le menton dans leurs cravates, les roues se
> mettaient à tourner plus vite, le macadam grinçait et tous les équi-
> pages descendaient au grand trot la longue avenue, en se frôlant, se
> dépassant, s'écartant les uns des autres, puis sur la place de la
> Concorde, se dispersaient. Derrière les Tuileries, le ciel prenait la
> teinte des ardoises. Les arbres du jardin formaient deux masses
> énormes, violacées par le sommet. Les becs de gaz s'allumaient ;
> et la Seine, verdâtre dans toute son étendue, se déchirait en moires
> d'argent contre les piles des ponts (p. 59).

---

2. ... doublement historique même, puisque le Paris des années 1840 rappelle à des
protagonistes comme Deslauriers (GF, p. 143-144) celui de 1789 — avec les désastreuses
conséquences que l'on sait.

3. Cf. un passage de scénario relatif au retour des courses ([...] = passage
rayé — ⟨...⟩ = passage ajouté) : « retour par les Champs Elysées [& les boulevards]
⟨mouvement⟩ — pluie — crotte — chevaux animés ⟨marge : les b^{ds} d'alors — marches
des Affaires étrangères — grilles de la rue basse — Bains chinois — hôtel d'Osmond —
trous dans le pavé⟩. La voiture de Frédéric éclabousse Deslauriers. On arrive au café
Anglais » (NAF 17604 f⁰ 34 v⁰ = GF 235-236).

Ceci est merveilleux. Le lecteur du XXᵉ siècle (où de tels spectacles n'existent plus) est placé dans *une sorte de* dimension historique. Mais il faut bien admettre que la spécificité, à laquelle d'autres phénomènes nous ont habitués, est ici absente — cela pourrait dater de 1840, de 1860 ou de 1900 — ou même être purement imaginaire... Dans le contexte de *L'Education sentimentale*, les faits véridiques garantissent en quelque sorte la pertinence temporelle et la vraisemblance de ce genre de tableaux. Cela est évident. Mais il n'en est pas moins vrai que nous avons affaire ici à deux types d'évocation qui n'existent pas l'un indépendamment de l'autre et dont les interférences relèvent au bout du compte d'un jeu de texte bien plus que de la réalité objective.

Cette incohérence, cette inconsistance au niveau du réel, mais que les textes tolèrent fort bien, nous empêchent de prendre ce roman pour un simple document, historique ou autre. [Note : Le dosage est bien différent dans des romans comme *Illusions perdues* ou *Le Ventre de Paris*]. Indépendamment de toute réalité sociale ou politique, on est amené à se demander quelle est la fonction proprement romanesque de ces détails et de tous les autres phénomènes qui constituent la dimension urbaine, parisienne, de *L'Education sentimentale*.

Le passage que je viens de citer nous met en quelque sorte la puce à l'oreille. Il est clair que la description, la météorologie même y est au service d'une vision non pas objective mais tout intérieure. Pour des raisons semblables, mais où la volonté du narrateur se perçoit moins, ce que Frédéric voit par la fenêtre du café Anglais est disloqué, fragmenté :

> Par les deux fenêtres ouvertes, on apercevait du monde aux croisées des autres maisons, vis-à-vis. De larges moires frissonnaient sur l'asphalte qui séchait, et un magnolia posé au bord du balcon embaumait l'appartement. Ce parfum et cette fraîcheur détendirent ses nerfs ; et il s'affaissa sur le divan rouge, au-dessous de la glace (p. 236).

— on pense à la cohérence exhaustive du même spectacle perçu, subjectivement, il est vrai, par Renée dans *La Curée*. Chez Flaubert, c'est l'état d'esprit du protagoniste qui détermine la topographie, tant, on vient de le voir, par les dominantes de couleurs et d'atmosphère, que par la précision plus ou moins grande des détails. De même, l'euphorie de Frédéric au retour de son premier dîner chez les Arnoux gomme tous les détails de son itinéraire : « Un air humide l'enveloppa ; il se reconnut au bord des quais » (p. 84). Il ne voit que ce qui étoffe son humeur et son amour. Par ailleurs, on va de la Madeleine au Père-Lachaise, lors de l'enterrement de Dambreuse, en écoutant la conversation des « participants » plutôt qu'en regardant par où l'on passe. L'itinéraire ici est sans doute trop familier. Par contre, l'obsession, le désespoir peuvent

provoquer une véritable avalanche d'indications de noms de rues et
de quartiers : c'est le cas par exemple des interminables courses que fait
Frédéric pour retrouver la trace de Mme Arnoux — c'est le cas aussi
de certaines promenades, de certaines nuits blanches : les précisions
revêtent alors un caractère qui, pour être véridique, n'en est pas moins
avant tout fantasmagorique.

Que toutes ces variations constituent l'un des mécanismes essentiels
du roman, rien ne le démontre mieux que la manière dont Flaubert rend
compte de la Révolution de 1848. D'une part, on ne voit que ce que voit
Frédéric — quand la Madeleine lui cache les incidents du boulevard
des Capucines (foules et fusillade) on ne voit pas grand-chose — quand
Frédéric s'en va à Fontainebleau, on ne voit rien du tout. D'ailleurs,
il est intéressant de noter que les brouillons constituent un document
bien plus précis, bien plus minutieux que la version définitive : défilés,
barricades, batailles rangées, tout y est raconté avec un luxe de détails
objectifs que Flaubert supprime par la suite. Les suppressions montrent
à quel point ici et ailleurs la vision partielle, variable est délibérée et
fondamentale. La loge au théâtre des Italiens où Frédéric va saluer
Mme Dambreuse (NAF 17608 f° 132) devient dans la version définitive
« sa loge au théâtre » (GF, p. 384). Un paysage urbain qui dans les brouillons (17602 f° 58) change « à partir de la barrière de Choisy » devient
dans le texte final purement verbal ou tout au plus temporel : « Puis,
la double ligne de maisons ne discontinua plus » (p. 134)[4]. L'interaction
des villes subit le même sort. A un moment donné, dans un brouillon,
Rosanette demande à Frédéric : « Voulez-vous venir avec nous à Dieppe »
(17606 f° 36 v°) — question qui devient dans un autre folio (17606 f° 64) :
« Voulez-vous venir avec nous aux bains de Trouville ». Cette dernière
précision fait place, Dieu merci !, dans le texte final à quelque chose de
beaucoup plus vague : « Voulez-vous venir avec nous aux bains de mer ? »
(p. 283). En fin de compte, seule l'activité mondaine subsiste — la
spatialisation précise disparaît.

Ces phénomènes concernent non seulement la topographie urbaine
mais aussi la manière dont la société qui l'habite est explorée et contrastée.
Flaubert aurait pu, comme Balzac, réaliser avant tout une structure
contrastive où le caractère de la société provinciale aurait été systéma-
tiquement mis en face de la société parisienne. Les années nogentaises
de Frédéric fournissent l'occasion idéale de réaliser ce genre de contrastes.
Rien d'étonnant à ce que dans un premier temps Flaubert n'ait pas pu

---

4. Voici deux autres exemples du même phénomène : « ⟨ marge : Frédéric ne rentra
pas chez lui & dîna ⟨seul⟩ au restaurant aux Champs Elysées⟩ » (NAF 17604 f° 51 = GF,
p. 210) ; « [Mais] à ce moment (ils quittaient la rue de la Tour d'Auvergne) Deslauriers
accosta Frédéric » (NAF 17604 f° 41 v° = GF, p. 211).

résister à cette tentation (v. 17601 f⁰ 161 v⁰) — dans les brouillons, en effet, la provincialisation de Frédéric est très poussée⁵. Mais Flaubert fait de l'anti-Balzac (consciemment à mon avis) — c'est-à-dire qu'il fait du Balzac pour ensuite, au niveau de la version définitive, le démolir. La province, en fin de compte, s'estompera. Le rôle contrastif de Nogent, comme celui du Havre, de Saint-Cloud ou d'Auteuil, sera dans le texte final bien moins marqué — contrairement à ce qui s'observe chez Balzac (ou Dickens), c'est la morne similitude de la province et de Paris qui se manifeste, et cela en dépit des partis pris, fragiles en tout état de cause, de personnages comme Louise ou Mme Moreau. Frédéric ayant fait le Parisien, repris par la « nostalgie du boulevard » (p. 278), rentre à Paris pour découvrir que « son retour [...] ne lui causa point de plaisir » (p. 279). La province se mêle trop à la capitale, d'ailleurs, pour que des différences réelles, et objectives, puissent être mises en évidence — on fait trop la navette entre les deux (structuration spatiale très différente de celle, par exemple, des *Illusions perdues*) ; l'une des scènes majeures du roman, le dîner chez les Dambreuse (III, ii), réunit de façon significative un grand nombre de personnages majeurs tant provinciaux que parisiens — si la toilette de Louise la distingue de Mme Dambreuse, sa façon de penser est par contre très semblable à celle de Mme Arnoux (dont on se demande en passant si elle est de Paris ou de Chartres, et dans quelle mesure se justifient les rêveries exotiques qu'elle inspire à Frédéric).

Dans bien des cas, donc, l'image de la ville est tributaire de l'état d'esprit fluctuant des personnages et notamment de Frédéric. On aurait tort de croire, cependant, que cela soit toujours le cas. La modernité de *L'Education*, le caractère problématique de son écriture sont déterminés à maintes reprises par l'autonomie de celle-ci, ou par des contraintes diverses⁶. Par exemple, quand Frédéric et Hussonnet déjeunent ensemble au café Tabouret, on se demande pourquoi Flaubert ressent le besoin d'ajouter sur le manuscrit « devant le Luxembourg » (NAF, 17600 f⁰ 62/GF, p. 49) — alors que l'interminable liste des cafés que fréquente Regimbart bénéficie rarement de ce genre de précisions.

Il faut noter ici que certaines contraintes dépassent la simple volonté scripturale de Flaubert, et cela surtout quand il s'agit du rôle politique de Paris. Si les événements de 48 et leur topographie bénéficient, malgré tout, d'un traitement détaillé, il n'en est pas du tout de même du coup

---

5. Citons à titre d'exemple le passage suivant : « Frédéric, vu sa longue absence de Paris, *n'était pas au courant* (italiques de Flaubert) (...). La solitude l'avait conservé intact tandis que ses amis par suite... *(sic)* s'étaient développés, et ne les retrouvait plus humains » (17603 f⁰ 54 v⁰, cf. GF, p. 170).

6. L'imprécision de certaines adresses (celles de Sénécal ou de Pellerin) contraste ainsi avec la précision de celles d'Arnoux ou des Dambreuse.

d'Etat de 1851 qui marque la fin des espérances républicaines et qui coïncide significativement avec la débâcle sentimentale de Frédéric. Tout comme le nom de celui qui allait diriger les affaires de la France pendant une vingtaine d'années est à peine évoqué, le 2 décembre se réduit pour sa part à de très vagues évocations : « Des groupes nombreux stationnaient sur le boulevard » (p. 435) — lequel ? — « Son cocher de fiacre assura que les barricades étaient dressées depuis le Château-d'Eau jusqu'au Gymnase » (p. 436) — pourquoi ? A part cela, Flaubert se contente de donner la scène, très fictionnalisée celle-là, de la mort de Dussardier.

La raison de ces ellipses est claire — elle concerne en même temps un certain nombre de suppressions « politiques » que l'on rencontre en d'autres endroits des brouillons. C'est que sous le régime encore passablement tyrannique de Napoléon III, la trop claire évocation des événements de 1848 ou (surtout) de 1851 était tabou. Il était donc de bonne politique, si j'ose dire, que Frédéric s'absentât de Paris au moment de la répression de juin 1848 et du coup d'Etat. Mais les aventures du héros et son indifférence sont ici au service, avant tout, de la censure. Cela est très différent du gommage de la mise en parallèle projetée de la Chaussée-d'Antin et du faubourg Saint-Germain (17602 f⁰ 77 v⁰ et 17606 f⁰ 66 v⁰, cf. GF, p. 290 et 144) — celle-ci n'est pas à sa place dans le texte final, car les vagues ambitions de Frédéric, ainsi que les groupes qui orientent l'action, n'ont pas grand-chose à voir avec le monde d'oppositions sociales de Rastignac ou de Lucien de Rubempré.

On le voit : la ville et notamment Paris subissent dans *L'Education* des contraintes qui sont pour le moins divergentes — l'extraordinaire cohérence de ce roman est le résultat paradoxal de tensions qui relèvent tantôt des conditions de la production littéraire sous Napoléon III, tantôt de la focalisation dominante, tantôt enfin, comme on le verra par la suite, de la nécessité où était ce texte de s'affirmer en tant que texte.

Ceci éclaire, non pas les conditions exceptionnelles dans lesquelles fut écrite *L'Education sentimentale*, mais bien les éventuelles conditions de production de n'importe quelle œuvre littéraire.

Pour démontrer que tout cela est sans doute encore un peu simpliste, ajoutons que la présence, dans les brouillons, d'un très grand nombre de détails que la version définitive ne reproduit pas, s'explique vraisemblablement par le fait que Flaubert éprouvait le besoin de s'assurer que les faits racontés s'entourent de toutes sortes de garanties, historiques, politiques, vestimentaires, temporelles, topographiques. Ces garanties étaient pour lui.

Elles sont sans rapport avec l'idéologie du texte final.

En outre, on peut sans doute parler du sens secret de *L'Education*, sens que Flaubert était seul à connaître, et que les brouillons nous permettent parfois d'entrevoir. Les suppressions auraient alors une fonction non pas toujours d'élimination mais de mise en filigrane. Le Paris, le Nogent de Flaubert assumeraient alors pour Flaubert la densité des brouillons et non l'imprécision variable qu'ils ont de toute évidence aux yeux de Frédéric. Cette indépendance relative des avant-textes permet très salutairement de bien marquer tout ce qui sépare Flaubert de ses personnages. Une autre lecture des brouillons, tout aussi valable que la première, permet donc de supposer qu'il y aurait pour Flaubert un Paris secret, que Frédéric ne connaîtrait pas. Que penser en effet d'un passage que Flaubert modifia par la suite : « ... quelquefois l'espoir d'une distraction l'attirait vers les boulevards. Il passait les ponts et s'engouffrait [dans le vrai Paris] — dans les rues marchandes » (17601 fº 162 vº/GF, p. 99). Si cette notation disparaît non pas parce qu'elle est fausse mais parce qu'au contraire elle est trop explicite, on peut supposer que dans *L'Education* « la vraie vie est absente ». Le Paris que Frédéric fréquente serait alors une sorte de Paris marginal. Ces personnages qui se prennent tellement au sérieux et qui occupent le texte dans toute sa largeur seraient bien peu de chose à côté d'hommes et de quartiers problématiques où se concentrerait l'existence profonde de la capitale.

Est-ce pour cela que Frédéric, à la fin du roman, se marginalise au point de vivre la dernière moitié de son existence (celle qui se prolonge au-delà du chapitre final) en un lieu non seulement modeste mais surtout anonyme ? — la rue Rumford, où se trouvait l'hôtel particulier de Frédéric, n'existait plus en 1867. Il nous est donc impossible de localiser les dernières scènes du roman : le surgissement et la disparition de Mme Arnoux, l'ultime conversation avec Deslauriers.

Ces obscurités en disent long sur les ironies latentes d'un texte qui s'éloigne nonchalamment de la vision subjective pour nous faire entrevoir le vrai sens des aventures où s'engagent les personnages. On pense au Paris sordide, semblable à de vagues ruines, que parcourt avec délices le regard de Frédéric lors de son retour à Paris (p. 134-135). On pense aux spéculations immobilières de Rosanette qui se situent comme par hasard juste à côté de celles d'Arnoux (p. 258). A maintes reprises, on le voit, Paris nous propose une sorte de commentaire des hommes. Ce commentaire relève d'une vision radicalement différente de celle des personnages et détermine jusqu'à certaines orientations topographiques. Si après leur brouille Deslauriers dévale la rue des Martyrs tandis que Frédéric, furieux, descend la rue de Bréda, c'est que de tels noms permettent de souligner et de contraster la frustration de l'un et les prétentions sociales de l'autre. Et que dire des rues où habite Mme Arnoux ? N'est-il pas curieux d'autre part que l'unique amour de Frédéric habite

d'abord rue de Choiseul — choix seul — et que Mme Arnoux aille
habiter par la suite rue de Paradis (un paradis bien douteux d'ailleurs
puisque c'est un paradis Poissonnière) ? C'est à se demander si le commerce d'Arnoux n'a pas été choisi (par Flaubert s'entend) à cause du
nom de la rue où il serait forcément amené à vivre. On voit à quel
point l'écriture, même réaliste, peut renverser l'ordre naturel des
choses[7].

Ceci est vrai même si l'on ne tient pas compte des ironies un peu
poussées que je viens d'évoquer. Ainsi, la pensée et les activités stéréotypées apparaissent clairement dans les demeures successives d'Arnoux,
musique : boulevard Montmartre ; faïence : rue de Paradis ; objets religieux : rue de Fleurus — c'est trop bien choisi. C'est comme Dussardier,
dont l'employeur qui est dans les dentelles et les nouveautés ne peut
pas ne pas exercer son commerce rue de Cléry.

Paris, qui développe ainsi tout un réseau d'idées reçues, n'est donc
pas une ville innocente de cartographe. C'est un lieu de métonymies et
de métaphores, d'échos et d'anticipations. La descente des Champs-
Elysées (citée plus haut) est une fantasmagorie. Les « vagues ruines »
que j'ai évoquées tout à l'heure nous orientent vers les ruines que
Frédéric connaîtra plus tard : « l'étourdissement des paysages et des
ruines » (p. 437). Le Paris de la répression de juin révèle par son indifférence excessive la petitesse des choses humaines : « La Seine coulait
paisiblement. Le ciel était tout bleu ; dans les arbres des Tuileries, des
oiseaux chantaient » (p. 356). Une impassibilité semblable se manifeste
quand Mme Arnoux découvre qu'elle aime Frédéric : « De l'autre côté
de la rue, sur le trottoir, un emballeur en manches de chemise clouait
une caisse. Des fiacres passaient. Elle ferma la croisée et vint se rasseoir.
Les hautes maisons voisines interceptant le soleil, un jour froid tombait
dans l'appartement » (p. 272).

Par ailleurs la ville se montre maléfique, source de stérilités et d'échecs.
On se rappelle que les seuls moments de bonheur et d'épanouissement
que connaît Frédéric, c'est quand il s'isole pour travailler (à n'importe
quoi)[8] ou quand il abandonne Paris pour la verdure de Fontainebleau

---

7. G. GERHARDI a fait remarquer que le thème de la régression dans *L'Education*
est renforcé par le nom et la destination du bateau que Frédéric prend au début du
roman : (re)monter-eau (Romantic love and the prostitution of politics, *Studies in the
Novel*, 1972, p. 408).

8. Les brouillons sont ici très éloquents : « Il connut la jouissance ⟨douceur⟩ des
[longs] après-midi ⟨[longues journées studieuses]⟩ [studieusement] ⟨solitairement⟩
passés ⟨[solitaire]⟩ [avec] le murmure des feuillets qu'on ⟨que l'on⟩ retourne [et
de la plume qui glisse ⟨sans aucun bruit⟩] — tandis qu'au loin ⟨[que perdu] tout
dans un lointain presque incompréhensible⟩ la grande ville [continue] comme l'océan
⟨continue⟩ son agitation [stérile] ⟨démente⟩ ⟨inféconde⟩ [et éternelle] » (17604, f° 58 v°,
cf. GF, 213).

ou pour la campagne d'Auteuil. En dehors de ces fugues, on est à la merci d'une ville qui enlace et qui trompe. Creil est plein d'impasses et de fausses pistes. Par sa réputation balzacienne (toutes les réputations, tous les succès en dépendent), Paris aspire les ambitions (p. 123), mais peut se révéler aussi morne et débilitant que Yonville.

Il serait peut-être utile de corriger très légèrement la trajectoire que j'ai adoptée jusqu'ici. En effet, je crois qu'on aurait tort de supposer que Flaubert cherche avant tout à mettre en place une sorte de thématique de la ville, alors que Paris, comme Nogent, etc., est *le véhicule* (un véhicule parmi d'autres) des thèmes. Le lieu aquatique et mouvant du début du roman en est la preuve, comme l'est, au niveau des brouillons, la disparition de tout un parcours, de toute une première expérience citadine dont Flaubert avait décidé primitivement de faire bénéficier son héros (v. 17600 f° 2).

Cela étant dit, la ville, Paris surtout, devient par la suite et très rapidement le véhicule *privilégié* des thèmes. Elle manipule les personnages — de là les rencontres de hasard qui jouent un rôle si important. Elle amène les personnages à se manipuler entre eux : Frédéric s'aperçoit que la Vatnaz, pour qu'il la venge, lui a fait descendre le faubourg Poissonnière (p. 193). La ville frustre ses habitants aussi en les privant de l'espace nécessaire à leurs fins :

> Il se donna jusqu'à la rue de Richelieu pour déclarer son amour. Mais presque aussitôt, devant un magasin de porcelaines, elle s'arrêta net, en lui disant :
> — Nous y sommes, je vous remercie ! A jeudi, n'est-ce pas, comme d'habitude ? (p. 101)[9],

— si seulement le boulevard avait été un peu plus long, ou le magasin un peu plus loin !

La ville contrecarre donc les personnages, ou tisse d'imperceptibles ironies : Louise partie à la recherche de Frédéric, qu'elle croit chez lui rue Rumford, est arrêtée par une patrouille devant le théâtre des Variétés (p. 373) — elle ne sait pas (le texte ne nous dit pas) que Frédéric se trouve en réalité juste en face, chez Rosanette. On ne nous dit pas non plus que, quand Frédéric élit domicile rue Rumford, il s'installe à quelques mètres de la rue d'Anjou, centre d'activité politique à cette époque-là. Il se rapproche des Dambreuse en même temps que topographiquement il s'éloigne des Arnoux. Les implications ironiques sont claires, car elles soulignent les intermittences sentimentales de Frédéric et la stérilité de son existence. Sa présence dans tel ou tel milieu ne veut rien dire,

---

9. On note que, dans les brouillons, c'est la distance qui prime : « [il se donna jusqu'à X pour se déclarer] » (17601 f° 127 v°).

en somme (quelle différence avec Rastignac !). Vers la fin du roman on
lit que « deux heures après son retour, la ville était en révolution »
(p. 440) — c'est se moquer de Frédéric qui, visiblement, n'y est pour rien.

De telles convergences sapent la dignité des personnages. Paris,
dans *L'Education*, est avant tout un instrument narratif. Une stratégie
précise dicte le choix de beaucoup d'éléments. Ce n'est pas pour rien
qu'on rencontre Hussonnet et Pellerin sur le pont d'Arcole (dans le cas
d'Hussonnet, Flaubert avait primitivement mis « le pont Louis-Philippe »,
NAF, 17601 f⁰ 208 v⁰). Ce n'est pas pour rien non plus que, suprême
moquerie, Dussardier meurt sur les marches de Tortoni — c'est un peu
comme un communiste de la Résistance qui se serait sacrifié pour
défendre le *George V* !

La stratégie de confrontation dépasse de loin le simple désir de
reproduire des événements historiques réels ou de situer les personnages dans un contexte qui garantisse en quelque sorte leur authenticité.
Flaubert élabore par exemple toute une topographie florale : le marché
aux fleurs (quai Napoléon) se trouve à côté de l'appartement que Frédéric partage avec Deslauriers ; Frédéric, qui a décoré de fleurs l'appartement réservé à l'intention de Mme Arnoux, attend celle-ci juste à côté
du marché aux fleurs de la Madeleine — tout ceci, ironiquement, constitue
l'écho (proleptique au niveau de la narration, analeptique au niveau
de la diégèse) des fleurs que les deux adolescents présentent aux prostituées de Nogent-sur-Seine.

Les interférences se contaminent forcément les unes les autres — et
cela au-delà de toute vraisemblance. Il y a notamment une stratégie
de l'espace qui donne à *L'Education sentimentale* une très grande individualité : là où, par exemple, le début des romans de Zola *(La Curée,
Le Ventre de Paris, L'Assommoir*, voire même *Germinal)* relate une sorte
d'investissement, de pénétration de la ville, c'est chez Flaubert juste le
contraire qui se produit : Frédéric, dans les premières pages, s'éloigne
de Paris. Quand il revient, c'est, à de nombreuses reprises, non pas pour
le conquérir mais pour le subir. De même qu'au moment de l'héritage,
il est en train de s'encroûter dans Nogent, il s'empêtre chaque fois qu'il
retourne dans la capitale : sa vie n'y est que courses fiévreuses et immobilité stérile. On pourrait bien sûr s'évader, mais les *rêves* d'évasion sont
aussi stéréotypés, aussi stupides que ceux d'Emma Bovary, les villes
d'évasion qu'on rêve sont une sorte d'équivalent louis-philippard du
Club Méditerranée. Quant aux vrais départs (celui d'Arnoux, celui de
Frédéric ou de Sénécal), ils sont le signe non point d'un épanouissement
quelconque mais d'un échec final (qui rappelle le départ stérile du début) :
on s'en va vers la sénilité et la mort, vers la mélancolie des paquebots,
vers l'anéantissement total.

Méfions-nous cependant des antithèses. La ville flaubertienne est un espace tantôt ouvert, tantôt clos — tantôt accueillant, tantôt hostile. Le cabinet au bois, sans fenêtres, où couche Deslauriers, est très différent des salons Dambreuse remplis de clarté où évolue Frédéric. Quelles que soient les déceptions que cela lui prépare, il y a des moments où la joie s'exprime par le plein air : promenades presque rituelles (on pense à celle de la fin) avec Mme Arnoux, matinées idylliques au balcon avec Deslauriers ou Rosanette — vues plongeantes sur la Seine ou les boulevards (p. 87-88, 374). Seulement, avec la nonchalance qui caractérise l'écriture flaubertienne, la même hauteur expansive peut, comme dans *Madame Bovary*, accompagner les noires dépressions et les envies de suicide, du haut du Pont-Neuf par exemple. La ville n'est donc pas simple espace intérieur puisque, tantôt pénétrable, tantôt impénétrable, elle est peuplée de façon aberrante : tout, objets, salons, escaliers, semble net, et clairement articulé chez les Dambreuse, alors que chez les Arnoux les objets, comme les chambres, sont bien souvent noyés dans l'obscurité. L'appartement de Rosanette est une enfilade — ce qui n'a rien d'étonnant.

On ne peut pas dire qu'il s'agisse ici du même type de contraste spatial que celui qui sépare l'expérience des journées de février 1848 (où tout se déroule de jour rive droite) de l'expérience des journées de juin (où les événements, pour Frédéric, se passent de nuit rive gauche). La portée politique et sociale de ceci est évidente (en février, place de la Madeleine, ouvriers et bourgeois se mêlent librement). Cela met à jour une stratégie d'isolement topographique que d'autres moments du texte fusionnent ou gomment. On pense aux transitions d'un endroit dans un autre qui sont tantôt très appuyées (voir le début de la première et de la deuxième parties), tantôt elliptiques.

Cela étant dit (car toute lecture rétablit ce qu'un auteur désire éliminer), on ne peut pas nier que le Paris de *L'Education sentimentale* ne soit une ville labyrinthe où les êtres s'embrouillent et où les choses (la Révolution entre autres) s'enlisent : « Des groupes de badauds occupaient les trottoirs ; une multitude compacte s'agitait sur le pavé. Des bandes entières d'agents de police, sortant des ruelles, y disparaissaient à peine entrés (...), les cochers, du haut de leur siège, faisaient de grands gestes, puis s'en retournaient » (p. 340).

Les images de l'eau, dont Thibaudet parle si éloquemment, conviennent parfaitement à cette mouvance et à cet engloutissement. Dans tous les hauts lieux du roman (Paris, Nogent, Fontainebleau, même la Bretagne), l'eau est présente. Elle assure la mise en place de ce thème du flottement, de l'errance qui caractérise les grands moments de l'œuvre, et partant l'espace urbain où ils se déroulent. Frédéric, en revenant de chez les Arnoux, marche au hasard (p. 84) — sa traversée de Paris en juin 1848 est, si l'on regarde un plan, une série de zigzags. S'il assiste au mariage de Louise et de Deslauriers, c'est qu'il s'est bien éloigné du chemin qui à Nogent mène de la gare à la place d'Armes où habite sa mère. Par leurs continuels déménagements, Arnoux et Rosanette reproduisent à leur manière le même phénomène. Quant à Regimbart, il l'incarne par ses cheminements inlassables et sans objet d'un café à un autre et par l'évolution tout aussi incohérente de ses itinéraires (cf. p. 73-74 et 443).

La ville figure donc l'instabilité falote des personnages, car l'errance est une dimension de l'être qui situe bien leur incohérence psychologique et leurs époustouflants revirements. Ecrasé par les refus de Mme Arnoux, Frédéric revient à Paris : « Une heure après, sur les boulevards, la gaieté de Paris le soir recula tout à coup son voyage dans un passé déjà loin » (p. 227). Par ailleurs, la nostalgie du boulevard, une fois satisfaite, ne lui apporte aucun plaisir (p. 278-279).

Cette errance (physique et morale) n'aboutit, bien sûr, à rien. La preuve cachée de ceci, c'est sans doute la topographie circulaire d'un roman dont le premier grand centre d'intérêt est la rue de Choiseul et le dernier l'hôtel des ventes (où tout se liquide) qui, en 1851, se trouvait près de la Bourse, à quelques mètres de là.

L'errance se transforme donc en figement — ou, si l'on préfère, ne constitue avec lui en fin de compte qu'une seule et même chose. Tous deux se révèlent bien stériles en face de la stabilité symbolique de la maison Dambreuse et de tout ce qu'elle représente. Mais cette stabilité triomphante se manifeste rarement dans un roman que caractérise, à un moment critique du texte, le chassé-croisé de voitures qui reviennent des courses — les noms eux-mêmes, par leur inépuisable bizarrerie, expriment sans ambiguïté un furieux désir de déplacement qui ne mène à rien, qui ne veut rien dire :

> Et la berline se lança vers les Champs-Elysées au milieu des autres voitures, calèches, briskas, wurts, tandems, tilburys, dog-carts, tapissières à rideaux de cuir où chantaient des ouvriers en goguette, demi-fortunes que dirigeaient avec prudence des pères de famille eux-mêmes (GF, p. 235).

Une telle scène ne peut préfigurer que le désarroi, l'échec. Paris est le lieu privilégié, si l'on peut dire, de cet échec. Notons pour terminer que c'est en même temps — avant tout — le lieu privilégié d'une écriture qui à travers le dérisoire échec des hommes instaure la beauté permanente de l'œuvre.

DÉBAT

R. Ricatte (Paris VII). — Les personnages de *L'Education sentimentale* sont situés dans un temps parisien qui n'est pas encore 1868, comme en témoignent des détails extrêmement ponctuels sur l'élégance des toilettes. Vous auriez pu aussi bien citer l'Alhambra, par exemple.

Il reste que ces détails sont tout de même assez sporadiques. Si l'on considère la sensation d'éloignement qu'ils procurent au lecteur, aussi bien du xxe siècle que de 1869, elle est bien moins grande que celle qui est suscitée par Hugo dans *Les Misérables*. Ce Paris des *Misérables*, auquel Flaubert a pu et dû penser, est tout entier traversé par l'immense nostalgie tout à la fois de l'exil et de la transformation de la ville. C'est là un jeu que Flaubert aurait pu discrètement se permettre et qu'il s'est refusé.

Je voulais faire aussi une autre remarque. On a certes « des villes » chez Flaubert, on a Rouen, on a Carthage, on a Yonville. J'ai bien entendu « Yonville ». Or, il me semble que quelque chose fonctionne dans *Madame Bovary* du point de vue des oppositions structurales : c'est justement l'opposition de Rouen et de Yonville. Non pas que Mme Bovary soit plus satisfaite à Rouen qu'à Yonville. Mais il y a tout de même un mouvement de désir qui, dans l'âme de Mme Bovary, les oppose. De même, il y a un mouvement de désir dans l'âme de Frédéric, sans cesse, dans un va-et-vient toujours recommencé, des allers et retours entre Nogent et Paris. Je crois que vous avez un peu effacé l'opposition entre ces deux villes.

S'il n'y a dans la toilette, comme dans le parler de Louise Roque, rien qui la différencie essentiellement de Mme Arnoux, il n'en reste pas moins que son costume est noté comme celui d'une provinciale.

L'eau, même, l'eau qui est à Nogent, c'est le même fleuve, c'est la Seine, mais ce n'est pas du tout la même Seine que la Seine fantasmagorique. Nogent est un espace humain, refermé, rassemblé, où la clôture joue un rôle, alors qu'au contraire le propre du Paris de Frédéric Moreau, c'est que ce Paris le noie sans cesse dans une espèce d'espace passionnant et vaste.

E. Camaraschi (Florence). — Je me demande si la compassion et la sympathie n'iraient pas davantage avec les œuvres antiques, les œuvres « parnassiennes » de Flaubert, et si l'idée de détachement, de dérision, de grotesque triste n'irait pas davantage avec ses œuvres « modernes ».

A. Michel. — Il est évident que la dérision apparaît d'une façon particulièrement forte dans *Bouvard et Pécuchet*. Je pense pourtant qu'il y a dans *Bouvard et Pécuchet* une compassion extraordinaire pour les personnages. Je pense que le paradoxe de Flaubert est de dire qu'on arrive à la compassion par l'objectivité. Cela dit, il exerce aussi un égotisme littéraire, et cette tension est très étrange dans la création flaubertienne.

J.-P. LEDUC-ADINE (Université de Limoges). — La critique flaubertienne, dans l'ensemble, me paraît poser souvent comme principe l'absence de lien entre le roman et la peinture. A l'inverse d'ailleurs de ce qu'on peut analyser chez bien d'autres écrivains, et en particulier d'autres romanciers du XIXe siècle.

Si le personnage féminin du roman est un être qui se définit comme être de réalité et comme être de fiction, est-ce qu'on ne devrait pas le rapprocher de la représentation, tout aussi réaliste et tout aussi visionnaire, qu'est le portrait féminin dans la peinture sous le Second Empire ? En particulier, je crois que le corps féminin, habillé ou non, est toujours objet de convoitise ou objet de scandale, à l'époque. On pourrait en citer de nombreux exemples dans la peinture, jusqu'à la *Naissance de Vénus* d'Alexandre Cabanel. Ces corps féminins constituent à l'époque un des clous de l'exposition des artistes vivants, représentation quasi sacramentelle de la femme dans son rôle social.

M. Raimond a parlé de la description de la femme qui se détache toujours dans une espèce de cadre, de coffret, d'écrin luxueux. Ne serait-ce pas là cadre métaphorique du tableau ? Vous remarquerez l'importance du tableau dans *L'Education sentimentale*. Je rappelle que dans la dernière brève rencontre entre Mme Arnoux et Frédéric, une autre femme est présente, par l'intermédiaire d'un tableau : c'est la Maréchale. Je cite Flaubert : le portrait de la Maréchale était à demi caché par un rideau ; et à la question de Mme Arnoux : « Qui est-ce ? » Frédéric répond : « Vous ne la connaissez pas ? Est-ce possible ? C'est une peinture italienne. »

Dans ces conditions, on pourrait mettre en parallèle l'étude du corps féminin dans sa représentation romanesque d'une part, et dans sa représentation picturale qui est au fond une représentation essentiellement sociale.

J. FAVIER. — Je voudrais faire deux remarques qui ne sont pas une conclusion : la première, c'est que la génération de Flaubert est probablement la première génération de romanciers qui peut fonder son travail sur des instruments de références, issus eux-mêmes du travail de la première génération de véritables érudits.

On a évoqué le Paris des *Misérables* ; on me permettra d'évoquer le Paris de *Notre-Dame de Paris* qui, pour une bonne part, est le produit des premiers travaux de la première génération d'archéologues.

Les écrivains peuvent alors disposer de textes relativement diffusés et sûrs, de dictionnaires... Ceux-ci ne sont pas à la mesure de ceux qu'on trouve aujourd'hui. N'empêche que les écrivains ont abondamment profité de toutes les recherches dont je parle, et le Paris de Flaubert est, comme celui du Victor Hugo de *Notre-Dame de Paris*, le produit d'un vaste travail de bibliothèque, qui n'était pas possible plus tôt.

Ma seconde observation est que l' « haussmannisme » commence avant Haussmann, parce que l'haussmannisme est une conséquence. Ce que nous voyons dans l'œuvre de Flaubert, c'est l'extraordinaire décollage économique et social créé pendant la monarchie de Juillet, enrichie par le bouleversement de Paris. Et ce bouleversement se marque aussi bien dans les structures profondes de la société que dans la littérature. Mais c'est aussi l'éclatement d'un Paris qui, en 1859 et 1860, passe de son avant-dernière enceinte à sa dernière enceinte, c'est-à-dire qui englobe tous les villages de la première périphérie, Vaugirard, la Villette, etc. Ce Paris est en pleine mutation ; il se situe lorsque Haussmann le remodèle : grand remodèlement spatial, qui se reflète dans la plaine Monceau, dans la nouvelle Chaussée d'Antin, dans un certain nombre de quartiers sur lesquels Flaubert a porté son attention dans *L'Education sentimentale*.

Rosanette et la ville corruptrice
ou quelques réflexions
sur le « rousseauisme » de Flaubert

JACQUES-LOUIS DOUCHIN

« Aux deux bouts du lac de Genève, il y a deux génies qui projettent leur ombre plus haut que celle des montagnes », écrivait Flaubert, le 26 mai 1845, à son cher Alfred Le Poittevin. Les deux génies en question ce sont — idoles des jeunes romantiques — Byron et Rousseau.

En dépit de ses nombreuses et convaincues professions de foi voltairiennes, en dépit qu'incontestablement Flaubert est resté pour toujours marqué du poinçon voltairien que son père, le positif chirurgien-chef, lui a, dès l'enfance, imprimé dans l'esprit, il n'empêche qu'il laisse parfois sourdre du fond de lui-même, quasi involontairement, sa tendresse pour Rousseau. Tendresse ambiguë, certes : ce n'est pas une adhésion réfléchie, c'est un mouvement du cœur. Mais combien significatif et qui révèle, s'il en était besoin, que demeure, immuable, le fond romantique — et jusqu'à la fin de sa vie — chez l'auteur de *L'Education sentimentale*.

A cet égard, il m'apparaît que la conception du personnage de Rosanette en apporte une preuve déterminante. Je vois, en effet, en Rosanette, l'une des créations les plus foncièrement romantiques de Flaubert.

Romantique, elle l'est, d'abord, en tant que « lorette ». Que le mot ait été inventé, comme le signale le *Dictionnaire étymologique* de Dauzat, par Nestor Roqueplan, ou, comme l'affirme Baudelaire, par Gavarni, il importe peu. Ce qui est essentiel, c'est que ce terme apparaisse dans les années 1840 et que, par exemple, on consacre, dès 1841, à ce type de femme, une « physiologie »[1]. Ainsi, la lorette vient-elle prendre sa

1. *Physiologie de la Lorette*, par d'ALHOY.

place dans le théâtre d'ombres des personnages romantiques — côtoyant l'étudiant pauvre, le voyou au grand cœur ou le poète famélique.

Par conséquent, rien de bien surprenant à ce que, dès 1862, dès la rédaction balbutiante du premier « plan » de « Mme Moreau (roman) », la lorette soit présente à la pensée de Flaubert : « Le mari, bon, initiant aux lorettes. » Et il est frappant de constater, lorsqu'on parcourt ces premiers plans, que l'écrivain a conçu, au départ, comme devant constituer l'une des lignes de force du futur roman, la rivalité entre « Mme Moreau » et « la lorette ».

Rosanette joue donc, cela est patent, l'un des rôles clés de *L'Education sentimentale*. Or, quel est son destin, et quelle est la signification profonde de ce destin ?

Une première remarque : Rosanette est l'un des fort rares personnages flaubertiens issus du prolétariat urbain. A vrai dire, je ne vois, en dehors d'elle, et sauf erreur, que Dussardier et, peut-être (car Flaubert demeure peu précis à ce sujet), Sénécal. « Ses parents étaient des canuts de la Croix-Rousse[2]. Elle servait son père comme apprentie »[3]. Que Flaubert ait fait de Rosanette la fille d'un canut n'est pas un choix gratuit : le soulèvement de novembre 1831 demeure présent à l'horizon des mémoires. « Le pauvre bonhomme avait beau s'exténuer, sa femme l'invectivait et vendait tout pour aller boire. Rosanette voyait leur chambre, avec les métiers rangés en longueur contre les fenêtres, le pot-bouille sur le poêle, le lit peint en acajou, une armoire en face, et la soupente obscure où elle avait couché jusqu'à quinze ans. » La magie de cette évocation spécifiquement flaubertienne (sobriété, choix mûrement concerté de quelques détails significatifs, suggestion) déclenchera peut-être dans l'esprit de Zola le mécanisme qui donnera vie aux amples développements de *L'Assommoir* : Gervaise, son « appartement » rue de la Goutte-d'Or, les années d'enfance de Nana. Nana, la sœur cadette de Rosanette[4].

Quoi qu'il en soit, Rosanette — comme Nana — est fille de la Ville. Et quand Flaubert fait le récit de sa « confession »[5], il prend soin de créer une bien significative atmosphère : « (...) On m'emmena dans un cabinet de restaurant (...), un candélabre de vermeil (...), une glace au plafond (...), les tentures des murailles en soie bleue faisaient ressembler tout l'appartement à une alcôve (...), un divan (...), la bouche du calo-

2. Son patronyme « Bron » (toponyme de la banlieue lyonnaise) illustre son origine.

3. *L'Education sentimentale*, III, 1.

4. Voir les plans préparatoires de *Nana*, dans lesquels la fille de Gervaise est, effectivement, qualifiée de « lorette ». Voir également le célèbre récit de la réception chez Nana qui démarque, à maintes reprises, le récit de Flaubert au chapitre 1 de la IIe Partie de *L'Education sentimentale*.

5. *L'Education sentimentale*, III, 1.

rifère dans le tapis m'envoyait une haleine chaude (...), la tête me
tournait, j'ai voulu ouvrir la fenêtre (...). » Atmosphère révélatrice d'une
civilisation urbaine raffinée qui, ici, prépare et va, incessamment par
la suite, alimenter la corruption. Raffinement, fabrication de sensations
jusqu'alors inéprouvées, parce que artificielles, — en un mot, le mot,
l'un des maîtres mots de *L'Education sentimentale* : factice.

Quand Rosanette aura pignon sur rue et qu'elle « tiendra maison
ouverte », comme dit Baudelaire, dans quel cadre vivra-t-elle ? « Il
(Frédéric) entra dans le boudoir, capitonné de soie bleu pâle, avec des
bouquets de fleurs des champs, tandis qu'au plafond, dans un cercle
de bois doré, des Amours, émergeant d'un ciel d'azur, batifolaient sur
des nuages en forme d'édredon. (...) Il admira tout : les volubilis artificiels
ornant le contour de la glace, les rideaux de la cheminée, le divan turc
et (...) une manière de tente tapissée de soie rose, avec de la mousseline
blanche par-dessus. Des meubles noirs à marqueterie de cuivre garnis-
saient la chambre à coucher, où se dressait, sur une estrade couverte
d'une peau de cygne, le grand lit à baldaquin et à plumes d'autruche.
Des épingles à tête de pierreries fichées dans des pelotes, des bagues
traînant sur des plateaux, des médaillons à cercle d'or et des coffrets
d'argent se distinguaient dans l'ombre, sous la lueur qu'épanchait une
urne de Bohême, suspendue à trois chaînettes. Par une petite porte
entrebâillée, on apercevait une serre chaude occupant toute la largeur
d'une terrasse, et que terminait une volière à l'autre bout »[6].

Une fois gratté le vernis de l'ironie, demeure la réalité : factice et
clinquant. Style du parvenu, de ce que, plus tard, on appellera, mépri-
sant, le « nouveau riche ». Aux antipodes du naturel.

On comprend donc combien Rosanette, en dépit de sa frénésie de
vivre cette vie — sentiment qui procède sans doute, comme chez Nana,
d'une volonté de revanche — éprouve, à maintes reprises, la nostalgie
de la pureté. Pour elle, tout bonnement, naturel et pureté sont frère et
sœur. Son amour pour Frédéric — car elle a aimé Frédéric — se nourrit
de cette quête désespérée d'un idéal de pureté devenu inaccessible dès
lors que, dès l'adolescence, la Ville l'a corrompue.

Dans ces conditions, il va de soi que les heures de Fontainebleau[7]
resteront dans sa mémoire comme l'unique embellie de son existence
gâchée.

« Quand la voiture s'arrêtait, il se faisait un silence universel ;
seulement, on entendait le souffle du cheval dans les brancards, avec
un cri d'oiseau très faible, répété (...)[8]. Debout, l'un près de l'autre, sur

6. *L'Education sentimentale*, II, 1.
7. *L'Education sentimentale*, III, 1.
8. Voir le fameux récit de Rousseau passant la nuit à la belle étoile à l'entrée
de Lyon dans un « silence universel », et réveillé, le matin, par le chant d'un rossignol...

quelque éminence du terrain, ils sentaient, tout en humant le vent, leur entrer dans l'âme comme l'orgueil d'une vie plus libre, avec une surabondance de forces, une joie sans cause (...). Le sérieux de la forêt les gagnait ; et ils avaient des heures de silence où (...) ils demeuraient comme engourdis dans une ivresse tranquille. Le bras sous la taille, il l'écoutait parler pendant que les oiseaux gazouillaient, observait du même coup d'œil les raisins noirs de sa capote et les baies des genévriers, les draperies de son voile, les volutes des nuages ; et, quand il se penchait vers elle, la fraîcheur de sa peau se mêlait au grand parfum des bois (...). »

Rosanette a plongé dans l'eau lustrale de la Nature et en est ressortie, de ce fait, métamorphosée. II, 1 : « Et posée sur une seule hanche, l'autre genou un peu rentré, en caressant de la main gauche le pommeau de nacre de son épée, elle se considéra pendant une minute, d'un air moitié suppliant, moitié gouailleur. Enfin, elle dit : « Bonsoir ! », fit une pirouette et disparut. » III, 1 : « La table était près de la fenêtre, Rosanette en face de lui ; et il contemplait son petit nez fin et blanc, ses lèvres retroussées, ses yeux clairs, ses bandeaux châtains qui bouffaient, sa jolie figure ovale (...). Il lui découvrait enfin une beauté toute nouvelle (...). »

On ne peut être plus clair. La Ville corrompt, la Nature purifie. C'est du « rousseauisme » intégral. Nos « écologistes » contemporains auraient, à la lecture de *L'Education sentimentale*, de quoi argumenter !

Ces cursives réflexions me conduisent donc à souligner un aspect, que je crois fondamental, de la pensée de Flaubert. A trente-deux ans de distance, on peut lire : « Si la Société continue à aller de ce train, il n'y aura plus dans deux mille ans ni un brin d'herbe ni un arbre ; ils auront mangé la nature » (1840)[9]. « Je sens monter du fond du sol une irrémédiable barbarie » (1872)[10].

Malgré ses critiques véhémentes contre le citoyen de Genève (à qui, il faut le dire, il reproche surtout ses doctrines « égalitaristes »), Flaubert partageait foncièrement les vues de Rousseau sur le rôle « corrupteur » d'une Société, dont la trop rapide et imprudente évolution débouchait, à ses yeux, sur le règne du factice et, par voie de conséquence, de la dépravation.

La conception même du personnage de Rosanette, que Flaubert présente, en fin de compte, comme une victime de la civilisation urbaine, me paraît, sans conteste, le confirmer.

9. *Souvenirs, notes et pensées intimes.*
10. Lettre à Tourgueneff.

L'espace urbain
de L'Education sentimentale :
intérieurs, extérieurs

MARIE-CLAIRE BANCQUART

L'espace parisien de *L'Education sentimentale* se présente d'emblée comme un espace romanesque, mettant en jeu les puissances de l'imaginaire, parce que le lecteur de 1869 le ressent à la fois comme connu et comme disparu. L'essentiel du roman se situe en effet avant le Second Empire, c'est-à-dire avant le grand bouleversement des travaux entrepris par Haussmann. La ville a changé, plus que le temps écoulé entre 1840 et 1869 ne l'impliquerait si la rénovation urbaine n'avait pas été si brutale. On peut discuter sur le rôle que joue l'histoire, toile de fond ou élément fondamental, dans *L'Education sentimentale*. Mais on ne peut nier le rôle qu'y joue le fait qu'il s'agit, dans le plus clair du roman, d'un temps et d'un espace révolus. Flaubert le dit lui-même, une fois à propos de la foule qui assiste aux courses (« le public des courses, plus spécial dans ce temps-là, avait un aspect moins vulgaire ; c'était l'époque des sous-pieds, des collets de velours et des gants blancs »), une fois à propos du boudoir de Rosanette (« Ces élégances, qui seraient aujourd'hui des misères pour les pareilles de Rosanette, l'éblouirent »). Extérieurs et intérieurs parisiens se sont donc transformés ; pour sentir le caractère radical de cette transformation, le lecteur de 1869 n'avait en général nul besoin de l'avertissement de l'écrivain ; des noms lui suffisaient, évocateurs de récentes refontes de la ville. Ainsi, le premier logis de Frédéric, rue Saint-Hyacinthe, est situé dans une rue très fortement amputée en 1846 par l'ouverture de la rue Soufflot. Après avoir habité quai Napoléon (l'actuel quai aux Fleurs), Frédéric achète un hôtel rue Rumfort, rue complètement supprimée, elle, par le percement du boulevard Malesherbes, entre 1855 et 1860. Ces deux exemples sont suffisamment caractéristiques, puisqu'il s'agit des lieux où vécut le héros, pour montrer qu'une annulation spatiale, un effet d'immédiate disparition, sont impliqués dans la géographie parisienne du roman : et pas seulement pour le lecteur, mais encore pour le héros parvenu à la fin du roman, après une longue parenthèse. En mars 1867, quand Frédéric retrouve Mme Arnoux, ils se promènent dans Paris « sans rien distraire d'eux-mêmes, sans rien entendre, comme ceux qui marchent ensemble dans la campagne, sur un lit de feuilles mortes ». Comparaison qui abandonne la ville et l'histoire pour évoquer la fin cyclique de l'année. Elle inscrit la mort d'un espace dans celle des éléments, le faisant non plus occasionnel, mais mythique.

Pourtant, on ne saurait dire sans le méconnaître que le Paris de *L'Education sentimentale* est tout à fait au passé pour le lecteur. D'abord, son orientation générale est déjà celle qu'il a prise sous Haussmann, celle qui va s'accentuer au début de la Troisième République. Le roman dessine bien un mouvement croisé entre rive gauche et rive droite : Frédéric part de la rive gauche pour habiter au bord de la Seine, puis rue Rumfort ; inversement, les Arnoux vont de la rue de Choiseul à la rue Paradis, puis à la rue de Fleurus. Mais l'écrasante majorité des scènes se déroule rive droite, et à l'ouest du centre de la ville. La plupart des personnages y demeurent. Les Dambreuse sont rue d'Anjou, la boutique de l'Art industriel boulevard Montmartre, l'appartement des Arnoux rue de Choiseul, avant que magasin et appartement ne se situent rue Paradis-Poissonnière. Rosanette habite galerie Montpensier, puis dans une maison neuve de la rue Grange-Batelière, puis boulevard Poissonnière. C'est rue Tronchet que Frédéric trouve la chambre de son rendez-vous manqué avec Mme Arnoux, c'est à la Madeleine qu'on enterre M. Dambreuse, sur les grands boulevards qu'on dîne et qu'on se promène, aux Champs-Elysées qu'on se montre en voiture et qu'on s'amuse à l'Alhambra. La rive gauche comprend le quartier des étudiants, de leur travail ou de leurs manifestations politiques ; le Quartier Latin devient désert l'été ; il est celui où l'on passe un moment de la vie, un moment de l'année, mais non un quartier où l'on vit comme adulte. Il se trouve aussi rive gauche des lieux de réunion excentriques de la ville par définition, comme l'hippodrome du Champ-de-Mars, et encore des quartiers indécis, un peu morts, où le commerce ne se retire pas sans se compromettre : passant de la faïencerie de la rue Paradis à la boutique de la rue de Fleurus nommée « Aux arts gothiques », Arnoux signe sa déchéance. En somme, le Paris vivant de *L'Education sentimentale* est un Paris très restreint, qui va du Palais-Royal (rue Sainte-Anne, rue Vivienne) aux grands boulevards et au quartier de la Pépinière, poussant une pointe au nord pour le commerce, à l'ouest (Champs-Elysées, bois de Boulogne) pour les sorties. C'est le Paris du développement des affaires, qui voit la prospérité du quartier construit par le banquier

Laffitte sous la Restauration, et la migration des commerces et des
habitations loin du faubourg Saint-Antoine, vers l'ouest de la capitale.
Le Palais-Royal décline lui-même comme centre des plaisirs et des
affaires, au profit des boulevards. Voilà un mouvement qui s'était
accentué sans changer de nature durant le Second Empire. *L'Education
sentimentale* est à cet égard (comme à bien d'autres) un roman qui, à
l'avance, met en scène un Paris « fin-de-siècle », où prédominent les
quartiers que vont décrire Vallès dans *Le Tableau de Paris*, Maupassant dans *Bel-Ami*, Zola dans *La Curée* et *L'Argent*.

D'autre part, et cette fois par une atmosphère de travaux et de
spéculations, le Paris de *L'Education sentimentale* est homothétique à
celui du Second Empire. Flaubert connaissait bien celui-ci, et plusieurs
fois s'y est rendu spécialement pour amasser des notes à destination du
roman : visites au Champ-de-Mars, au café Anglais, dont sa correspondance de 1867 nous a conservé le témoignage. Certes, ces visites
in situ s'accompagnent d'une documentation sur ce que pouvaient être
les lieux et les mœurs une vingtaine d'années auparavant. Les carnets de
Flaubert nous livrent à ce sujet un plan, des croquis, des notes. Mais il
en est de Flaubert comme de Zola, lorsqu'il décrit un Paris du Second
Empire sous la Troisième République, après des promenades dans les
quartiers qui l'intéressent. La sensation présente joue avec les documents
anciens et se combine avec eux. D'autant plus facilement, en ce qui
concerne Flaubert, que les grands travaux d'Haussmann n'ont pas
été sans précédents importants, à l'époque même où se déroule le roman :
le préfet Rambuteau a bouleversé la physionomie du Paris central ; on a
bâti nombre de quartiers ; la maison neuve qu'habite Rosanette « bien
entretenue », la spéculation d'Arnoux qui veut construire des « Galeries
du Commerce », une suite de « passages couverts qui auraient mené du
boulevard Saint-Denis au Châtelet », ne peuvent au lecteur qu'évoquer
de plus récents travaux. Ailleurs, c'est une vision familière qui est suscitée par la description de maisons détruites : il s'agit ici des suites d'une
émeute, mais les démolitions d'Haussmann donnaient le même spectacle.
Il n'est pour le vérifier qu'à comparer le chapitre VII de *La Curée* de
Zola (« Aux deux côtés, des pans de murs, crevés par la pioche, restaient
debout ; de hautes bâtisses éventrées, montrant leurs entrailles bla-
fardes, ouvraient en l'air leurs cages d'escalier vides, leurs chambres
béantes [...]. Une girouette oubliée grinçait au bord d'une toiture, tandis
que des girouettes à demi détachées pendaient, pareilles à des gue-
nilles [...]. Et la trouée s'enfonçait toujours, au milieu de ces ruines,
pareille à une brèche que le canon aurait ouverte ; la chaussée, encore à
peine indiquée, emplie de décombres, avait des bosses de terre, des
flaques d'eau profondes ») et le premier chapitre de la troisième partie
de *L'Education sentimentale* (« L'insurrection avait laissé dans ce quar-

tier-là des traces formidables. Le sol des rues se trouvait, d'un bout à l'autre, inégalement bosselé [...]. Les maisons étaient criblées de projectiles, et leur charpente se montrait sous les écaillures du plâtre. Des jalousies, tenant par un clou, pendaient comme des haillons. Les escaliers ayant croulé, des portes s'ouvraient sur le vide. On apercevait l'intérieur des chambres avec leurs papiers en lambeaux »). Jusque dans le choix des termes, ces deux descriptions prêtent à des assimilations évidentes. Le lecteur de *L'Education sentimentale* reconnaît donc un certain climat qui lui est familier, une orientation de Paris, des visions ; corrélativement, il sait qu'il s'agit d'espaces révolus, et qu'une vision habituelle (le quartier en ruines) est produite par des événements dont il a perdu l'habitude (l'insurrection). Il y a donc à la fois lisibilité et non-lisibilité de la ville, un constant effet de décalage, un « tremblé » dans la perception de l'espace urbain.

Ce jeu entre lisibilité et non-lisibilité de l'espace est intériorisé dans le roman. On peut même dire qu'il caractérise le Paris de *L'Education sentimentale*, et, la vision de la ville étant la projection du « Moi » du héros, que ce jeu décalque sur l'espace urbain l'incertitude fondamentale de Frédéric. Rien de plus caractéristique à ce propos que la description des différentes « présentations » de Frédéric à la ville. Il est normal que le provincial traversant Paris, au début du roman, ne perçoive que confusément la capitale : grouillement et encombrement du quai Saint-Bernard, « clochers », « édifices » inconnus, et, seuls lieux reconnaissables, la Cité, l'île Saint-Louis, Notre-Dame. Mais bientôt Frédéric connaît Paris, et le connaît d'autant mieux qu'il s'agit d'un périmètre restreint, à l'intérieur duquel on est amené à refaire sans cesse les mêmes trajets. Or, toutes les fois qu'après une absence il regagne la ville, Flaubert a fait en sorte que celle-ci se présente à Frédéric sous un jour insolite et générateur d'une *désorientation*. Au début de la seconde partie, la diligence qui l'amène de Nogent est forcée par une inondation du quai de la Gare à faire un détour par Ivry. Les incohérences et les misères d'un paysage suburbain retardent les retrouvailles de Frédéric avec Paris : « On monta une rue ; tout à coup il aperçut le dôme du Panthéon. La plaine, bouleversée, semblait de vagues ruines. L'enceinte des fortifications y faisait un renflement horizontal ; et, sur les trottoirs en terre qui bordaient la route, de petits arbres sans branches étaient défendus par des lattes hérissées de clous. Des établissements de produits chimiques alternaient avec des chantiers de marchands de bois [...]. » Désorientation surmontée cette fois, parce que Frédéric, nouveau riche, heureux, voit sur cet assemblage hétéroclite resplendir « deux yeux qui val[en]t pour lui le soleil ». Mais par la suite, cette difficulté d'approche se retrouve, sans que Frédéric possède en lui l'énergie qui donnerait un sens à la ville qui se refuse. D'abord, elle se refuse par le vide : au

chapitre VI de la seconde partie, nouveau retour de Nogent, au mois
d'août ; Paris est désert, les persiennes closes, les rares passants ren-
frognés, et la seule vie du boulevard semble dévolue aux chaudières
d'asphalte qui fument çà et là, c'est-à-dire à la pure mécanique. « Frédéric fut pris par un étrange sentiment d'abandon. » Les deux autres
entrées de Frédéric dans Paris sont au contraire marquées par les bruits,
grouillements et horreurs de l'insurrection. De Fontainebleau, en
juin 1848, il parvient avec une peine infinie, en changeant de voitures,
à la barrière d'Italie, puis, par un itinéraire absolument inusité dans le
roman, qui ne décrit nulle part ailleurs cette partie de la ville, au jardin
des Plantes et au Panthéon. Tout est fait d'inexplicables contrastes,
silence de fond et bruits soudains, rapides estafettes et soldats immobiles,
lumières crues et obscurités. Enfin, la dernière rentrée décrite de Frédéric se déroule lors du coup d'Etat de Louis-Napoléon : difficultés pour
arriver de la gare aux Boulevards, à cause des barricades ; fiacre détourné
de son chemin ; puis la vision d'apocalypse des dragons à cheval, crinières de casques et manteaux blancs masquant la lumière tordue des
becs de gaz ; et Dussardier tué par Sénécal, comme sur un théâtre, sur
les marches de Tortoni. On passe de l'étrangeté à la violence, et de la
périphérie au cœur de la ville, ce boulevard naguère si familier. La ville
rejette alors dans une convulsion l'aventure de Frédéric : juste après
cette dernière entrée, c'est le « Il voyagea [...] Il revint », passage à la
définitive monotonie.

Paris n'est donc jamais présenté à Frédéric comme une totalité,
une synthèse, lorsqu'il l'aborde. Il est très rare dans le roman qu'il
soit placé avec la ville dans un état de communication tel qu'il la ressente
comme un grand organisme en relation avec sa propre intimité. Il y faut
toujours la médiation de Mme Arnoux. C'est elle qui possède, et elle
seule dans le roman, l'apparence de vivre une vie intérieure, de placer
l'être avant le paraître. C'est pour cela qu'elle seule possède un intérieur
marqué par une intimité vraie, et qu'elle seule suscite chez Frédéric
une rêverie mythique sur la ville. On ne saurait en effet séparer, quand
ils sont décrits tous deux, l'intérieur de l'extérieur dans une étude sur
l'espace romanesque d'une ville : ou bien ils entretiennent l'un vis-à-vis
de l'autre des relations aisées, tout en demeurant nettement séparés ;
ou bien l'intérieur se resserre sur lui-même, et il ignore la présence
collective de la ville ; ou encore, c'est l'extérieur qui envahit les intérieurs d'un grand galop public. Dans le premier cas seulement, existe la
possibilité d'une intégration positive des valeurs collectives de la ville
— valeurs monumentales ou spirituelles — au « moi » d'un héros qui
connaît clairement son identité propre et marque ses limites. Chez
Mme Arnoux, la note intime et vraie est toujours présente : du boudoir
de la rue de Choiseul, il est dit : « C'était un endroit paisible, honnête et

familier tout ensemble. » Rue Paradis, cette intimité prend une allure
bourgeoise, familiale et un peu trop commune au premier abord (« deux
oreillers se touchaient contre le traversin ; une bouillotte chauffait
dans les charbons »), mais parce que la présence d'Arnoux exclut une
sorte de majesté familière que l'on retrouve quand Mme Arnoux est
seule : « La chambre avait un aspect tranquille. Un beau soleil passait par
les carreaux, les angles des meubles reluisaient, et, comme Mme Arnoux
était assise auprès de la fenêtre, un grand rayon, frappant les accroche-
cœur de sa nuque, pénétrait d'un fluide d'or sa peau ambrée. » Une
sérénité émane de Mme Arnoux, une tendresse qui donne même aux
autres intérieurs, bien différents, de *L'Education sentimentale*, une personnalité lorsqu'elle s'y arrête : « le fauteuil où elle s'était assise », « les
objets qu'elle avait touchés », dans l'hôtel de la rue Rumfort, gardent
son émanation. Mais nous ne savons rien, dans le roman, de ses propres
sensations, de sa façon de vivre la maison et la ville. Elle est un point
aveugle de convergence ; car, cette convergence, c'est à travers Frédéric
que nous la percevons. Autour d'elle, regroupant Paris, il le sent comme
une interpénétration de tous les éléments (« de longues flammes rouges
vacillaient dans la profondeur de l'eau. Elle était de couleur ardoise,
tandis que le ciel, plus clair, semblait soutenu par de grandes masses
d'ombre qui se levaient de chaque côté du fleuve. Des édifices, que l'on
n'apercevait pas, faisaient des redoublements d'obscurité ») ou comme
une conciliation cette fois humaine de tous ses contraires, prostituées,
écuyères, grisettes, femmes honnêtes. Paris contient alors tous les pays, le
palmier du jardin des Plantes faisant rêver à des voyages lointains avec
Elle, et tous les temps, les tableaux du Louvre la présentant sous les
costumes les plus divers. Fluidité, circulation parfaite, globalité : la ville
est bien un microcosme qui implique pour l'individu « un mode nouveau
d'exister ». Mais cette expression, qui semble indiquer une initiation, est
aussitôt démentie par l'indication constante de la passivité de Frédéric.
Devant le magasin où s'étalait « en écriture sacrée » le nom d'Arnoux, « le
large trottoir descendait, facilitait sa marche, la porte tournait presque
d'elle-même ». Quand il sortit de chez Mme Arnoux pour aller au spectacle magique de la Seine, « il allait toujours devant lui au hasard, éperdu,
entraîné » ; il ne participe nullement non plus, sauf en pur spectateur,
au resserrement de Paris autour de la seule image de Mme Arnoux : la
ville est comparée à un immense orchestre autour d'elle, mais lui n'est
point au centre de la ville, lui ne se possède plus : il est « énervé » comme
par « l'usage d'un parfum trop fort ».

Aussi ne retrouvera-t-il jamais cette perfection mythique qui s'était
offerte à lui, à deux reprises, mais par hasard et alors qu'il ne gouverne
pas sa propre identité. La lecture sacrée de Paris cesse, au profit des
dégradations, des substitutions ironiques et des malentendus. Profa-

nation que représente la location rue Tronchet de l'appartement meublé
(de passage, sinon de passe) pour y recevoir Mme Arnoux en l'arrangeant
« plus dévotement que ceux qui font des reposoirs ». Irruption de Rosanette dans l'intimité de la rue Paradis, au moment où Frédéric et
Mme Arnoux s'étreignent « dans un long baiser ». Disparition du nom
d'Arnoux, indiqué boulevard Montmartre, absent de la faïencerie
d'art de la rue Paradis-Poissonnière, dont l'appellation est en elle-
même comme une dérision du sacré ; relais funèbre de la rue de
La Roquette, enfin, dont les boutiques offrent des « rondelles noires
couvertes de dessins et de lettres d'or », ce qui « les fait ressembler à des
magasins de faïence ». Comment ne pas songer aux lettres du nom
d'Arnoux sur la plaque de marbre du premier magasin, désormais trans-
posées sur la rondelle accordée aux morts par les vivants ? Dans le
dernier établissement d'Arnoux, rue de Fleurus, le bois, le plâtre, et la
paille d'une crèche (« de la vraie paille », est-il ironiquement précisé) ont
remplacé la dureté de la faïence, et l'intérieur de Mme Arnoux n'est
pas montré. Enfin celui-ci s'ouvre et coule au-dehors, lors de la vente
publique aux enchères : les meubles, les objets, la lingerie même de
Mme Arnoux sont jaugés, palpés. La ville, théâtre de la dispersion.

Elle l'est, en fait, dès le début du roman. Car au moment même où
Frédéric croyait avoir été visité par sa plénitude, elle la niait. Sa vas-
titude et le relatif anonymat qu'elle permet suscitent sans arrêt dans le
roman des échanges ignobles de lieux et d'objets entre les personnages,
et des méprises qui avertissent que la localisation du sacré ne peut être
que fausse. Frédéric a longtemps cru que l'appartement de Mme Arnoux
se situait au-dessus de la boutique de la rue Montmartre : les trois
fenêtres du premier étage ont été « contemplées » par lui avec adoration,
jusqu'au moment où il a appris que l'appartement se situait rue de
Choiseul. Les fenêtres étaient celles du « lieu de rendez-vous commode »
de bohèmes et de rapins. Promiscuité des objets : le seul appartement
que Frédéric ait meublé et décoré avec amour, quai Napoléon, est orné
de gravures et encombré de cartons venant de chez Arnoux. Frédéric
étant absent, son ami Deslauriers accueille Sénécal dans les deux pièces :
« Donc, Sénécal s'étalait, maintenant, au milieu des choses qui prove-
naient de chez Arnoux ! Il pouvait les vendre, faire des remarques dessus,
des plaisanteries. Frédéric se sentit blessé, jusqu'au fond de l'âme. »
Bientôt, il s'habitue à ces changements de main. Il voit chez Rosanette
le lustre de la rue de Choiseul, en accordant seulement un fugitif souvenir
aux « anciens jours ». Vient ensuite la « confusion » admise entre les
logements : « un des bahuts que l'on voyait autrefois boulevard Montmartre ornait à présent la salle à manger de Rosanette, l'autre, le salon
de Mme Arnoux [...] puis une foule de petits cadeaux, des écrins, des
boîtes, des éventails allaient et venaient de chez la maîtresse chez

l'épouse. » A ce stade du roman, c'en est fini de l' « orchestre » que formait Paris autour de la seule Mme Arnoux, car Flaubert écrit de Frédéric : « la fréquentation de ces deux femmes faisait dans sa vie comme deux musiques ». C'est alors la substitution de Rosanette à Mme Arnoux dans le meublé de la rue Tronchet, dans la vie de ménage menée ensuite avec elle boulevard Poissonnière, tout près de la rue Paradis-Poissonnière. Dans ce « transfert », le nom a seulement gardé sa résonance vulgaire. Le symbole de cette promiscuité d'objets et d'intérieurs est naturellement le coffret Renaissance à fermoirs d'argent, passé de chez Mme Arnoux à l'appartement de Rosanette, repris par Arnoux, enfin vendu à l'encan et acheté par Mme Dambreuse. Frédéric rompt avec elle alors, mais c'est à propos d'un objet déjà sali d'échanges et devenu public. Pareille confusion marque les extérieurs de la ville. C'est sur le Pont-Neuf que Frédéric a reçu la première vision magique de Paris ; ce même Pont-Neuf assiste à sa promenade avec Deslauriers qui vient de renvoyer brutalement sa maîtresse et veut lui soutirer l'argent nécessaire à la fondation d'un journal. La seule sortie que Mme Arnoux ait faite avec Frédéric trouve sa réduplication dans une promenade avec Rosanette : « Il se rappela un crépuscule d'hiver où, sur le même trottoir, Mme Arnoux marchait ainsi à son côté ; et ce souvenir l'absorba tellement, qu'il ne s'apercevait plus de Rosanette. » Les cieux mêmes sont témoins des substitutions : quand Mme Dambreuse devint la maîtresse de Frédéric, « des nuages immobiles rayaient le ciel de grandes bandes rouges, et il y eut comme une suspension universelle des choses. Alors, des soirs semblables, avec des silences pareils, revinrent dans son esprit, confusément. Où était-ce ? ». C'était, sur le boulevard apaisé d'un soir d'été, les « nuages roses en forme d'écharpe » qui « s'allongeaient au-delà des toits », quand Frédéric pensait à Mme Arnoux et sentait « quelque chose d'énorme s'épanch(er), envelopp(er) les maisons ».

La pérennité des paysages et lieux urbains, le caractère incorruptible des objets ne font que souligner le constant vagabondage de l'identité des êtres, qui ne possèdent aucune limite sûre, qui coulent sans cesse hors de leur Moi. De là l'extraordinaire place donnée à la Seine, dans un roman où le cœur de Paris est explicitement situé vers le boulevard ; de là les images de reflets ou de flots qui reviennent à propos des rues où les réverbères se balancent sur la boue, des boulevards où la foule ondule, des Champs-Elysées deux fois décrits avec leurs défilés de voitures et toutes sortes d'ondulations annexes sur leur grande ondulation : voiles des femmes, crinières des chevaux, lumières des lanternes et garnitures de voiture, tourbillons de poussière ou fumée de la vapeur d'eau après la pluie. L'avenue « pareille à un fleuve » est l'homologue nord-ouest de la Seine. Ou bien l'humidité prend la forme

du brouillard fallacieux, qui protège, mais qui dissout dans l'incertitude :
il apparaît dès la première description de Paris, et c'est à travers lui
que Frédéric contemple les édifices dont il ne sait pas le nom ; lors de la
sortie de Frédéric avec Mme Arnoux, « un lourd brouillard estompait
la façade des maisons, puait dans l'air » ; à travers ce brouillard brillent
les yeux de Mme Arnoux quand Frédéric rentre à Paris au début de la
seconde partie du roman. La ville en somme, par son fleuve et par son
climat humide, extériorise un délitement de l'intérieur des personnages,
et de leurs intérieurs. Car on note assez combien ceux-ci sont mouvants,
peu sûrs et interchangeables. Frédéric par exemple est passé d'une
chambre meublée au logis du quai Napoléon parasité par ses amis ; à
l'hôtel de la rue Rumfort qu'il a garni d'un coup selon les conventions
(« rien n'y manquait ») bien plus que selon ses goûts ; à la chambre
meublée de la rue Tronchet ; à la vie de ménage chez Rosanette, dans
un appartement qui n'est pas à lui. La stabilité apparente de l'intérieur
de Mme Arnoux ne tient qu'à son propre rayonnement, puisque les
éléments en sont de plus en plus fuyants. Il va de soi que les logis de
Rosanette sont ouverts à tous ; entretenue, elle n'en doit les meubles
et les bibelots qu'à des amants très diversement fortunés, et déménage
en conséquence, de la galerie Montpensier à l'hôtel de la rue Grange-
Batelière, puis au quatrième du faubourg Poissonnière. La vision de la
maison éventrée, par les batailles, vers la fin du roman, n'est que l'image
symbolique des maisons qui nous sont montrées. La rue entre dans
celles-ci : des réunions, des réceptions incessantes, des transferts, des
déménagements. La vie des cafés ou des brasseries (ces lieux que les
urbanistes appellent des espaces intermédiaires) n'a pas encore pris
l'importance qu'elle a sous le Second Empire et la Troisième République,
et que montrent les romans de Zola, les œuvres de Maupassant. Mais
en fait, ce sont les appartements qui se muent en espaces intermédiaires,
reproduisant la mêlée de la rue. L'entassement des bibelots et des petits
meubles les emplit, comme la foule emplit les Champs-Elysées, les boulevards ou le champ de courses. La société y est aussi mêlée, et la fron-
tière de convenance qui sépare la femme honnête de la cocotte aussi
élastique : on rencontre chez Rosanette et chez les Arnoux les mêmes
hommes, et, pareillement, la Vatnaz. Rosanette ne fait que reconnaître
cette promiscuité, quand elle interpelle Mme Arnoux au Champ-de-Mars.
Sans doute existe-t-il dans Paris des rues calmes et un espace de l'ennui.
Flaubert nous les montre rarement. Pourtant, il évoque le quartier
Latin et le Luxembourg déserts, en été, durant une longue solitude de
Frédéric, ou bien le calme des jardins du Palais-Royal après un déjeuner
de Frédéric avec Deslauriers : « L'on entendait les rires des enfants,
avec le murmure continu que faisait la gerbe du jet d'eau. » Ces lieux-là
vont être eux aussi emplis de foule, lors des insurrections : en février 1848,

c'est la fusillade du Palais-Royal et, en juin, les désordres et les ruines de la place du Panthéon. Tel est le dernier souvenir qu'en emportera le lecteur : quartiers bondés, comme les maisons sont bondées ; mais nulle part de certitude sociale, morale ou amoureuse. C'est le plein sur un vide, celui du Moi, constamment dissous, moi de la ville, moi des habitants.

L'une et les autres sont travaillés par un rêve de l'Ailleurs, qui se traduit dans tout le roman par la persistance de deux thèmes complémentaires : celui de l'Orient, celui du bal masqué. Orient vague, dont la mode est évoquée par l'antichambre à la chinoise de Mme Arnoux, le divan turc de chez Rosanette, et, quand elle est entretenue par un Russe, son costume d'odalisque (pantalon, collier de piastres) et le narghilé qu'elle fume. En ville, c'est l'incongrue présence de l'Alhambra en haut des Champs-Elysées, avec ses galeries moresques et la toiture chinoise qui abrite l'orchestre ; c'est, au théâtre de la Porte-Saint-Martin, la féerie représentant « un marché d'esclaves à Pékin, avec clochettes, tambours, sultanes, bonnets pointus et calembours ». Ces lieux où Paris se moque de lui-même sont évoqués, ce qui leur donne leur plein sens de dérision, juste après les visions globalisantes de la ville qui viennent à Frédéric du souvenir de Mme Arnoux : l'Alhambra, après le passage où magasins, musée, jardin des Plantes unissent autour d'elle les époques et les pays ; la féerie chinoise, après la promenade éblouie sur les Boulevards, après la phrase : « Jamais Paris ne lui avait paru si beau. » On sait comme Flaubert donne à un détail insignifiant en apparence des harmoniques plus pleines, au fur et à mesure que son œuvre se déroule. C'est ainsi que sur le bateau, tout au début de *L'Education sentimentale*, Mme Arnoux se laissa emporter par un songe en écoutant un harpiste chanter « une romance orientale, où il était question de poignards, de fleurs et d'étoiles ». Matérialisé par les costumes, les objets, les bâtisses de la capitale, ce songe prend tout un sens de déviance pour finir dans la trahison : c'est en effet, non pas Mme Arnoux, mais Louise Roque, que Frédéric voudrait, à la fin de la seconde partie du roman, emmener *ailleurs* : « L'idée de se marier ne lui paraissait plus exorbitante. Ils voyageraient, ils iraient en Italie, en Orient ! » Très proche du rêve oriental est la pratique de la mascarade. Dans les deux cas, il s'agit de se quitter soi-même sans se quitter vraiment, voyage immobile et vain dans l'espace, ou dans les siècles et les classes sociales. On songe évidemment au bal costumé chez Rosanette, avec ses poissardes, son bailli, sa marquise, son Turc, sa Polonaise, sa débardeuse. Mais il est tout à fait notable que ce déguisement se transporte dans la ville. Même, plus exactement, la ville entière est déguisement, lors des émeutes de 1848. Frédéric, à travers le regard duquel nous les voyons, les considère comme un « faux », en février : « Les blessés qui tombaient, les morts étendus n'avaient pas l'air de vrais morts. Il lui semblait assister à un spectacle. » La scène de l'invasion et du pillage des Tuileries est décrite comme un déguisement : « La canaille s'affubla ironiquement de dentelles et de cachemires. » Une fille publique joua la statue de la Liberté. Cette immense mascarade collective de Paris se prolonge plusieurs jours : « Le négligé des costumes atténuait la différence des rangs sociaux [...]. On avait une gaieté de carnaval, des allures de bivac ; rien ne fut amusant comme l'aspect de Paris, les premiers jours. » Comme la perte de l'identité est une obsession du roman, l'intervention de la politique dans celui-ci reçoit bien certainement l'une de ses explications dans l'existence d'un carnaval quarante-huitard, homothétique du carnaval chez Rosanette. L'un et l'autre s'interrompent, non par un retour à la personnalité véritable, puisqu'elle n'existe pas, mais par son anéantissement. Ici, une fille crache du sang, et Frédéric frissonne, évoquant « les cadavres de la Morgue en tablier de cuir ». Là, Sénécal assassine Dussardier qui « restait sans plus bouger qu'une cariatide » sur les marches de Tortoni.

Faillites de l'être individuel, de l'être de la ville. Faillites, parce qu'ils sont mangés par le paraître, et coupés de tout ce qui pourrait leur donner des racines. Paris est dans *L'Education sentimentale* une ville au présent. Son histoire est passée sous silence ; elle importe peu à ces personnages qui sont venus réussir par l'argent, les affaires, la politique, l'amour d'une femme. Seul, Dussardier possède une référence assez intériorisée pour devenir fondatrice ; mais elle est négative, car c'est celle du massacre de la rue Transnonain. Les monuments de Paris, si parlants chez un Victor Hugo ou un Michelet, ne disent rien et, du reste, apparaissent peu, comme de simples points de repère. Ainsi de l'Arc de Triomphe, simple étape de promenade. Les morts de Paris ne sont pas l'objet d'un culte : le Père-Lachaise est une sorte de miniature de la ville dans la ville, avec ses mascarades (tombes en forme de pyramides, dolmens, obélisques), les « boudoirs funèbres » de ses caveaux, et l'extraordinaire fouillis des bibelots de la mort, vases, statuettes, câbles, crucifix, rubans. Bondé lui aussi, vide lui aussi, et plus évidemment : dans un coin, on brûle les débris et les offrandes abandonnées. Dieu enfin est lui-même si bien annexé à l'entreprise générale du paraître, que les églises, à l'instar des théâtres, servent de lieu de rendez-vous (Frédéric y rencontre Mme Dambreuse) ; ou bien on y célèbre avec pompe des cérémonies incomprises, comme l'enterrement de Dambreuse : « A part quelques-uns, l'ignorance religieuse de tous était si profonde, que le maître de cérémonies, de temps à autre, leur faisait signe de se lever, de s'agenouiller, de se rasseoir. » Ville au présent, ville de l'instant, qui n'est consubstantielle à aucun des personnages. Ils n'y ont pas reçu naissance : Mme Arnoux est de Chartres, Rosanette de Lyon, Frédéric,

Deslauriers, les Dambreuse de Nogent. Ils n'y trouvent pas leur personnalité. Ils n'y sont même pas attachés par le souvenir de morts qu'ils
ont chéris, car les deux morts auxquelles on assiste dans *L'Education
sentimentale* sont accueillies par des mystifications de regret : Mme Dambreuse n'aimait pas son mari, Frédéric arrange déjà pour son propre
compte la maison du mort. Quant à son fils, après avoir quitté le petit
cadavre pour chercher de l'argent pour Mme Arnoux, il ne pleure en le
retrouvant que parce qu'il a échoué dans ses démarches et juge
Mme Arnoux perdue. Tout est donc comédie, déperdition finale. Rien
d'étonnant dans ces conditions si les Dambreuse sont les seuls à ne point
déménager, à se maintenir dans les lieux et dans la puissance. Ils ont
d'emblée orienté toute leur existence sur la parade. Dans l'enfilade des
salons de leur hôtel, rue d'Anjou, tout est lourd, imposant et riche. On
sait combien le profit d'argent est immédiatement traduit, à partir du
triomphe de la société bourgeoise et jusqu'à la fin du XIXᵉ siècle, par
le boire et le manger. Leur considération domine dans la description
de la maison Dambreuse. Le cabinet du banquier est pauvrement meublé,
parce que c'est « comme ces sombres cuisines où s'élaborent de grands
festins » ; en revanche, au fond de la salle à manger, le buffet ressemble
« à un maître-autel de cathédrale ». Tel est le seul culte compris par les
assistants : argent, ventre ; après la révolution, lors du retour de l'ordre,
c'est encore à table qu'ils se reconnaissent, table sur laquelle sont étalés
des mets rares et cette fois énumérés avec soin, comme autant de dieux
retrouvés. Le spectacle cesse, il est vrai, dès que de véritables pulsions
entrent en jeu. Mme Dambreuse défonce à coups de merlin les coffres
de son mari, après sa mort, pour essayer de trouver un testament.
Mme Dambreuse et les femmes de sa société sont accessibles à l'amour
et à la jalousie, et nous voyons, quand Frédéric observe leur groupe,
reparaître le travestissement oriental comme le va-et-vient avec d'autres
intérieurs : ce boudoir empli de femmes en grande toilette, aux figures
d'une « placidité presque bestiale », fait songer « à un intérieur de
harem », et même à celui d'une maison facile, où les femmes sont échan-
tillonnées au choix du client. On pense aux salons de Rosanette, chez
laquelle la « misère des propos » n'est d'autre part pas plus grande que
chez les Dambreuse. Mais Mme Dambreuse n'en demeure pas moins
celle qui se maintient. Sa ruine n'est pas telle qu'elle n'ait pu garder des
rentes et son hôtel. Après sa brouille avec Frédéric, elle se remarie avec
un Anglais ; c'est, dans la revue que passent Deslauriers et Frédéric au
dernier chapitre, la seule à ne pas avoir connu la décadence, n'ayant,
il est vrai, jamais possédé cette personnalité fuyante, changeante, jamais
connu ces rêves et ces intermittences du cœur qui caractérisent les autres
personnages. Dans cette ville, parmi ces êtres tout d'écoulement, elle a
l'immobilité de ceux qui d'emblée se sont placés hors de soi.

Comme le dit Michel Crouzet, et cet exemple pourrait l'appuyer, *L'Education sentimentale* nous conte bien une éducation réussie, celle de l'égoïsme. C'est du même coup le récit de l'échec d'une initiation. On sait comment le parcours des villes peut être un parcours initiatique, cheminement plein d'épreuves vers la perception d'une communauté organique entre la ville et l'individu. *L'Histoire des Treize, Le Paysan de Paris*, certains recueils de Léon-Paul Fargue, autant d'œuvres diverses qui disent ce cheminement dans Paris, parmi bien d'autres. Dans *L'Education sentimentale*, nous assistons au contraire à une véritable contre-initiation. D'abord, la ville semble se révéler ; elle est même perçue par Frédéric en panorama, du haut de son balcon du quai Napoléon ; mais cette perception globale porte en elle-même sa condamnation, car Frédéric ne songe à Paris que comme à une collection de signaux qui le portent vers Mme Arnoux : « ses yeux, délaissant à gauche le pont de pierre de Notre-Dame et trois ponts suspendus, se dirigeaient toujours vers le quai aux Ormes, sur un massif de vieux arbres, pareils aux tilleuls du port de Montereau. La tour Saint-Jacques, l'Hôtel de ville, Saint-Gervais, Saint-Louis, Saint-Paul se levaient en face, parmi les toits confondus, et le Génie de la colonne de Juillet resplendissait à l'Orient comme une large étoile d'or, tandis qu'à l'autre extrémité le dôme des Tuileries arrondissait, sur le ciel, sa lourde masse bleue. C'était par-derrière, de ce côté-là, que devait être la maison de Mme Arnoux ». Nous n'en sommes plus à la contemplation amoureuse de la ville par Hugo, du haut des tours de Notre-Dame, ou au défi jeté par Rastignac. La ville est seconde dans le désir de Frédéric, désir très peu sûr, au reste, même vis-à-vis de Mme Arnoux. C'est la raison pour laquelle le tableau dérisoire succédera toujours au tableau mythique de Paris, au début du roman. C'est aussi pourquoi Paris se laissera de plus en plus difficilement aborder, et expulsera finalement Frédéric. Mais Mme Arnoux, elle non plus, n'aura pas été possédée. Le faible Frédéric aura été la proie et la victime de toutes les promiscuités, de tous les à-peu-près et les mélanges que suscite une ville par ailleurs pleine de blandices. Car le charme de ce Paris plein de reflets, de lumières tremblantes et d'imprévus est indéniable. On en pourrait citer cent exemples, la vision d'une Seine pleine de moires, le tableau de la foule aux courses, l'étonnante description des bruits matinaux quand Frédéric veille Dambreuse : « Les carreaux blanchirent, un fiacre passa, puis une compagnie d'ânesses qui trottinaient sur le pavé, et des coups de marteau, des cris de vendeurs ambulants, des éclats de trompette ; tout déjà se confondait dans la grande voix de Paris qui s'éveille. » Paris a aussi, peut-être, dans *L'Education sentimentale*, certains charmes au sens magique du terme : on s'y rencontre sans arrêt, plus souvent même qu'on pouvait réellement le faire dans cette ville bien plus restreinte que la nôtre, mais très peuplée et très affairée. Et comme toute initiation comporte un mystagogue, la contre-initiation (ou plutôt le *manque* d'initiation) qu'y connaît Frédéric lui fait rencontrer le bohème déchu qui va être son guide : Regimbart. Celui-ci parcourt dans Paris, de café en billard, de billard en mastroquet, un itinéraire dont seules les grandes étapes nous sont indiquées ; du haut de Montmartre à Notre-Dame-des-Victoires, à la place Gaillon, enfin dans un autre établissement dont l'emplacement ne nous est pas révélé d'abord. Mais lorsque Frédéric, ne sachant où habitent les Arnoux, décide de le retrouver et de le prendre pour guide, nous apprenons que le « terminus » de Regimbart se situe « quelque part sur les hauteurs de Sainte-Geneviève ». En d'autres termes, Regimbart, de la hauteur de laquelle il part, rive droite, se rend sur une hauteur de la rive gauche, et peut embrasser de l'œil durant son trajet tous les lieux où vivent les protagonistes de *L'Education sentimentale*. Il est bien le meneur du jeu déliquescent qui se joue dans le roman. Frédéric n'obtient pas seulement de lui l'indication du lieu où demeurent les Arnoux. A la fin de *L'Education sentimentale*, il obtient de lui le récit des malversations d'Arnoux, en allant le trouver chez lui à Montmartre, rue de l'Empereur (l'actuelle rue Lepic). Du quai Napoléon plein d'espérances à la rue de l'Empereur, où Frédéric voit se fermer son amour, le transfert serait déjà bien significatif. Mais il faut ajouter que c'est sur l'évocation d'un Regimbart « affaibli, courbé en deux, vidé, un spectre » que se terminent les évocations que Deslauriers et Frédéric, au dernier chapitre, ont entreprises de leurs anciennes connaissances parisiennes. Il est le personnage de plus en plus « vidé » qui parcourt l'itinéraire mythique du roman, suivi par Frédéric. Itinéraire jalonné de ponts, dont on connaît l'importance comme lieu des difficultés vaincues lors d'une initiation ; or, ce sont les lieux sur lesquels Frédéric successivement songe à Mme Arnoux, se promène avec Rosanette, rencontre une délégation de peintres lors des manifestations-déguisements de 1848 : incohérence et carnaval.

Ce Paris-là, dispersé, composite, masqué, coulant des tristesses suburbaines hors de l'enceinte de Thiers, et faisant déborder dans l'intérieur des maisons les foules des boulevards et des Champs-Elysées, c'est le Paris où se projettent des incertitudes et des beautés de névrose qui annoncent la capitale fin-de-siècle. Chez Maupassant, chez Zola, chez Daudet, Huysmans, bien d'autres, maintes scènes évoquent l'espace urbain de *L'Education sentimentale*. Surtout, l'atmosphère générale en est la même, cette combinaison d'aisance et d'étrangeté, de charme malsain et de convulsions violentes. Avec Baudelaire, Flaubert est le maître de ces écrivains « fin-de-siècle », qui rejettent le Paris fortement « historisé » et unifié du romantisme. Sans doute avait-il déjà tracé le portrait d'une ville peu à peu disséminée, avec le Rouen de *Madame Bovary*. Mais du moins, Rouen avait-il été durant longtemps pour Emma

une ville de la perfection dans l'union des contraires, mobilité et immobilité, humidité et soleil, silence et bruits. On se rappelle la fameuse
description de la ville vue du haut de la côte de Neuchâtel, enchâssée
dans ses collines, microcosme du bonheur. Jamais Paris n'est ainsi
aperçu par Frédéric qui, d'emblée, le vit comme une distorsion, avant
de le vivre comme un écoulement de lui-même, un lui au passé définitif,
deux de ses anciens logis sur trois ayant disparu de la réalité topographique de la ville. Cette ville représente un nouveau modèle pour notre
imaginaire romanesque. Vu à travers un héros qui aime les femmes, mais
qui, lui-même, possède un charme « presque féminin », Paris prend
jusque dans son sexe cette ambiguïté qu'il développe dans la littérature
des années 1880. Il n'est plus, ni une femme à conquérir, ni un concurrent
à éliminer, mais un imprévisible androgyne dans ses douceurs, ses révoltes
et ses rêves.

Madame Bovary
en romans-photos

GENEVIÈVE IDT

« Peindre par le dialogue... cela est monstrueux. » Et encore : « Je refuse formellement toute illustration. » Ces déclarations de Flaubert à ses correspondants en 1853 et 1862 n'ont pas suffi à éviter l'adaptation tératologique de son œuvre en un genre tout en images et en dialogues, le roman-photos. *Madame Bovary* a produit jusqu'ici au moins deux de ces monstres, créations hybrides[1] de cultures qui s'excluent : *Bovary 73*, roman-photos complet encarté en supplément au numéro 1340 de *Nous deux* du 8 mars 1973, et *Madame Bovary, d'après le roman de Flaubert*, feuilleton en seize épisodes paru dans *Femmes d'aujourd'hui* du 14 mars au 4 juillet 1979.

Qu'une telle adaptation trahisse un texte, voilà une « idée reçue », voire « chic », qu'il serait « bête » de développer. Mais les formes très différentes de cette trahison caractérisent deux groupes de presse et leurs publics, illustrent deux tendances du roman-photos et signalent les limites du genre. Par ailleurs, ses procédés éclairent la spécificité du texte de Flaubert : peut être considéré comme « littéraire » ce qui échappe à la transposition en images et en dialogues. Enfin, auprès des lecteurs de Flaubert, ces objets étranges doivent leur pouvoir de fascination à un effet d'hyperréalisme : l'œuvre transposée revient aux modèles de langage que l'original tournait en dérision. Une Emma contemporaine

---

1. Les rares études sur le roman-photos s'accordent sur la « bâtardise » du genre. Selon Evelyne SULLEROT (*La Presse féminine*, Colin, coll. « Kiosque », 1963), c'est un « hybride du cinéma et du feuilleton », « le petit-fils, bâtard, du film ». Pour Yves KOBRY (Le Langage du roman-photos, dans *L'art de masse n'existe pas*, 10/18, 1974), c'est « l'enfant naturel du cinéma et de la bande dessinée ». Pour Serge SAINT-MICHEL (*Presse-Actualité*, n° 104, nov. 1975) c'est le bâtard « du cinéma, de la bande dessinée, du roman »... J'utilise à mon tour le stéréotype, dans un autre sens.

ne lirait pas Flaubert, mais *Femmes d'aujourd'hui*, avant de s'abonner à
Jours de France, tandis que *Nous deux* serait l'unique lecture de Berthe
Bovary, ouvrière dans une filature de coton.

Du Flaubert pour les masses

Madame Bovary paraît en roman-photos à une époque où le genre
semble décliner, après l'âge d'or des années 60. Mais on évaluait encore
en 1975 à vingt millions d'exemplaires par mois la diffusion des pério-
diques qui publient des romans-photos. Si, comme on peut le supposer,
les lecteurs du *Monde* lisent Flaubert « dans le texte », ils étaient trois
fois moins nombreux en 1972 que ceux de *Nous deux*, « le plus fort tirage
de la presse familiale », et même de *Femmes d'aujourd'hui*. Ces deux
hebdomadaires avaient respectivement une diffusion moyenne de 900 000
et 700 000 exemplaires en France, *Femmes d'aujourd'hui* publiant aussi
deux éditions belges en français et en flamand ; leur audience était
évaluée à près de trois millions et demi et trois millions de lecteurs[2].

Nous deux, « l'hebdomadaire qui porte bonheur », a été relancé
avec succès par Cino Del Duca grâce au roman-photos. Chaque numéro
en contient quatre ou cinq, complets ou en feuilletons, fabriqués aux
moindres frais, en noir et blanc, dans des décors aussi neutres que
possible, dans l'anonymat du réalisateur et des interprètes, sans effets
photographiques. Souvent réalisés en Italie, ils sont traduits et sommai-
rement adaptés : les noms de personnes et de lieux sont modifiés, les
numéros d'immatriculation des voitures sont effacés. C'est donc une
production économique, destinée à un public jeune (50 % ont moins
de trente-cinq ans), en majorité ouvrier et rural à la fois : 60 % sont
contremaîtres, ouvriers qualifiés ou spécialisés, manœuvres, ouvriers
agricoles. 54 % habitent des communes de moins de 10 000 habitants,
20 % vivent en familles de plus de six personnes. Plus de 80 % n'ont
qu'une instruction primaire. *Nous deux* a les mêmes caractéristiques
qu'*Intimité du Foyer*, qui se définit lui-même ainsi :

> Sans prétentions intellectuelles, mais écrit en français clair et
> correct, il vise à donner du rêve aux ouvrières, à leur apporter
> ce que la vie ne leur apporte pas. La morale chrétienne et la morale
> bourgeoise y sont respectées.

Le public de *Femmes d'aujourd'hui* vit aussi à la campagne ou dans
de petites villes, propices, dit-on, au bovarysme. Mais il est un peu
plus âgé et surtout plus aisé. Plus de 40 % des lecteurs sont employés,

2. Ces renseignements sont fournis par *Tarif-Media*, à partir d'enquêtes CESP.

petits patrons, cadres moyens ou même supérieurs ; ils ont en majorité
une instruction primaire supérieure ou technique et vivent en familles
moins nombreuses. L'hebdomadaire, groupé avec *L'Echo de la Mode*,
« journal pour les gens de bonne volonté, [...] non pas confessionnel
mais fait par des catholiques », s'est longtemps méfié du roman-photos,
d'abord mis à l'index puis réhabilité par l'Eglise de France en 1959.
Depuis, *Femmes d'aujourd'hui* se spécialise au contraire dans la réalisation de superproductions en couleurs, longues, onéreuses[3], soignées,
annoncées et présentées comme des films, dont on décrit parfois le
tournage, dont on nomme les interprètes et le photographe, dont le
réalisateur attitré, Hubert Serra, « le Cecil de Mille du roman-photos », a
tourné un très grand nombre de sujets historiques, exotiques, littéraires,
dont *La Vie de Rembrandt*, *Jody et le faon*, *Le Radeau de papyrus*,
Rhapsodie grecque. Cette ambition culturelle se manifeste dans l'ensemble
de l'hebdomadaire, qui consacre 14 % de ses pages à des articles et des
reportages : une rubrique « Lecture-loisirs », avec des comptes rendus
de spectacles, de livres, de disques, d'expositions, des biographies
d'artistes et d'écrivains, une rubrique touristique où figure, par exemple,
un « Itinéraire littéraire pour vos vacances : du côté de chez Proust ».
Inversement, les nouvelles et les feuilletons n'en occupent que le cin-
quième, tandis que les trois quarts de *Nous deux* fournissent à ses lectrices leur seule consommation romanesque.

L'opposition entre les publics, les contenus et les finalités des deux
hebdomadaires se manifeste dès la présentation des deux romans-photos.
Dans *Femmes d'aujourd'hui*, la référence au cinéma est affichée : le
producteur, le réalisateur, le photographe et les principaux acteurs sont
nommés ; il s'agit d'une reconstitution historique réalisée « avec le
concours du groupe folklorique du bois d'Hennebourg à Rouen ». Les
trois premiers numéros s'accompagnent d'une demi-page intitulée « Connaissance de Gustave Flaubert », avec une notice biographique détaillée,
des résumés d'œuvres, le récit de la rédaction de *Madame Bovary*.

Dans *Nous deux*, la présentation de *Bovary 73* dans le cartouche
initial transforme d'abord Flaubert en héros de roman-photos, jeune,
talentueux, méconnu, persécuté, finalement reconnu :

> En 1851, Gustave Flaubert, qui a trente ans, commence à écrire
> *Madame Bovary*, en s'inspirant d'un fait divers qui s'est déroulé
> en Normandie, l'affaire Delamare. Il achève son œuvre en 1856 et,
> l'année suivante, il est traîné en justice pour « outrage à la moralité
> publique et religieuse ». Il est acquitté pour cause de talent.

---

3. Selon Evelyne Sullerot, *Le Marquis des Iles d'or* a coûté près de 60 000 francs
dans les années 60.

Ensuite, l'intrigue, d'abord renvoyée à un fait divers, est ramenée à un cas psychologique fréquemment traité dans le courrier du cœur : celui du « couple mal assorti » :

> Depuis, *Madame Bovary* est devenue le symbole de ces femmes trop romanesques et rêveuses, insatisfaites par la réalité, qui ne peuvent s'adapter aux règles du mariage.

Enfin, l'hebdomadaire renvoie aux modèles culturels les mieux connus de ses lecteurs, le cinéma et la télévision, avant de prendre ses distances avec la « littérature » :

> A son tour, le roman-photos s'empare de l'œuvre immortelle de Gustave Flaubert pour en donner une version moderne, dépouillée de littérature et qui fait revivre en images d'aujourd'hui le drame de la malheureuse Emma Bovary.

Tandis que, dans *Femmes d'aujourd'hui*, la littérature est objet de savoir et de désir, dans *Nous deux*, c'est à la fois un label de garantie et un ornement inutile. Les deux versions photoromanesques de *Madame Bovary* illustrent deux attitudes envers la littérature étudiée dans l'enseignement secondaire, auquel les lecteurs n'ont pas eu accès : l'une faite de respect scrupuleux pour un objet désirable et accessible aux autodidactes de bonne volonté, l'autre de désinvolture pour un luxe hors de portée.

Intimisme ou grand spectacle

En 44 pages et 320 photos, *Bovary 73* transpose au XXe siècle « le drame de la malheureuse Emma », le réduit à un cas pathétique dont il tire une règle morale. Cette réduction obéit évidemment à un souci d'économie : une reconstitution historique exige des costumes, des décors, des figurants en grand nombre. L'économie incite à l'intimisme, mais serait vaine si le produit ainsi conçu ne répondait pas aux goûts et aux besoins du public. *Bovary 73* semble avoir été réalisé selon les suggestions de Maxime Ducamps à Flaubert : « un spécialiste, pour cent francs, supprimerait le chapitre de la noce, écourterait les comices, sacrifierait l'épisode du pied bot ». C'est chose faite. Ont été supprimés encore l'enfance de Charles, l'éducation d'Emma, le dîner au Lion d'Or, la naissance de Berthe, les promenades en forêt, la maladie d'Emma, la soirée au théâtre, la visite de la cathédrale, la mort du beau-père, le bal de la mi-Carême, la réunion des médecins au chevet d'Emma, l'extrême-onction, la veillée funèbre, la mort de Charles. Que reste-t-il donc ? Une demande en mariage, deux soirées mondaines, trois soirées familiales, deux scènes conjugales, une confession ratée, deux accidents, un évanouissement, un chantage, un suicide en quatre images : un petit nombre d'épisodes traditionnels dans le roman-photos, hors desquels il n'est pas de vraisemblable.

La réduction des personnages en nombre et en épaisseur est plus impressionnante encore. Ils se définissent par leur fonction dans une action simple, dont le schéma se retrouve dans le courrier du cœur et les nouvelles de l'hebdomadaire. Le sujet de l'histoire, c'est l'héroïne, et elle seule. Le conte moral commence par sa rencontre avec Charles et se termine par sa mort et une moralité : « Qu'on n'accuse personne. » L'héroïne désire le bonheur, c'est-à-dire l'amour dans le mariage. Son père, jouant le rôle classique du bienfaiteur, lui donne Charles en mariage. Mais l'union est mal assortie : à jeune femme il faut jeune mari, et Charles est « de beaucoup son aîné ». De plus, sans être représentée dans l'image parce que le roman-photos évite d'offrir aux lectrices le spectacle de leur vieillissement, la belle-mère, souvent citée, fait obstacle au bonheur du couple. Surviennent donc les séducteurs : le soupirant-dévoué, l'homme-à-femmes. L'héroïne cherche en vain secours auprès des valeurs morales, laïques et religieuses, incarnées par le pharmacien et le curé. Le salut aurait été possible sans l'intervention de deux méchants, qui précipitent l'héroïne dans la boisson, la prostitution et le suicide : Virginie et Lheureux. Ces deux personnages méritent l'attention. Lheureux condense tous ceux qui, chez Flaubert, refusent leur aide à Emma ; maître chanteur « sensible aux jolies femmes », il oblige Emma à se montrer « gentille » avec lui ; ainsi « avilie, méprisable, traquée », Emma n'a d'autre espoir de rachat que dans la mort. Quant à Virginie, la maîtresse de Rodolphe à qui Flaubert ne consacre que quelques lignes pour citer l'antiphrase de son prénom et sa « manie de salicoques », elle devient dans *Bovary 73* un personnage clé : la « mauvaise femme » des tireuses de cartes, la rivale perverse qui, sans amour et par méchanceté pure, presse Rodolphe d'abandonner Emma, obtient les clés de son appartement et se trouve justement dans son lit quand Emma vient le voir. « Qu'on n'accuse personne », sauf Lheureux et Virginie ; les autres sont innocentés, car ils ont beaucoup aimé.

Sont exclues de l'image et du texte la première femme de Charles et Berthe Bovary : veuf, Charles n'était plus le vieux fils de sa mère. Mauvaise mère, Emma ne permettait plus l'identification. Disparaissent évidemment tous les personnages inutiles ou secondaires dans l'action, mais essentiels à sa signification symbolique et surtout sociale : l'aveugle, figure du destin, Binet, image de l'écrivain, et tous les innocents victimes sans réparation des passions bourgeoises : Hippolyte, Justin, le cocher de fiacre fourbu, Félicité, Catherine Leroux et son demi-siècle de servitude, Berthe et son avenir d'ouvrière. Dans le roman-photos, le social reste refoulé : ce conte « moderne » est intemporel.

Après la lecture de *Bovary 73*, *Femmes d'aujourd'hui* donne une impression première de grande fidélité, qui s'atténue à l'étude du texte et surtout de l'image. Ici, le roman-photos se perfectionne, et se dégrade, en un « digest » de cent pages illustré de 312 photos en couleurs. Chacune d'elles contient bien, selon la règle du genre, un bref dialogue en italiques enfermé dans des phylactères. Mais quelques lignes de texte en romaines accompagnent les images dans l'espace blanc qui les sépare. Ce texte est obtenu par une méthode de contraction rigoureuse et minutieuse, qui réduit l'original au dixième de sa longueur, en respectant, dans l'ensemble, le nombre et l'enchaînement des épisodes.

Cependant, la suppression exceptionnelle de quelques chapitres suffit déjà à transformer le sens du livre. L'ellipse des trois premiers chapitres prive Charles de son enfance, de sa jeunesse et de son premier mariage ; même si, dans le dernier épisode, il survit à sa femme et acquiert une certaine autonomie romanesque, il reste un personnage secondaire, parmi « la foule de personnages bien typés » qui gravitent autour de l'héroïne. Il n'est que « le mari débonnaire et maladroit », sans individualité physique, ni gringalet, ni chétif, ni grossier de visage ; il n'a guère d'intériorité, et les passages qui évoquent les menus riens de son bonheur sont supprimés : « Charles était heureux et sans souci de rien au monde », cela suffit. Il est vrai que les trois jours de « lune de miel » que vivent Emma et Léon dans leur île disparaissent aussi : le roman-photos, comme le roman populaire au xixe siècle, est inapte à la représentation du bonheur.

D'inévitables trahisons portent encore sur le rythme des phrases et des paragraphes, amputés d'une partie de leurs expansions ; sur la proportion relative des épisodes, et surtout sur le choix de ce qui peut être illustré. La censure, beaucoup plus discrète et mesurée que dans le roman-photos brut, plus manifeste dans l'image que dans le texte, refoule finalement les mêmes réalités : le corps jouissant ou souffrant, la mort, les antagonismes sociaux. C'est ainsi que l'opération du pied bot n'est pas représentée dans l'image et à peine mentionnée dans le texte :

> L'opération avait eu lieu, mais au cinquième jour il fallut appeler un médecin de Rouen qui amputa Hippolyte.

L'épisode ainsi résumé ne sert qu'à faire avancer l'intrigue sentimentale en humiliant Emma et en l'éloignant de Charles. Il en est de même de l'agonie d'Emma, plus proche d'un tableau de Greuze que d'une description clinique ou fantastique. Tout ce qui dans le livre suggère en Emma la sorcière, la porte-malheur qu'attire dans l'au-delà le chant de l'aveugle disparaît dans l'hebdomadaire catholique, en même temps que les scènes sacrilèges, la visite de la cathédrale, la volupté d'Emma au cours de l'extrême-onction. Dans l'ensemble du photoroman, la sexualité est aussi plus discrète : à l'hôtel de Boulogne, Léon et Emma, debout et vêtus, s'enlacent tendrement, mais ni dans l'image, ni dans le texte, Emma ne s'assied sur les genoux de Léon, laissant pendre à son pied nu la « mignarde » pantoufle de satin rose bordée de cygne. Le roman-photos admet le tragique de la passion, non ce qui pourrait être pris pour du libertinage. Le résumé qui présente l'argument est clair :

> Un cadre paisible, certes. Pourtant, un être de chaire *(sic)* et de sang y souffre du mal de vivre : c'est Emma, la jeune épouse romanesque et insatisfaite. Autour d'elle, une foule de personnages bien typés... Et les villageois, comme un chœur de tragédie antique.

Cette référence à la tragédie antique explique encore une autre contradiction de ce roman-photos. Réalisé avec le concours d'un groupe folklorique, il n'évite pas les grandes scènes des cérémonies collectives, la noce, les comices, mais élude pourtant la représentation de la paysannerie flaubertienne grâce au pittoresque des costumes de fête et au grand spectacle. En revanche, la quotidienneté et la misère disparaissent de l'image et même du texte : on ne voit pas de bêtes aux comices, pas d'enfants en haillons chez la nourrice, l'aveugle, à peine évoqué, n'a pas de visage et ne subit aucune cruauté. Malgré la fidélité au texte et aux détails de l'intrigue psychologique, *Femmes d'aujourd'hui* exclut comme *Bovary 73* l'étrange, l'intense et l'inquiétant : les instants privilégiés comme la misère et la cruauté, le mysticisme comme la sensualité, le fantastique comme le réalisme sociologique.

Le visible et le lisible

Si, comme le prétendent les manuels scolaires, la description littéraire était destinée à « faire voir », les photos pourraient alléger le texte du maître descripteur. Mais Flaubert en a refusé le principe :

> Jamais, moi vivant, on ne m'illustrera, parce que : la plus belle description littéraire est dévorée par le plus piètre dessin. Du moment qu'un type est fixé par le crayon, il perd ce caractère de généralité, cette concordance avec mille objets connus qui font dire au lecteur : « J'ai vu cela » ou « cela doit être ». Une femme dessinée ressemble à une femme, voilà tout. L'idée est dès lors fermée, complète, et toutes les phrases sont inutiles, tandis qu'une femme écrite fait rêver à mille femmes.

En ce sens, et paradoxalement, les photos de *Bovary 73*, lisibles plus que visibles, de médiocre qualité technique, trahissent moins le texte parce qu'elles n'encombrent guère l'imagination : le maquillage à la fois classique et appuyé de l'actrice, ses diverses perruques platinées et

laquées, ses poses obliques de photo d'identité des années 60 banalisent
son visage, guère plus individualisé que celui d'une gravure de mode. En
revanche, dans *Femmes d'aujourd'hui*, la taille fine de l'actrice Martine
Redon, son teint pâle, ses lourds cheveux noirs, son long visage au nez
mince, ses très grands yeux sombres, ses doigts maigres sont conformes
aux informations du texte de Flaubert. Mais la netteté des photos, la
variété des poses et des expressions donnent raison à Flaubert : l'image
ici déborde le texte, le noie sous le visible, en dit trop et ne dit plus le
texte. La belle image est la plus traîtresse.

Que donnent à lire les photos de *Bovary 73* ? Peu de chose : l'identité
des interlocuteurs, grâce à l'orientation des phylactères, c'est l'essentiel.
Peu importe que, souvent, les personnages parlent ainsi à bouche fermée.
Aucune image, donc, sans personnage et sans texte : ce roman-photos
classique exclut le paysage, le panoramique, le très gros plan, il est
envahi par des figures humaines en plan rapproché ou en gros plan. Et
pourtant tous ces visages n'expriment rien : ils illustrent l' « effet Kou-
lechov » : isolés, détachés de la séquence où ils s'insèrent et du dialogue
qui les accompagne, gestes et mimiques ne signifient rien et il serait
facile de substituer d'autres paroles au contenu des phylactères. A quoi
servent donc ces images vides ? A compléter l'album de famille qui
consacre dans des photos stéréotypées les grandes cérémonies de la vie
familiale : baptêmes, mariages et anniversaires. Le roman-photos est le
recueil des photos impossibles de fiançailles sans témoin, cérémonies
intimes, mais convenables et figées : deux visages face à face croisant
leurs regards, ou de profil, ou l'un de trois quarts et l'autre à profil
perdu, baisers en plan rapproché, gros plan, parfois très gros plan, une
tête contre une épaule, d'un côté, de l'autre, en champ puis contre champ,
le tout dans un décor flou où l'on devine des signes : un rayon de bibliothèque, un morceau de miroir, l'angle d'un divan, décor allusif et banal
du photographe immortalisant après coup une cérémonie. Ces photos
n'ont donc pas besoin d'être réussies, seulement de représenter tout le
cérémonial du sentiment en figures hiératiques.

Dans *Femmes d'aujourd'hui*, la photo s'émancipe ; signalée comme
esthétique par ses dimensions, ses couleurs, ses effets de grand angulaire,
elle s'offre à la contemplation. Pourtant, sa beauté n'est pas purement
photographique : dans cette reconstitution de la Normandie du XIXe siècle,
les « belles » photos sont celles qui ressemblent à des tableaux de genre,
comme le souligne le texte de présentation :

> Tableaux au charme prenant… car notre roman, tourné sur les
> lieux mêmes de l'action dans des intérieurs et des costumes joliment
> reconstitués, est fidèle au talent descriptif du grand écrivain.
> Et sa sensibilité délicate à la beauté de la nature est traduite dans
> des vues de campagne d'une exquise finesse…

« Charme prenant », « joliesse », « délicatesse », « exquise finesse »
caractérisent un décor d'affiche touristique ou de magazine de décoration :
de rares photos de plein air, avec pommiers en fleurs, demeures à colombages, toits d'ardoises avec chiens assis, puits avec margelle moussue,
rues piétonnes de Rouen, cour de l'aître Saint-Maclou. Photos d'intérieur le plus souvent, qui mettent en valeur les vêtements et le mobilier,
toujours très visibles grâce à une mise au point nette sur tous les plans,
détaillant les fioritures d'une dentelle, les reflets d'un étain, les reliefs
d'une moulure, la bigarrure d'un tapis, la forme des tommettes. Le
feuilleton complète ainsi les rubriques « Décoration » et « Tourisme » de
l'hebdomadaire, offrant aux lectrices qui disposent de loisirs et d'un
certain pouvoir d'achat, des fantasmes de consommation somptuaire.

Pourtant, malgré sa prétention et sa précision, la photo dans *Femmes
d'aujourd'hui* prend rarement le relais de la description littéraire. Les
fragments les plus pittoresques du texte de Flaubert n'aboutissent pas
à une photo. Ainsi, pendant la course en fiacre de Léon et d'Emma, cet
instantané coloré dans le livre :

> Au moment où le soleil dardait le plus fort contre les vieilles lan-
> ternes argentées, une main nue passa sous les petits rideaux de
> toile jaune et jeta des déchirures de papier, qui se dispersèrent
> au vent et s'abattirent plus loin, comme des papillons blancs, sur un
> champ de trèfles rouges tout en fleurs.

Contracté par le roman-photos, le texte perd ses couleurs :

> Au moment où le soleil dardait le plus fort contre les vieilles
> lanternes, une main nue passa sous les rideaux et jeta des déchirures
> de papier qui se dispersèrent au vent.

Mais l'image ne les récupère pas : on y voit seulement un fiacre gris
sur fond de rue à colombages, avec, au premier plan, le porche de
l'église Saint-Maclou. Subordonnée à la fois à l'action et à la figure
humaine, la photo n'est pas utilisée ici pour illustrer les instants de
contemplation privilégiés que signalent, à la manière des haïkaï, de
courtes descriptions flaubertiennes soigneusement rythmées. On aurait
pu imaginer une version esthétisante de *Madame Bovary* avec de très
gros plans sur les écaillures du curé de plâtre, les larges gouttes grasses
du goudron sur la rivière, les rayons d'or s'irradiant autour des prunelles
de Rodolphe, ou au contraire des panoramiques sur les volutes noires
des nuages, les flèches du soleil sur un ciel vide, les nappes violettes des
bruyères sous des arbres gris, fauves ou dorés. Mais ce serait trop
s'écarter des règles actuelles du genre, qui reste dans tous les cas soumis
à la diégèse et à la figure humaine qui la supporte.

Le manuel des conversations rêvées

> Peindre par le dialogue et qu'il n'en soit pas moins vif, précis
> et toujours distingué tout en restant banal, cela est monstrueux
> et je ne sache personne qui l'ait fait dans un roman.

Cette gageure, Flaubert l'a tentée, et l'un des moyens qu'il utilise
pour produire de la « distinction » dans la banalité, pour « distinguer »,
aux deux sens du terme, le langage représenté du langage brut, c'est
de jalonner le roman de guillemets, d'italiques et de réflexions sur le
langage qui déterminent justement le statut des dialogues dans le texte :

> Incapable [...] de croire à tout ce qui ne se manifestait point
> par des formes convenues, elle se persuada sans peine que la passion
> de Charles n'avait plus rien d'exorbitant.
> Il ne distinguait pas, cet homme si plein de pratique, la dissem-
> blance des sentiments sous la parité des expressions.
> La parole est un laminoir qui allonge tous les sentiments.

Le décalage entre les paroles et les sentiments peut donc apparaître
comme le sujet du livre, le moteur psychologique de l'intrigue, la cause
essentielle du malentendu entre Charles et Emma qui n'utilisent pas
les mêmes systèmes de signes, le sens de leurs itinéraires inversés, depuis
la foi dans le langage à la désillusion chez Emma, depuis l'aphasie à
l'usage d'un « grand mot » pour Charles.

Or cette dimension métalinguistique et métasémiotique disparaît
dans le roman-photos qui présente sans distance des modèles de conversations imaginaires et comme il faut : ce genre ignore le comique, à
plus forte raison le « grotesque triste ». En voici deux exemples anti-
thétiques, où l'intensité de l'échange est inversement proportionnelle à
l'abondance des paroles : une scène dont les personnages manifestent
une méfiance toute flaubertienne à l'égard du langage et communiquent
par toutes sortes de signes non verbaux, une autre qui étire le sentiment
sous le laminoir des paroles convenues.

La première scène est une cérémonie rituelle où, chez Flaubert,
ne s'exprime aucune des paroles attendues : la demande en mariage.
Grandiose par la sincérité de Charles, burlesque par le retournement des
conventions, elle est annoncée par des symptômes immédiatement inter-
prétés par Charles lui-même et par Rouault :

> La nuit, [Charles] ne dormit pas, sa gorge était serrée, il avait
> soif [...] Rouault s'aperçut [...] que Charles avait les pommettes
> rouges auprès de sa fille, ce qui signifiait qu'un de ces jours on la
> lui demanderait en mariage...

Effectivement, Charles exprime sa « demande », mais presque sans
paroles, par un « murmure » et un « balbutiement », par le simple passage

d'une langue soutenue, « Maître Rouault », à une langue naturelle, « Père Rouault ». Cela suffit, les signes ont été déchiffrés, Rouault considère que la demande a été prononcée, et organise le cérémonial de la réponse à l'aide d'un code à signe unique improvisé pour la circonstance :

> Si c'est oui, entendez-moi bien, vous n'aurez pas besoin de revenir, à cause du monde, et, d'ailleurs, ça la saisirait trop. Mais pour que vous ne vous mangiez pas le sang, je pousserai tout grand l'auvent de la fenêtre contre le mur.

L'engagement vital s'est donc effectué aux moindres frais langagiers, comme si la parole était inconvenante (« à cause du monde ») et brutale (« ça la saisirait trop »). En l'occurrence, Emma obéit aux mêmes principes : le lendemain, « elle rougit quand il entra, tout en s'efforçant de rire un peu, par contenance ». Puis « on se remit à causer des arrangements d'intérêt » : les Normands de Flaubert partagent les convictions de leur auteur sur le langage : inadéquat aux sentiments, il n'est efficace que dans les échanges financiers ; ce manque essentiel incite à l'invention sémiotique, que le genre romanesque peut mettre en valeur.

Dans *Femmes d'aujourd'hui*, la scène disparaît dans l'ellipse surprenante des trois premiers chapitres. Un résumé de deux phrases efface tout ce que l'épisode pouvait avoir de singulier et de comique et le ramène à la « fin heureuse » d'un roman feuilleton classique, au « début heureux » d'une tragédie :

> Il osa la demander en mariage. Père et fille acceptèrent et le grand jour arriva.

Un tel raccourci, unique dans une adaptation fidèle dans l'ensemble à la lettre du texte et aux proportions des séquences, contribue à banaliser le début de l'histoire et assurer l'identification de la lectrice à l'héroïne, et permet surtout de situer en première page trois panoramiques sur la noce de campagne, le cortège dans la prairie, la table du banquet, les coiffes de dentelle penchées sur les assiettes somptueuses : le numéro suivant est un « Spécial Mode mariées robes habillées ».

Dans *Nous deux*, la scène de la déclaration se produit après « un repas exquis » préparé par Emma. Celle-ci, « ayant à faire en haut », se retire et laisse en tête à tête Charles et son père.

> ROUAULT. — Je dois aussi vous complimenter, cher docteur, vous m'avez si bien soigné !
>
> CHARLES. — Je vous en prie, monsieur Rouault ! J'ai quelque chose à vous dire, j'y pense depuis quelques jours, mais c'est très difficile et je... je...
>
> ROUAULT. — Allons, courage ! Parlez ! Comme si je n'avais pas tout deviné ! J'ai des yeux pour voir et je m'attendais depuis quelques jours déjà à cet entretien.

CHARLES. — Oui, j'aime Emma, mais elle est plus jeune que moi et ceci me semble un obstacle assez sérieux.

ROUAULT. — En effet, c'est assez important, mais Emma est une fille sérieuse : elle a été élevée chez les religieuses et ne ressemble en rien aux jeunes filles modernes.

CHARLES. — C'est justement ce qui m'a tant attiré vers elle. Je crois que nous sommes faits pour nous entendre et je suis sûr que sa présence me fera oublier que je suis de beaucoup son aîné.

ROUAULT. — Que vous dire, cher docteur ? Pour ma part, je ne demande pas mieux.

CHARLES. — Monsieur Rouault, mon bonheur m'empêche de trouver les mots... j'étais si hésitant, j'avais si peur d'un refus !

ROUAULT. — Pourquoi ? Vous êtes un excellent médecin, estimé par tous ! Je ne vois pas la raison de cette crainte.

CHARLES. — Jusqu'ici je n'avais jamais pensé au mariage. J'ai eu quelques aventures, mais rien de sérieux. J'étais jaloux de cette liberté que j'avais obtenue en m'arrachant à ma mère...

ROUAULT. — Je vois.

CHARLES. — Et j'ai connu Emma. Tout de suite, j'ai compris qu'elle serait la femme de ma vie... Et je sais maintenant que la vie sans elle n'a aucun sens.

Rouault conseille alors à Charles d'exprimer sa demande à Emma : la modernisation l'y oblige, mais aussi le pouvoir fantasmatique de la scène qui suit. Charles resté seul tente de se calmer en fumant une cigarette. Au retour d'Emma, il lui propose de faire quelques pas dehors : « il fait tellement chaud ici ! » :

CHARLES. — Je crois avoir été ridicule, mais j'ignorais qu'il était si difficile de faire une déclaration d'amour.

EMMA. — C'est donc la raison de votre agitation ?

CHARLES. — Oui. Il est très difficile de prononcer ces quelques mots qui peuvent vous apporter le bonheur.

EMMA. — Pourquoi ne me dites-vous pas ces mots, Charles ?

CHARLES. — Je t'aime, Emma ! Je t'aime !

EMMA. — Moi aussi, je t'aime.

Leurs lèvres s'unissent longuement. Charles a tant rêvé, désiré cet instant merveilleux !

EMMA. — J'aime ton baiser, Charles ! Embrasse-moi encore !

CHARLES. — Oui, mon amour !

EMMA. — J'ai tant rêvé ce moment, celui où un homme viendrait ici et m'emporterait avec lui, loin de cette vie si monotone...

CHARLES. — Je suis tellement heureux, ma chérie, si heureux que je n'arrive pas à y croire.

EMMA. — Charles ! Si tu savais combien j'ai envie de vivre, de voir des gens, de voir de la vie tout autour de moi ! Emporte-moi vite loin d'ici !

CHARLES. — Mon amour, je ne te quitterai plus. Ma vie sera entièrement consacrée à ton bonheur !

EMMA. — Je t'aime, Charles !

Le désir d'Emma de quitter la ferme a hâté leur mariage. Ce fut une cérémonie simple avec peu d'invités. Après un bref voyage de noces sur la Côte d'Azur, ils rentrent dans la maison que la mère de Charles, nullement enthousiasmée par sa bru, a fait nettoyer à fond...

Les personnages parlent ici la langue du roman-photos la plus pure : entièrement artificielle, aussi éloignée de la langue populaire parlée que de la langue cultivée, à la fois banale et apprêtée, cérémonieuse, endimanchée. Le cliché y joue le rôle que tiennent dans l'image les coiffures impeccables, les bijoux et les toilettes variées de l'actrice : il ne s'agit pas de faire beau, mais de faire chic, de signaler par le code adéquat la solennité de la scène. Loin de paraître des défauts, la banalité des expressions, les redondances, l'usage presque exclusif des exclamatives sont des parures : elles signalent le registre littéraire de la langue populaire. Dans les deux romans-photos, Flaubert sert ici de prétexte pour composer des scènes fantasmatiques, interminables parce que désirables, adaptées à leur public.

La deuxième scène fait pendant à la première dans le texte de Flaubert : elle inaugure les amours de Léon et d'Emma, aussi bavardes que celles de Charles étaient muettes. C'est dans le livre un long chapitre tout en dialogues qui s'achève par la visite forcée de la cathédrale et la course de la voiture « close comme un tombeau ». Contrairement à la scène précédente, le dialogue sentimental est repris presque intégralement dans *Femmes d'aujourd'hui*, sans beaucoup d'omissions, mais toutes significatives. A l'auberge de la Croix Rouge, Emma se plaint de traîner une existence inutile ; Léon renchérit et commet une gaffe en situant parmi « les missions saintes » le métier de médecin :

Femmes d'aujourd'hui	*Madame Bovary*
Avec un haussement léger de ses épaules, Emma l'interrompit pour se plaindre de sa maladie où elle avait manqué mourir ; Léon, tout de suite, raconta qu'il avait écrit son testament, en recommandant qu'on l'ensevelît dans le couvre-pied qu'il tenait d'elle.	Avec un haussement léger de ses épaules, Emma l'interrompit pour se plaindre de sa maladie où elle avait manqué mourir ; quel dommage ! Elle ne souffrirait plus maintenant. Léon tout de suite envia *le calme du tombeau*, et même, un soir, il avait écrit son testament en recommandant qu'on l'ensevelît dans ce beau couvre-pied, à bandes de velours, qu'il tenait d'elle [...]. Mais à cette invention du couvre-pied : — Pourquoi donc ? demanda-t-elle.

Le roman-photos tend à atténuer l'effet parodique et comique du texte de Flaubert : il supprime les marques de distance, les italiques, le discours indirect libre, l'écho burlesque, dans la bouche de Léon, des paroles d'Emma, enfin l'intervention de l'auteur signalant la supercherie. En lecture rapide, on pourrait s'y tromper, d'autant plus que le texte s'accompagne d'un gros plan à connotation émouvante sur le visage d'Emma : le pathétique de l'image barre les derniers vestiges d'ironie dans le texte.

Dans *Nous deux,* la scène suit immédiatement la soirée où, dans le living du jeune couple, tandis que Charles et Homais discutent politique en regardant la télévision, Emma et Léon veulent écouter à pleine puissance le dernier disque de Bécaud. Peu après, ils « se promènent le long du torrent et se réfugient dans une petite auberge isolée pour parler d'amour et de poésie » :

> LÉON. — Parfois je m'identifie au héros du livre que je lis, c'est une chose grisante et qui fait rêver. Ça ne t'arrive pas, à toi aussi ?
>
> EMMA. — Oui, mais j'aime surtout les histoires d'amour dramatiques. On ne voit que trop de personnes banales dans la vie, et la banalité m'asphyxie.
>
> LÉON. — Que veux-tu dire ?
>
> EMMA. — Tu me le demandes ? Mon mari, par exemple, il personnifie la médiocrité ! Il n'a jamais un élan, aucun esprit, et je partage avec lui une vie qui me détruit ! Il ne réalise pas ce que devient notre union ! Ma vie a un emploi du temps rigoureux : l'heure des repas, de la télé, du baiser du soir... et c'est tout ! Il m'aime, mais sans passion, sans ces élans qui vous transportent, qui vous font sentir que l'on vit !
>
> LÉON. — Tu dois beaucoup en souffrir !
>
> EMMA. — C'est terrible ! Je me fane chaque jour qui passe. Parfois je le regarde et le trouve si mesquin que je me demande comment j'ai pu croire que je l'aimais ! Je suis à bout ! J'ai besoin d'amour, de me sentir vivre, de quelqu'un qui sache m'aimer comme je sais aimer, moi !
>
> LÉON. — Emma ! Entre mes bras tu trouveras tout l'amour que tu désires !
>
> Léon n'a pu retenir les mots que, longtemps, il n'a pas osé dire. Depuis qu'il a vu Emma pour la première fois, il en a été éperdument épris.
>
> EMMA. — Qu'as-tu dit ?
>
> LÉON. — Oui, je ne peux plus me taire, je t'aime ! Je t'ai tout de suite aimée ! Je pensais ne jamais oser te l'avouer, mais mon amour est plus fort que tout.

Plus tard, la déclaration de Rodolphe se fera à peu près dans les mêmes termes : « Emma, dès que je t'ai vue, j'ai compris que tu étais

celle que j'ai tant cherchée ! Et je me suis dit : la voilà. » Les trois
amoureux d'Emma tiennent donc les mêmes propos ; les amants ne
sont ni plus ni moins verbeux que le mari. La fonction du roman-
photos, c'est la répétition inlassable d'un même rêve éveillé, avec ses
trois moments : le coup de foudre, la déclaration longtemps retenue,
le baiser en gros plan, avec, surtout, son sérieux. A comparer ce dialogue
avec ceux de Flaubert, on comprend en revanche comment il a tenu sa
gageure et fait du « banal distingué ». Sous sa plume, Léon « parle bien »,
de l'aveu même d'Emma :

> Lui, du premier coup d'œil, il l'avait aimée ; et il se désespérait
> en pensant au bonheur qu'ils auraient eu si, par une grâce du hasard,
> se rencontrant plus tôt, ils se fussent attachés l'un à l'autre d'une
> manière indissoluble.

Certes le contenu est le même, dont les signes d'ironie soulignent la
banalité : c'est une banalité exhibée. Mais, même comique, Léon parle
comme un livre, « en style », c'est-à-dire à la latine, dans le halo de
« jamais plus » que donnent le discours indirect libre et les irréels du
passé. La littérarité ici ne tient pas du mystère, mais de la complexité
de la syntaxe, de la richesse du vocabulaire, de l'ampleur et de la
précision du rythme.

On chercherait donc en vain dans ces versions photoromanesques
de *Madame Bovary* les clefs de voûte minuscules qui assurent la cohérence de l'édifice flaubertien : les personnages et épisodes secondaires
qui mettent en perspective sociale et symbolique les drames individuels,
les pauses descriptives qui signalent l'absolu de l'instant, les marques de
distance qui tiennent le langage en perpétuelle représentation. Mais ce
n'est pas non plus le mobile de la lecture chez les amateurs de romans-
photos que de rechercher l'image dans le tapis de l'œuvre, son armature
secrète. Ce serait plutôt de trouver, sous la caution de la célébration
culturelle, dans une production pauvre comme un fantasme brut ou
fidèle comme un pantographe, matière à rêves sages de fêtes narcissiques
ou de luxe d'antiquaire.

Imprimé en France
Imprimerie des Presses Universitaires de France
73, avenue Ronsard, 41100 Vendôme
Février 1983 — N° 28 308